王鼎鈞著

文學江湖

——王鼎鈞回憶錄四部曲之四

編輯前言

用青春走出一段青史

一部回憶錄，原是由一個人親身經歷的點點滴滴積累而成，屬於個人的人生精華。然而如果一個人的生命曾走過時代裂隙，經歷戰爭的斲痕，同時目睹了社會文化變遷的履跡，這樣的回憶錄，還是僅僅屬於個人的嗎？鼎公在回憶錄四部曲當中，以素雅的文字梳整自己童年至中年的生命歷程，訴說他對文學的追求和堅持，並且呈現個人成長的苦悶與時代的翻騰離亂。

從《昨天的雲》開始，戰爭的嗡響猶如遠方的隱雷，鼎公雖然因為世局的不安而失學，卻也因此意外獲致文學的啟蒙。及至《怒目少年》，戰亂已逐漸具象成眼前的疾病、饑餓、勞苦與死亡，在更切身的動盪中，他的文學靈魂首次舒展雙翼，與寫作結下不解之緣。

到了《關山奪路》，戰爭全面催折了人們的肉體和心靈，撕裂所有人據以安身立命的價值、情感、空間和土地，鼎公也從此展開往後數十載「兩世為人」、流離天涯的歲月。而在《文學江湖》裡，儘管戰火的硝煙逐漸遠去，日子卻仍時時刻刻陰翳著生存的艱難，文學在這時候帶給他安定的生活，也為他開啟一扇扇的窗，看盡文壇、媒體的紛紛擾擾，還有威權的鬆動瓦解。

這是鼎公的人生，同時也是一部波瀾壯闊的現代史詩。在他個人的磨難中，鏡射出時代的動盪裂變；而在遍地烽火的時空氛圍裡，品味得到他的人性思索與感觸，他和這段歷史互為表裡，幾乎可以說兩者合一不分。誠然，生遇那樣的年代並不是出自鼎公的意願，動亂的歲月在他身心留下印記。但他總是留心張望著，用心牢記著，用力書寫著，以自己的青春結實地履踏過這段崎嶇的歷史，最終保存了一整個時代的回音。

印刻文學非常榮幸能夠出版「王鼎鈞回憶錄四部曲」，期望藉由鼎公這部磅礡巨著，為近代華人離散記憶和戰後初期的台灣文學發展，留下一個擲地有聲的註腳。

代序

有關《文學江湖》的問答

敬答「九九讀書會」諸位文友

你的第四卷回憶錄一度打算名叫《文學紅塵》，最後改成《文學江湖》，通常書名都有作者的寓意，《文學江湖》是甚麼意思？

我覺得文學也是紅塵的一個樣相，所以我記述所見、所聞、所思、所為，取名《文學紅塵》。後來知道這個書名早被好幾位作家用過，就放棄了。「紅塵」是今日的觀照，「江湖」是當日的情景，依我個人感受，文學在江湖之中。文學也是一個小江湖，缺少典雅高貴，沒有名山象牙塔，處處「身不由己」，而且危機四伏，我每次讀到杜甫的「水深江湖闊，無使蛟龍得」，猶有餘悸。

你把自己的歷史分割成四大段，每段一本書，這個布局是「橫斷」的，可是每一時段的歷史經驗又記述始末，採取縱貫的寫法，為甚麼採取這樣的結構？

這個結構是自然形成的，大時代三次割斷我的生活史，每一時段內我都換了環境、換了想法、換了身分，甚至換了名字，一切重新開始，「大限」一到，一切又戛然而止。舉個例子來說，我小時候交往的朋友，到十八歲不再見面（抗戰流亡）——十八歲以後交的朋友，到二十一歲斷了聯繫（內戰流徙），二十一歲交的朋友，到五十二歲又大半緣盡了（移民出國），所以「我只有新朋友，沒有老朋友」，這是我的不幸。當然我也知道藕斷絲連，但細若游絲，怎載得動許多因果流轉，既然「四世為人」我的回憶錄分成四個段落寫起來也是節省篇幅的一個辦法。

你把十八歲以前的家庭生活寫了一本《昨天的雲》，你把流亡學生的生活寫了一本《怒目少年》，你把內戰的遭遇寫了一本《關山奪路》，你在台灣生活了三十年，青壯時期都在台灣度過，這段歲月經驗豐富，閱歷複雜，為甚麼也只寫一本？材料怎樣取捨？重心如何安排？

確實很費躊躇。我的素材一定得經放大和照明，我也只能再寫一本，篇幅要和前三本相近，這兩個前提似乎衝突，最後我決定只寫文學生活，家庭，職業，交游，宗教信仰都忍痛割愛了吧，所以這本書的名字叫做《文學江湖》。

敬答名作家姚嘉為女士

您的回憶錄不但記錄了您個人的步履，更反映了幾十年來中國人的顛沛流離，家國之難，還不時回到現在的時空環境。書中許多細節，讓人如臨其境，請問這些資料是如何來的？（靠記憶？當年寫的日記？買書？到圖書館收集資料？海外找這些資料困難嗎？）

五十年代我在台灣，多次奉命寫自傳，由七歲寫到「現在」，到過哪些地方，接觸過哪些人，做甚麼事，讀過哪些書報雜誌，都要寫明白。為甚麼要一寫再寫呢，他們要前後核對，如果你今年寫的和五年前寫的內容有差異，其中必有一次是說謊，那就要追查。因此我常常背誦自己的經歷，比我禱告的次數還要多。至於台灣的這一部分，本來想回去找資料，因健康問題久未成行。

後來一看，也用不著了，我抗戰八年一本書，內戰四年一本書，台灣生活三十年也是一本書而已，材料哪裡用得完？我自己記憶猶新，也有一點筆記，一點剪報，也可以在紐約就地查找，各大圖書館之外還可以上網搜索。台北國家圖書館的「當代文學史料」網站尤其詳盡可靠。還有，我捨得買書，前後買了五、六百本，看見書名就郵購，隔皮猜瓜，尋找跟我有關的人和事，了解當時的大背景，查對年月人名地名，有時一本書中只有三行五行對我有用。有些書白買了。

我寫回憶錄不是寫我自己，我是借著自己寫出當年的能見度，我的寫法是以自己為圓心延伸半徑，畫一圓周，人在江湖，時移勢易，一個「圓」畫完，接著再畫一個，全部回憶錄是用許多「圓」串成的。

寫是苦還是樂？是享受嗎？不寫時是什麼感覺？寫不下去時，怎麼辦？

寫作是「若苦能甘」，這四個字出於鹿橋的《人子》，我曾央人刻過一方圖章。寫作是提供別人享受，自己下廚別人吃菜，「巧為拙者奴」。我做別的事情內心都有矛盾，像陶淵明「冰炭滿懷抱」，只有寫作時五行相生，五味調和，年輕時也屢次有機會向別的方向發展，都放棄了。我是付過「重價」的，現在如果不寫，對天地君親師都難交代。

咱們華人有位家喻戶曉的人物，活到百歲，據說常在祈禱的時候問神：「你把我留在世界上，到底要我為您做甚麼？」我劫後餘生，該死不死，如果由我來回答這個問題，我會說留下我來寫文章，寫回憶錄回饋社會。我寫文章盡心，盡力，盡性，盡意，我追求盡人之性，盡物之性，盡己之性。走盡天涯，洗盡鉛華，揀盡寒枝，歌盡桃花。漏聲有盡，我言有窮而意無盡。

說個比喻，我寫作像電動刮鬍刀的刀片，不必取下來磨，它一面工作一面自己保持鋒利。當然，現在不行了，動脈硬化，頭腦昏沉，有些文章「應該」寫，可是寫不出來，那也就算了。

敬答評論家蔣行之先生

寫回憶錄，要怎麼樣才不會折損回憶，或者盡量省著用？納博科夫（Nabokov）說他最珍惜的回憶輕易不敢寫的，寫到小說裡就用掉了，以後想起來好像別人的事，再也不能附身，等於是死亡前先死一次。然而花總不可能一晚開足的，勢必一次次回顧，特別是那麼久遠的回憶。如何在寫作時保持回憶的新鮮？

用天主教的「告解」作比喻吧，說出來就解脫了。天主教徒向神父告解，我向讀者大眾告解。寫回憶錄是為了忘記，一面寫一面好像有個自焚的過程。用畫油畫作比喻吧，顏料一點一點塗上去，一面畫一面修改，一幅畫是否「新鮮」，這不是因素。

還有，怎麼樣才能正心誠意？我絲毫不懷疑先生的真誠，這正是先生作為大家的要素之一。然而人總是要作態，被自己感動了，希望自己能換個樣子！寫作時如何揚棄這些人之常情？面對年輕的自己而不寵溺，不見外，不吹毛求疵，您是怎麼做到的？

我很想以當年的我表現當年，那樣我寫少年得有少年的視角，少年的情懷，少年的口吻，寫中年亦同。我做不到，也許偉大的小說家可以做到。我只能以今日之我「詮釋」昔日之我，這就有了「後設」的成分。「歷史是個小姑娘，任人打扮。」要緊的是真有那個「小姑娘」。至於「打扮」，你總不能讓她光著身子亮相，事實總要寓於語言文字之中，一落言詮，便和真諦有了距離。我們看小姑娘的打扮，可知她父母的修養、品味、識見還有「居心」，而生喜悅或厭惡，小姑娘總是無罪的。

當時的局面有太多棋步是您不知道的，重新拼湊的過程您也曾提及，但如何從拼湊歷史的所得汲取養分而又不磨滅干擾原先的認知？

您所說的「重新拼湊的過程」，就是我說的「一面畫一面修改」。我在《關山奪路》中已顯示許多「原先的認知」大受干擾。坦白的說，內戰結束前夕，我的人格已經破碎，台灣三十年並未重建完成。

敬答紐約華文文學欣賞會會友

你跟同時代別人出版的回憶文學如何保持區隔？

有句老話：「不得不同，不敢苟同；不得不異，不敢立異。」我們好比共同住在一棟大樓裡，每個人有自己的房間，房間又可分為客廳和寢室，或同或異，大約如此。恕我直言，今天談台灣舊事，早有意見領袖定下口徑，有人缺少親身經驗，或者有親身經驗而不能自己思考，就跟著說。我倒是立志在他們之外，我廣泛參考他們的書，只取時間，地點，人物姓名，我必須能寫他們沒看到的，沒想到的，沒寫出來的，如果其中有別人的說法，我一定使讀者知道那些話另有來源。

說到這裡趁機會補充一句：有些話我在台北說過寫過，有些事我出國以後寫過說過，這些材料早有人輾轉使用，不加引號。我深深了解某些寫作的人像乾燥的海綿吸收水珠一樣對待別人的警句，創意，祕辛，這些東西我想我仍然可以使用，它本來就是我的，這時候我像是跟別人「不得不同」了。我已出版的散文集，《碎琉璃》和《怒目少年》，裡面也有我傳記成分，我寫回憶錄倒是避免跟它們再重複，留著那兩本書做回憶錄的伴奏吧。

你在《關山奪路》新書發表會上說，你寫回憶錄一定實話實說，那時你用感慨的語氣設問：「到了今天，為甚麼還要說謊呢，是為名？為利？為情？為義？還是因為自己不爭氣？」寫遠事，說實話易，寫近事，說實話難，台灣生活環境複雜，忌諱很多，你是否把所有的祕密都說出來了？

台灣的事確實難寫，這得有點兒不計毀譽的精神才成。我沒有機會接觸政治祕密，我寫的那些事件，大都是和許多人一起的共同經歷，只是有些事情別人遺忘了，忽略了，或是有意歪曲了，現在由我說出來，反倒像是一件新鮮事兒了，可能引起爭議。

我說出來的話都是實話。敘事，我有客觀上的誠實；議論，我有主觀上的誠實。有一些話沒說出來，那叫「剪裁」，並非說謊。《文學江湖》顧名思義，我只寫出我的文學生活，凡是有寫作經驗的人都知道，我只能寫出我認為有流傳價值，對讀者們有啟發性的東西。

還有技術上的原因。一是超過預定的篇幅，實在容納不下，還有我敘述一件事情，總要賦予某種形式。內容選擇形式，形式也選擇內容，倒也並非削足適履，而是碟子只有那麼大，裡面的菜又要擺出個樣子來，有些東西只好拿掉，那些拿掉的東西也都對我個人很有意義，無奈我不能把文學作品弄成我個人的紀念冊是不是？可以說，我的回憶錄並非畫圖也非塑像，我的這本書好比浮雕，該露的能露的都露出來了。塑像最大的角度是三百六十度，任何人寫的回憶錄最多是一百八十度，我沒有超過也不應該超過。

最後我說個笑話助興吧，有一對年老的夫妻，結婚六十年了，一向感情很好。有一天老兩口談心，老先生對老太太說：「有一個問題我從來沒有問過你，現在咱們年紀都這麼大了，沒有關係了，可以談談了。」甚麼事呢，他問老太太：「你年輕的時候，你還不認識我的時候，也有男孩子追過你吧？」老太太臉上飛起一朵紅雲，柔聲細語：「我十六歲的時候，有個男孩寫信給我，還到學校門口等我，要請我吃冰。」老先生一聽，伸手就給老太太一個耳光，「好啊，到了今天你心裡還記著他！」老太太掩面大哭，老先生站起身來怒氣沖沖而去，兒媳婦孫媳婦圍上來給老太太擦眼淚，連聲問這是怎麼了，老太太的回答是：「不能說啊！不能說啊！不能說的事到死都不能說啊！」

目錄

十年一線天

十年燈

用筆桿急叩台灣之門

台灣省文獻委員會編纂的《重修台灣省通志》，卷一「大事志」有這麼一條：

> 一九四九年五月三十一日，上海抗拒共匪之國軍部隊，近已完成保衛任務，一部撤退來台。

這裡記載的「一部」，其中有一個人是我，我這「一粟」由此傾入台灣這個大米倉。

這年我二十四歲。

我本來在上海軍械總庫當差，國共內戰，爭奪上海，五月二十六日上海易手。「末日」之前，我帶著父親尋路，夜間擠上一條船，只見甲板上坐滿了軍人，誰也不知道這條船開到哪裡去，天空灰白色的雲層很厚，不見日月星辰，所幸海上沒下雨，風浪也很小。

日日夜夜，好不容易看見右方有水氣飽滿的綠色山丘，前面有顏色單調的陳舊倉庫，船停在水中等待進港，有人搖著舢板來賣大多數人都沒見過的水果，說我們聽不懂的話，使用我們沒見過的錢。

這是台灣！這是基隆！原來這條船的目的地是台灣。依當時局勢，它可能開往廣州或者海南島，這兩個地方已是朝不保夕，所有撤出華東華南的人都渴求奔向台灣，台灣限制入境，多少有辦法的人來不了，我們竟無意中得之，似幻似真，如同夢境。

這才知道船上載滿軍火，台灣歡迎軍火，我們是沾了光。這才發現「上校爺爺」住在艙裡，他是軍械總庫的副總庫長。這才發現我們蘭陵王氏家族落難的子弟（總有二十幾個人吧？）也擠在甲板上人堆裡，論輩份，兄弟叔伯爺爺都有。他們從家鄉輾轉逃到上海，上校爺爺安插他們在軍械庫當兵吃糧，最後關頭又通知他們上船。

這些族中子弟都是大地主之家的少爺，奉父母之命早婚，中共搞土改清除地主，大家紛紛逃亡，有人帶著太太孩子。由一九四五逃到一九四九，離開上海是最後一步，他必須和眷屬分手，這一去何年重逢？有人叮囑妻子「你等我兩年」，意思可能是兩年以後我一定回來，也可能是兩年以後你可以另外嫁人，妻子斷然回答「我等你二十年」！那時候認為二十年就是天長地久了，誰料這一去就是三十多年。

沒有人通知或者暗示我可以上船，我能脫身是個奇蹟。那時我受到的打擊太多，感覺近乎麻木，對上校爺爺的差別對待沒有甚麼反應。多年後回想當初，天津失守，我做了共軍的俘虜，一個多月以後逃到上海，我還穿著解放軍的破軍服，給人多大想像的空間！在那種情況下，上校爺爺還安排我到分庫去佔一個上尉的缺額，那是多大的擔當。（上校爺爺萬歲！）最後上海也得撤退，那時國軍已經知道中共的間諜厲害，倘若我帶著一顆自殺炸彈上船，與滿船軍火同歸於盡，那還了得。上校爺爺作了他該作的考量。

好了，俱往矣！由瀋陽經秦皇島到上海，上校爺爺是我的福星，我感激他。回望大海，上海到基隆的路程四一九海里（七七六公里），台灣海峽的寬度一三〇公里，幸虧世上還有這個台灣！

基隆多雨，我們上岸那天是好日子，軍方在碼頭上擺好一行辦公桌，為這批官兵辦理入境登記，每個人的姓名、年齡、籍貫、級職都寫在十行紙上。我趁機會向他們討了幾張十行紙，他們一張一張的給，我一張一張的討。登記後有人把隊伍帶走，惟有我們軍械庫的人仍然留在碼頭上，據解釋，這是因為船上軍火還沒交卸。

人群散盡，我回頭一看，碼頭的另一端，竟然站著我的妹妹。

多少人讀過《關山奪路》之後問我，「你和妹妹弟弟分散後又怎樣團聚的？」他們聽見基隆碼頭這一幕，無不嘖嘖稱奇。妹妹和弟弟原在流亡中學讀書，共軍渡江東南潰敗時，單一之、王遜卿兩位老師帶領他們奔到上海，（單一之、王遜卿萬歲！）防守上海的湯恩伯將軍安排他們登上開往台灣的船，（湯恩伯萬歲！）他們比我早五天離開上海，船到基隆停留，準備開往澎湖。他們在基隆的那幾天，妹妹天天到軍用碼頭守候，盼望我和父親也能撤到基隆。多年後，我回想那不可能的重逢，心情激動，可是我當時神經麻木，相對默然，只能旁聽她和父親絮絮對談。

有一件事情必須做，我坐在水泥地上寫稿子，希望在茫茫虛空中抓到一根生命線。基隆碼頭很清靜，我隨身有一枝自來水鋼筆，裡面還有墨水，我有辦理入境登記的時候向他們討來的幾張十行紙。我完全不能寫抒情文，喜怒哀樂心如刀攪，我必須把它當作病灶，密封死裏。我也不能寫對台灣的第一印象，我看風景人物都模糊飄動，好像眼暈瞳花。我整天近乎眩暈，基隆那些日子每天上午晴朗，午後陣雨，怎麼我看亞熱帶五月的陽光是灰色的，而且帶著寒氣。回想起來，我那時是個病人，可是我居然寫出來到台灣以後第一篇稿子。我已忘記寫了些甚麼，寫完，隨手化了個筆名，去找郵局，那時郵局有個小小的窗口，窗台下擺著一張桌子，一瓶漿糊。我用十行紙糊製信封，把稿子寄給台北《中央日報》副刊，我對台灣的新聞媒體一無所知，只是想，台北總有《中央日報》吧？《中央日報》總有副刊吧？發信地址寫的是基隆碼頭，沒錢買郵票，註明「萬不得已，拜託欠資寄送」，那時郵局有個慈悲的規定，寄平信可以不貼郵票，由收信人償付。我把信投進去，像個小偷一樣逃出來。

過了幾天，這篇文章登出來了，沒想到這麼快！我看見那片鉛字，這才覺得自己確實由海裡爬到岸上。好了，台灣「四季如春」，凍不死人，我能「煮字療飢」，餓不死人，苟全性命，與人無爭，氣不死人。後來我打聽誰是中央副刊的主編，有人告訴我他叫耿修業。（耿修業萬歲！）

一九五〇年八月參加暑期青年文藝研習會，耿先生來演講，我們問他怎樣選稿，他說處理來稿有兩大原則，「快登或者快退」。他說每天大約收到一百篇文章，由三個人審閱，當天晚上選出優先採用的文章立刻發排，第三天就可以見報，再選出幾篇長長短短的文章列為備用，以後適應版面的需要。第二天又會收到大約一百篇文章，頭一天剩下的稿子已經沒有機會，助理人員馬上退回，作者早日收到退稿可以早日另作安排。

後來知道，協助耿主編看稿的兩個人是孫如陵和李荊蓀，這三個人新聞從業的資歷很深，學問和道德修業很高，這樣三個高水準的人經營副刊，那年代再無第二家報紙可以做到。後來我做了新聞界的新兵，跟他們又結了許多因緣。

為了投稿，我得想一想我對台灣了解多少。歷史老師講甲午戰爭講得很詳細，國文老師教「台灣糖，甜津津，甜在嘴裡痛在心」，教得很認真，這些材料人人知道，副刊主編大概沒興趣。

山東鄉賢王培荀在他的《鄉園憶舊錄》裡說，台灣玉山的山頂上全是白玉，那些玉是裸露的，並不藏在石頭裡，山中有惡溪、毒獸、生番，人不能近，沒法開採。這又說得太離譜了，主編會朝字紙簍裡丟。

《隨園詩話》引詠台灣詩：「少寒多暖不霜天，木葉長青花久妍，真個四時皆是夏，荷花度臘菊迎年。」詩雖然平常，人家說台灣四季如春，他說台灣四季皆夏，有點新鮮，可以入眼。

中國大陸有一首民謠：「台灣的水，向西流，花不香，鳥不鳴，男無義，女無情。」惹得多少台灣人怒容滿面，「外省人歧視台灣人」，這是一個重要的證據。但是我說，這首民謠並未在民間流行，它是李鴻章寫在奏摺裡安慰慈禧太后的，甲午戰敗，割讓台灣，李鴻章很難過，慈禧心裡的滋味又豈能好受？所以李鴻章故意貶低台灣的價值，君王專制時代臣子如此進言，乃是盡忠，大家也諒解他言不由衷。我裝作很博學的樣子提出假設，這首民謠恐怕是李鴻章的幕僚捏造出來的吧？怎麼沒從別處看到同樣的記載呢？我料定主編不會去查考，果然，文章在中華副刊登出來了，有人告訴我，台北除了《中央日報》，還有《中華日報》。

二表姐常常笑我「一肚子沒有用的知識」，現在有用了，可以換錢。

來到台灣，上海軍械總庫撤銷了，我們留守碼頭的人員分散安置，我一度到台北軍械總庫就食，那時台北軍械總庫設在台北市信義路一段，離台北賓館很近。後來庫址遷移，原地蓋了大樓，軍方在那座大樓裡辦了一份《青年日報》。

台北總庫出了一個名人，他在總庫做經理組長，後來因瀆職下獄，國防部軍法局長包啟黃冤殺了他，他的太太在百齡橋上攔住蔣介石總統的座車告狀，蔣氏槍決了包啟黃。包是中將，又是紅人，這樣一位將領既未通敵謀叛，也非臨陣退卻，僅因操守問題處死，前所未有，轟動社會。後來知道包啟黃的罪名是貪汙，而貪汙僅是表面文章，其中另有隱情，生出許多內幕報導。

台北總庫也產生（或幾乎產生）一位作家，他的名字叫王曰元，那時他的階級是上尉，儀表英俊。寶島姑娘陳素卿和外省青年張白帆相約殉情，有心人聯想到羅米歐茱麗葉的殉情使兩大家族的宿怨和解，也希望陳素卿和張白帆的戀情能化除「本省人」和「外省人」的歧見，各報以巨大篇幅追蹤渲染，《中央日報》以全版刊登讀者投書，王曰元寫了一篇大約三千字的文章，題目很長：「無情何必生斯世？有好皆堪累此生！」《中央日報》連文帶題處理成一個「頂天立地」的邊欄，十分醒目，讀過的人都叫好。我和他因此有共同語言。

台北總庫的總庫長于敬濂少將，我和他有一面之緣。當局下令裁汰老弱病殘及「不適任」官兵，我在不適任之列，人事部門通知我去領遣散證明書，我趁機會申請正名，希望把我的本名王鼎鈞寫在證明書上，這樣我就可以再也不必冒充王鶴霄。承辦人教我去請示總庫長。于敬濂將軍很謙和，他答應了我的請求。證明書共有兩聯，承辦人在發給我的那一聯填寫王鼎鈞，在存根聯填寫王鶴霄，又在存根旁邊寫了三個小字：王鼎鈞，加上括弧，好在遣散證明書沒有「籍貫」一欄，省去許多斟酌。我憑遣散證明書領到國民身分證。

那時退役制度尚未建立，對待離營士兵簡直就是驅逐，允許帶走兩套舊軍服，發給老台幣五百六十元，（依名作家羅蘭記述，那時炒米粉一客老台幣七百元）。那時撤退來台的軍隊多半席地而臥，士兵離營時可以把席子捲起來揹著，那一張席子使我心酸，異鄉人倒斃路旁，好心人收屍，就是用一張草蓆把屍體裹起來。

我是軍中的文官，又不是台北總庫編制以內的人員，除了一張證明書，甚麼也沒有。我一點也不介意，只覺得一身輕鬆，有了這張證明書我可以辦國民身分證，有了身分證就有了生存的基本保障，以前種種譬如昨日死。

那一年，妹妹和弟弟度過「山東流亡學生澎湖冤案」的恐怖，可以安心讀書，父親蒙蘭陵另一位族長王一然先生援引，到台中縣政府就食，全家「草草粗定」。一然先生也是祖父級人物，做過河北完縣最後一任縣長，我們稱他為「縣長爺爺」，背後笑他犯了地名，「完縣」，真的玩完了！他很有族長的威嚴和責任感，憑他一點殘餘的人事關係，處處照顧本鄉本族落難的人。

上校爺爺、縣長爺爺，蘭陵宗法社會的完美典型，蘭陵王氏族譜應該有他倆的「大傳」。

我在台北專心投稿。我到衡陽路成都路幾家書店文具店買稿紙，店員瞠目以對，可見那時投稿的人很少。那時候台北各報副刊篇幅很小，副刊上的文章大半來自翻譯的「羅曼司」和中國歷史掌故，有人表示不滿，稱翻譯為「抄外國書」，稱歷史掌故為「抄中國書」。

那時台灣尚未參加國際版權公約，翻譯家可以自由使用外文原材，以美國雜誌上的「小幽默」最受歡迎，多產者為陳澄之，他是《華北新聞》著名的翻譯快手，那時資訊閉塞，他能看到多種外文報刊。台大文學院院長錢歌川，也曾以「味橄」為筆名，經常客串。

那時「小幽默」偶爾還有種族歧視的意味，例如說，一個猶太人到紐約市中央大車站買票，他對售票員說「春田城」。美國有好多個州都有春田城，售票員問他哪一個春田城？猶太人忽然反問：「哪一個最便宜？」

有些「小幽默」流露反共思想。例如說，東歐某共產國家有一個老百姓養了一頭鸚鵡，「鸚鵡能言」，常常學他說話。有一天這頭鸚鵡不見了，他急忙向警察局備案：「本人今日走失鸚鵡一頭，以後該鸚鵡在外一切言論，本人概不負責任。」

我很喜歡這些小幽默，那時我缺乏幽默感，需要補課。

古人留下的掌故逸聞很多，這種材料取之不盡，那時許多讀者的趣味保守，貪戀「溫故」，即使以前看過了、再看一遍也無妨。我不能「抄外國書」，可以「抄中國書」，每天坐在省立圖書館東翻西檢，圖書館設在新公園裡，門前一條大馬路就叫館前街，直通台北火車站，旁邊就是中央日報社。多年以後，時移世易，新公園改稱二二八公園，省立圖書館也搬走了，唉！《中央日報》也停刊了。

那時別人「抄中國書」，大都是從書中選出一件事情加以註釋評點，我能把好幾件相似或相連的事情組合在一起，可以說後來居上。例如以「太陽」為主題，抄下夏日可畏、冬日可愛，野人獻曝，日近長安遠，再加上大文豪歌德的遺言：「打開門板，多放些陽光進來！」中西兼顧，很豐富也很靈活，全文只有五六百字，我能做到密中有疏，並不呆板擁擠。

我還能配合新聞。胡適的一句話也成新聞，他說當年有人拿他的名字做對聯，上聯是「胡適胡適」，下聯是「方還方還」，方還是浙江省政府祕書長。我立刻來一篇〈小談人名對〉，我說有人用「徐來徐來」對「胡適胡適」，徐來是電影女明星，比「方還」有趣。我說還有人用「胡適之」對「孫行者」，用「馬星野」對「牛天文」。我還能繼續延伸，提出明代的王紱是「九龍山人」，陶淵明自稱「五柳先生」，宋人鄭俠別號「一拂居士」。

一九五一年「聯合版」創刊，《聯合報》的前身。兼編副刊的牟力非先生為我寫的掌故開了一個小專欄，名叫「飲苦茶齋筆記」，齋名出自張恨水的詩：「愛摶黃土種名花，也愛當壚煮苦茶。」中華副刊也給我開了一個小專欄，名叫「切豆腐乾室隨筆」。那時兩報副刊和我通信都用「副刊編輯室」署名，沒有私人聯繫。

那時，一九五〇年，台北各報副刊的稿費都是每千字新台幣十元，拿當時的物價比量，這個標準很高，據《台灣報業演進四十年》（陳國禪、祝萍合著），日報每月訂費新台幣七元五角。我到中華路吃一個山東大饅頭，喝一碗稀飯，配一小碟鹹水煮花生米，只要一元五角，我憑一千字可以混三天。我買純良墨水一瓶，一元五角。楊道淮《流亡學生日記》，一九四九年十二月，副食費每人每天菜金新台幣三角二分。周嘯虹回憶錄，少尉月薪五十四元。《重修台灣省通志》，一九四九年六月公教人員調整待遇，僱員每月新台幣五十元。我不厭其煩記下當年的物價和待遇，為的是證明各報在流離動盪之秋，財政拮据之中，依然這樣重視副刊。

我投稿很勤，從未接到退稿。我前後化用了五十幾個筆名（魯迅用過一百三十幾個筆名），如果同一個名字出現的次數太多，就會有人誤會主編搞小圈子。我從未拜訪任何一位主編，主編也像新聞版編輯一樣，選稿，發稿，不對外聯絡。報館也沒辦過作家聯誼會，那時台灣還沒這個風氣。

作家的筆名都有寓意。潘佛彬筆名潘人木，吳引漱筆名水束文，都用拆字法。彭品光筆名澎湃，用諧音法，他是海軍出身。駱仁逸筆名依洛，他跟哥哥來台灣，嫂嫂對他很照顧，長嫂比母，精神上依附嫂嫂，他嫂嫂的名字裡有個「洛」字。王林渡筆名姜貴，「薑桂之性，老而愈辣」。黃守誠先叫歸人，當然是懷鄉，後叫犁芹，自己說要像老牛一樣在台灣耕種。（第一個皈依本土的外省作家？）王慶麟筆名瘂弦，我偶然發現出處，某一本詩話裡說，詩的最高境界是「瘂」，最好的詩你說不出好在哪裡。我的筆名裡也有我的心情，我的思考，我的解脫，我的暗示，不能一一寫在這裡。

筆名產生文壇趣談。耿修業筆名茹茵，讀者以為是女作家，他是用筆名「紀念一個親人」，背後或有迴腸盪氣的故事。馮放民筆名鳳兮，也有人以為是女作家，其實出自「鳳兮鳳兮，何德之衰！」一片陽剛。孫如陵筆名仲父，據說是「中副」的諧音，父親的弟弟也叫仲父，有人抱怨讀他的文章還得比他矮一輩。姚朋筆名彭歌，林海音敏感，認為是「朋哥」的諧音。王世正筆名石振歌，專欄作家應未遲揭露，那是「世正哥」的諧音，女作家提起兩人直呼姚朋、王世正，認為彭歌、石振歌「那是他太太專用的稱呼」。至於魯迅，人皆不知涵義，有人開了個玩笑，認為應該是「俄國人」Russian。

那時台北街頭很難找到零售報紙的地方，各報在熱鬧的地方豎立閱報欄，張貼當天的報紙。西門町圓環的閱報欄陣容浩大，《新生報》，《中華日報》，《中央日報》，《掃蕩報》，《民族報》，《全民日報》一一在列，偶然看見《中國時報》的前身《徵信新聞》，僅有四開一張。那時候台北市民真愛看報，也真捨不得買報，每天早上，看牌前面擠滿了人。我總是先看副刊，找我投去的稿子，有時候副刊上留下一個方形的黑洞，我總是到火車站前的閱報欄查證，看是誰的文章被人挖走，不止一次，居然那是我的文章，我受到鼓勵。

剛剛創刊的《民族報》版面比較簡陋，想是財力不足，但是新聞和言論都向前衝刺，朝氣蓬勃。我讀來過癮，不覺技癢，寫了一篇文章指陳軍法的缺點，兩千多字，對我來說，那篇文章太長了，應該很難見報，誰知《民族報》用它做第一版左下方的邊欄，那個位置本來屬於政論家的重要評述，怎麼輪到我！這個鼓勵對我太大了。後來知道《民族報》的總編輯是葉楚英先生，那篇文章也許是他發下去的吧？我那時不懂事，沒有抓住機會去拜識他。

那時上校爺爺罷官，我到集集鎮去探望他，先坐縱貫鐵路火車到二水，改乘運輸木材的小火車，入山漸深，森林如綠色隧道，密雲之下霏霏有濕意，想起「山色空濛雨亦奇」。集集車站用木材建造，別出心裁。下車後憲兵盤查，發現我沒有差假證，帶我到辦公室接受隊長詢問。隊長辭色嚴厲，命令我把口袋裡的東西全掏出來攤在桌子上，他一一檢視，其中有一張《中央日報》副刊的稿費單。「稿子是你寫的嗎？」我說是。「裡面寫的是甚麼事情？」我照實回答。他依稿費單上的日期找到報紙，仔細閱讀那篇文章，立即表情放鬆，語氣和善。「你記住，以後出門一定要帶差假證！」讓我過關。他好像認為「給《中央日報》寫文章的人不會變壞」？那時《中央日報》受讀者大眾信任，可以想見。想不到我寫這篇文章的時候，《中央日報》已經因為沒有銷路沒有廣告停刊了！

且說那時，密集的鼓勵更堅定了我要做作家的決心。今天回想，並非我的文章如何出色，而是冥冥之中自有天意。一個不會賭博的年輕人，初次坐上牌桌，往往手氣順極了，這一把通吃，下一把又是通吃，資深的旁觀者點頭嗟嘆：賭神菩薩要收徒弟了！自此以後，這個年輕人就要迷上牌九，無怨無悔。世界三千六百行，有貴有賤，有逸有勞，有窮有達，每一行都有傳人，千年萬年，連綿不絕，都有這樣類似的接棒。

一九四九年，耿修業主編《中央日報》副刊，孫陵主編《民族報》副刊，鳳兮（馮放民）接編《新生報》副刊，稍後又有徐蔚忱接編《中華日報》副刊，大將就位，副刊左右文學發展的態勢形成。各副刊的內容風格逐漸蛻變，出現女作家的綿綿情思和反共文學的金鼓殺伐，彼此輪唱。這些副刊養活我，補助我一家。

匪諜是怎樣做成的

我在一九四九年五月踏上台灣寶島，七月、澎湖即發生「山東流亡學校煙台聯合中學匪諜組織」冤案，那是對我的當頭棒喝，也是對所有的外省人一個下馬威。當年中共席捲大陸，人心浮動，蔣介石總統自稱「我無死所」，國民政府能在台灣立定腳跟，靠兩件大案殺開一條血路，一件「二二八」事件懾伏了本省人，另一件煙台聯合中學冤案懾伏了外省人，就這個意義來說，兩案可以相提並論。

煙台聯中冤案尤其使山東人痛苦，歷經五十年代、六十年代進入七十年代，山東人一律「失語」，和本省人之於「二二八」相同。我的弟弟和妹妹都是那「八千子弟」中的一個分子，我們也從不忍拿這段歷史做談話的材料。有一位山東籍的小說家對我說過，他幾次想把冤案經過寫成小說，只是念及「身家性命」無法落筆，「每一次想起來就覺得自己很無恥。」他的心情也是我的心情。

編劇家趙琦彬曾是澎湖上岸的流亡學生，他去世後，編劇家張文祥寫文章悼念，談到當年在澎湖被迫入伍，常有同學半夜失蹤，「早晨起床時只見鞋子」，那些強迫入伍後不甘心認命的學生，班長半夜把他裝進麻袋丟進大海。這是我最早讀到的記述。小說家張放也是澎湖留下的活口，他的中篇小說〈海兮〉以山東流亡學生在澎湖的遭遇為背景，奔放沉痛，「除了人名地名以外都是真的」，意到筆到，我很佩服。然後我讀到周紹賢《澎湖冤案始末》，傅維寧《一樁待雪的冤案》，李春序〈傅文沉冤待雪讀後〉，直到〈煙台聯中師生罹難紀要〉，張敏之夫人回憶錄《十字架上的校長》，連人名地名都齊備了。

可憐往事從頭說：內戰開打，山東成為戰場，國軍共軍進行「拉鋸戰」，山東流亡學生兩萬多人逃出故鄉。國軍節節潰敗，大局土崩瓦解，山東學生一萬多人奔到廣州。山東省政府主席秦德純出面交涉，把這些青年交給澎湖防衛司令李振清收容，當時約定，讓十六歲以下的孩子繼續讀書，十七歲以上的孩子受文武合一的教育，天下有事投入戰場，天下無事升班升學。當時，國民政府教育部和在台灣澎湖當家作主的陳誠都批准這樣安排。

一九四九年六月，學生分兩批運往澎湖，八所中學師生近八千人登輪，八校合推煙台聯中校長張敏之為總代表。七月十三日，澎湖防衛司令部違反約定，把年滿十六歲的學生、連同年齡未滿十六歲但身高合乎「標準」的學生，一律編入步兵團。學生舉手呼喊「要讀書不要當兵」，士兵上前舉起刺刀刺傷了兩人，司令台前一片鮮血，另有士兵開槍射擊，幾個學生當場中彈。三十年後，我讀到當年一位流亡學生的追述，他說槍聲響起時，廣場中幾千學生對著國旗跪下來。這位作者使用「汴橋」作筆名，使我想起「汴水流，泗水流……恨到歸時方始休！」可憐的孩子，他們捨死忘生追趕這面國旗，國旗只是身不由己的一塊布。

編兵一幕，澎湖防守司令李振清站在司令台上監督進行。流亡學校的總代表張敏之當面抗爭，李振清怒斥他要鼓動學生造反。李振清雖然是個大老粗，到底行軍打仗升到將軍，總學會了幾手兵不厭詐，他居然對學生說：「你們都是我花錢買來當兵的！一個兵三塊銀元！」他這句話本來想分化學生和校長的關係，殊不知把張敏之校長逼上十字架，當時學生六神無主，容易輕信謠言，這就是群眾的弱點，英雄的悲哀，自來操縱群眾玩弄群眾的人才可以得到現實利益！為他們真誠服務卻要憂讒畏譏。張敏之是個烈士，「烈士殉名」，他為了證明人格清白，粉身碎骨都不顧，只有與李振清公開決裂，決裂到底。

張敏之身陷澎湖，託人帶信給台北的秦德純，揭發澎湖防衛司令部違反約定。咳，張校長雖然與中共鬥爭多年，竟不知道如何隱藏夾帶一封密函，帶信使者在澎湖碼頭上船的時候，衛兵從他口袋裡搜出信來，沒收了。張敏之又派煙台聯合中學的另一位校長鄒鑑到台北求救，鄒校長雖然也有與中共鬥爭的經驗，沿途竟沒有和「假想敵」捉迷藏，車到台中就被捕了。

最後，張敏之以他驚人的毅力，促使山東省政府派大員視察流亡學生安置的情形，教育廳長徐軼千是個好樣的，他「膽敢」會同教育部人士來到澎湖。李振清矢口否認強迫未成年的學生入伍，徐廳長請李振清集合編入軍伍的學生見面，李無法拒絕，但是他的部下把大部分幼年兵帶到海邊拾貝殼。徐軼千告訴參加大集合的學生，「凡是年齡未滿十六歲的學生站出來，回到學校去讀書！」隊伍中雖然還有幼年兵，誰也不敢出頭亂動。張敏之動了感情，他問學生：你們不是哭著喊著要讀書嗎？現在為甚麼不站出來？徐廳長在這裡，教育部的長官也在這裡，你們怕甚麼？這是你們最後的機會，你們錯過了這個機會，再也沒有下一次了！行列中有十幾個孩子受到鼓勵，這才冒險出列。李振清的謊言拆穿了。後來辦案人員對張敏之羅織罪名，把這件事說成煽動學生意圖製造暴亂，張校長有一把摺扇，他在扇上親筆題字，寫的是「窮則獨搧其身，達則兼搧天下」，這兩句題詞也成了「煽動」的證據。

徐軼千對張敏之說：「救出來一個算一個，事已至此，我們也沒有別的辦法了！」澎湖防衛司令部認為此事難以善了，於是著手「做案」，這個「做」字是肅諜專家的內部術語，他們常說某一個案子「做」得漂亮，某一個案子沒有「做」好。做案如做文章，先要立意，那就是煙台聯中有一個龐大的匪諜組織，鼓動山東流亡學生破壞建軍。立意之後搜集材料，搜集材料由下層著手，下層人員容易屈服。那時候辦「匪諜」大案都是自下而上，一層一層株連。

做案如作文，有了材料便要布局。辦案人員逮捕了一百多個學生（有數字說涉案師生共一百零五人），疲勞審問，從中選出可用的訊息，使這些訊息發酵、變質、走樣，成為情節。辦案人員鎖定其中五個學生，按照各人的才能、儀表、性格，強迫他們分擔角色，那作文成績優良的、負責為中共作文字宣傳，那強壯率直的、參與中共指揮的暴動，那文弱的、首先覺悟悔改自動招供，於是這五個學生都成了煙台新民主主義青年團的分團長，他們的供詞就成了其他學生成為匪諜的證明。

每一個分團當然都有團員，五個分團長自己思量誰可以做他的團員，如果實在想不出來，辦案人員手中有「情報資料」，可以提供名單，證據呢，那時辦「匪諜」，只要有人在辦案人員寫好的供詞上蓋下指紋，就是鐵證如山。這麼大的一個組織，單憑五個中學生當然玩不轉，他們必然有領導，於是張敏之成了中共膠東區執行委員，鄒鑑成了中共煙台區市黨部委員兼煙台新民主主義青年團主任。

辦案人員何以能夠心想事成呢？惟一的法術是酷刑，所以審判「匪諜」一定要用軍事法庭祕密進行。澎湖軍方辦案人員花了四十天功夫，使用九種酷刑，像神創造天地一樣，他說要有甚麼就有了甚麼。最後全案移送台北保安司令部，判定兩位校長（張敏之、鄒鑑）、五名學生（劉永祥、張世能、譚茂基、明同樂、王光耀）共同意圖以非法方式顛覆政府，各處死刑及褫奪公權終身。時為一九四九年十二月十一日，張敏之四十三歲，鄒鑑三十八歲。同案還有六十多名學生押回澎湖，當局以「新生隊」名義管訓，這些學生每人拿著一張油印的誓詞照本宣讀，聲明脫離他從未加入過的中共組織，宣誓儀式拍成新聞片，全省各大戲院放映，一生在矮簷下低頭。當時保安司令是陳誠，副司令是彭孟緝。

那時候，軍營是一個特殊的社會，五千多名入伍的學生從此與世隔絕。還有兩千四百多名學生（女生和十六歲以下的孩子），李振清總算為他們成立了一所子弟學校，繼續施教，我的弟弟和妹妹幸在其中。下一步，教育部在台中員林成立實驗中學，使這些學生離開澎湖。

我是後知後覺，六十年代才零零碎碎拼湊出整個案情。我也曾是流亡學生，高堂老母壽終時不知我流落何處，我常常思念澎湖這一群流亡學生的生死禍福，如同親身感受。有一天我忽然觸類旁通，「煙台聯中匪諜案」不是司法產品，它是藝術產品，所有的材料都是「真」的，這些材料結構而成的東西卻是「假」的，因為「假」，所以能達到邪惡的目的，因為「真」，所以「讀者」墜入其中不覺得假。獄成三年之後，江蘇籍的國大代表談明華先生有機會面見蔣介石總統，他義薄雲天，代替他所了解、所佩服的張敏之申冤，蔣派張公度調查，張公度調閱案卷，結論是一切合法，沒有破綻！酷刑之下，人人甘願配合辦專人員的構想，給自己揑造一個身分，這些人再互相證明對方的身分，有了身分自然有行為，各人再揑造行為，並互相證明別人的行為，彼此交錯纏繞形成緊密的結構，這個結構有在內在的邏輯，互補互依，自給自足。

今天談論當年的「白色恐怖」應該分成兩個層次：有人真的觸犯了當時的禁令和法律，雖然那禁令法律是不民主不正當的，當時執法者和他們的上司還可以採取「純法律觀點」原諒自己，另外一個層次，像張敏之和鄒鑑，他們並未觸法，（即使是惡法！）他們是教育家，為國家教育保護下一代，他們是國民黨黨員，盡力實現黨的理想，那些國民政府的大員、國民黨的權要，居然把這樣的人殺了！雖有家屬的申訴狀，山東大老裴鳴宇的辨冤書，監察委員崔唯吾的保證書，一概置之不顧，他對自己的良心和子孫如何交代？我一直不能理解。難道他們是把這樣的案子當作藝術品來欣賞？藝術欣賞的態度是不求甚解，別有會心，批准死刑猶如在節目單上圈選一個戲碼，完全沒有「繞室徬徨、擲筆三歎」的必要。

多年以後，我偶然結識一個從火燒島放出來的受難者，從他手中看見軍法機關發給他的文書，他的姓名性別年齡位址之下，赫然有一個項目是「罪名」，並不是「罪行」！罪名罪名，他犯的罪僅是一個名詞而已！實在太「幽默」了。

可憐往事從頭說：那時逃到台灣的「外省人」，多半因追隨國民黨而受中共迫害，多半與中共有長年對抗的經驗，多半反對國共合作、國共和談，多半對國民黨的黨務和政績有一肚子批評責難，他們甚至懷疑「領袖」是否英明。這些人來到台灣以忠貞自命，以反共先知自傲，煙台聯中冤案重挫這些外省人的氣燄，他們從此知道自己幾斤幾兩俯首貼耳。流亡學校的校長和教師受審時，也曾慷慨陳述自己對黨國的貢獻表明心跡，辦案人員反問：像程潛和張治中那樣的黨國元老都投共了，你這一點前程算甚麼？據說，辦案人員指著被告站立的地方告訴他們，全國只有一個人不會站在這裡。（除了「最高領袖」以外，人人都可能因叛黨叛國受審。）那時土崩瓦解，眾叛親離，他們已完全失去信心。

如果他們當時以殺人為策略，真相大白、局勢大好時應該接著以平反為策略，他們又沒有這般魄力智慧，堅決拒絕還受害人清白。說到平反，冤案發生時，山東省主席秦德純貴為國防部次長，鄒鑑的親戚張厲生是國民黨中樞大老，都不敢出面過問，保安司令部「最後審判」時，同意兩位山東籍的立法委員聽審觀察，兩立委不敢出席。人人都怕那個「自下而上」的辦案方式，軍法當局可以運用這個方式「禍延」任何跟他作對的人。獨有一位老先生裴鳴宇，他是山東籍國大代表，曾經是山東省參議會的議長，他老人家始終奔走陳情，提出二十六項對被告有利的證據，指出判決書十四項錯誤，雖然案子還是這樣判定了，還是執行了，還是多虧裴老的努力留下重要的文獻，使天下後世知道冤案之所以為冤，也給最後遲來作平反創造了必要的條件。裴老是山東的好父老，孫中山先生的好信徒。

本案「平反」，已是四十七年以後，多蒙新一代立委高惠宇、葛雨琴接過正義火炬，更難得民進黨立委謝聰敏、范巽綠慷慨參與，謝委員以致力為「二二八」受害人爭公道受人景仰，胸襟廣闊，推己及人。在這幾位立委以前，也曾有俠肝義膽多次努力，得到的答覆是「為國家留些顏面」！這句話表示他們承認當年暗無天日，仍然沒有勇氣面對光明。只為國家留顏面，不為國家留心肝，所謂國家顏面成了無情的面具，如果用這塊面具做擋箭牌，一任其傷痕累累，正好應了甚麼人說的一句話：愛國是政治無賴漢最後的堡壘。

我從瞭望哨看見甚麼

「瞭望哨」是《掃蕩報》副刊的名稱，《掃蕩報》是國軍創辦的日報，抗戰時期以報導戰地新聞創造巔峰，抗戰勝利改名《和平日報》，台灣成立分社。一九四九年大陸撤退，總社遷台北，七月恢復《掃蕩報》原名。我經常寫一些散文向「瞭望哨」投稿，自己覺得很受歡迎。

一九五〇年一月某日，我有一篇文章在「瞭望哨」發表，使用筆名「黃皐」，文章末尾多了一行小字，加上括號，寫的是「黃皐兄請來編輯部一談」。幸虧我看副刊一向仔細，沒有錯過這一條重要的訊息。

《掃蕩報》編輯部設在昆明街，樓上辦公室，樓下排字房。在那裡我第一次見到「瞭望哨」的主編蕭鐵先生，他心直口快，他說他想建議報社增加一名人手，專門校對副刊，同時參與副刊的編務，做他的助手，如果我有興趣，他可以推薦。乍聽之下，我幾乎不相信自己的耳朵，蕭老編完全不知道我的底細，那年代「匪諜就在你身邊」，他竟敢拉拔我進報館。那時我漂流失業，天無絕人之路！可是我沒有工作經驗，他很輕鬆的說：「你一個小時就可以學會。」

說來像傳奇的情節，就這樣，蕭老編把我帶進新聞界，（他的年齡跟我差不多，抗戰時期就在熊佛西手下編文學雜誌了。）這年我二十五歲，我的人生開始有了軌道。《掃蕩報》是軍報，一般報社的任職文件用聘書，《掃蕩報》用「派令」，總社長蕭贊育將軍署名。派令記載，我的上班日期為二月一日，月薪新台幣每月一百六十元。《掃蕩報》是窮報，但我沒有「待遇菲薄」的感覺，那時物價也低，記得「純良」墨水一瓶，一元五角，「驚奇」墨水一瓶，兩元五角，筆記簿一本，八角。五月十七日舟山撤退，蔣總統犒賞官兵，每人五元。長白師範學院結束，每人發給膳食費，每天一元六角。那時弟弟妹妹在澎湖讀書，我寄零用錢給他們，每月每人二十元。夜晚睡在編輯部的地板上，沒有房租開支，還可以看守公家的文具財物，大受報社領導歡迎。

果如蕭老編所說，校對使用的那幾個符號，我馬上學會了；然後他教我怎樣發稿，甚麼幾號字，幾分條，幾批、幾行、邊欄、頭題……。他告訴我，編副刊、技術並不重要，構想才重要，構想來自思想，思想最重要。

那時各報副刊的「桌面」很小，端出來兩種「主菜」，一種是西洋幽默小品，一種是中國歷史掌故。「瞭望哨」不登這兩種文章，蕭主編說，「這不是文學。」他認為大報一定要有文學副刊，文學副刊要反映當時人的意念心靈，一道一道菜都是熱炒，不上滷味和罐頭，即使有少數文章水準差一點，也算是對文學人才的培養。皇天在上，天生他一對眼睛，簡直是為了發現我，「瞭望哨」以軍中一般官兵為主要讀者，當時作家以軍中生活做題材的文章，大都以高姿態俯視士兵，他們筆下的人物或憨態可掬，或愚忠可憐，那種近乎開心的筆調，你說是幽默，大兵們看來是歧視，我從來不犯這種毛病。

進了《掃蕩報》，才知道副刊嚴重缺稿，郵差每天送來幾封信，徒勞你望穿秋水，發稿計算字數，常常需要我臨時趕寫一千字或五百字湊足，我總能在排字房等待中完成，同事們大為驚奇，我開始受到他們的注意。

還記得當年「瞭望哨」發稿，我跟蕭鐵主編有如下的對話。他交給我一篇稿子，告訴我「這篇文章是抄來的！」那作者當然沒一個字一個字照抄，那時逃難，誰也沒帶著藏書，這位投稿的人讀過一些文章，記得大致內容，自己重寫一遍，今天知道，這樣做觸犯了著作權法的「改寫權」。他以為渡海出來的人少，大陸和台灣之間從此斷裂，別人很難發覺。既然是抄來的，副刊還登不登呢？主編最後裁決：「咱們缺稿，登他一次。」

有時他交給我一篇稿子，告訴我「騙子！他來騙稿費！」那些文章總是稱讚自己的仁風義舉，或者誇耀在工作崗位上有了不起的貢獻，或者如何受到某一位大人物的禮遇沾沾自喜。怎麼知道他說謊呢？「千萬不要欺騙讀者，讀者有第六感。」既然如此，副刊還登不登呢？「咱們缺稿，讓他騙一次。」

有時候，蕭主編也拿出一些文章，先稱讚一番再交給我，羅蘭的散文，尹雪曼、駱仁逸（依洛）的小說，他都評為「上品」，他的語氣總是十分誇張，或是精華，或是垃圾。那時候還有王聿均，符節合，余西蘭，高莫野，傅漫飛，藍婉秋，都受到蕭老編的稱讚。

進了《掃蕩報》，這才認識《新生報》副刊主編馮放民（鳳兮），《民族報》副刊主編孫陵，並且有機緣聽到他們談話。那時各副刊都鬧稿荒，那些有名的作家，從大陸逃到台灣，驚魂未定，惟恐中共馬上解放台灣，清算鬥爭，多寫一篇文章就多一個罪狀，竭力避免曝光。

恰巧此時發生了一件事。一九五〇年五月，中國文藝協會開成立大會，張道藩主持，事先發函邀請給文壇名宿梁實秋、錢歌川，兩人沒有回音。那時前輩小說家王平陵協助張道公籌備會務，他仗著道公和梁實秋、錢歌川都是朋友，就替他們在簽到簿上簽名，增加大會的光彩，採訪記者根據簽到簿寫新聞，都把梁和錢兩人的大名放在前面。第二天，這兩位名教授看到報紙，馬上寫信給報館鄭重聲明：「本人並非文協會員，從未參加該會。」報館「來函照登」，作家們笑談文協開張沒查黃曆。

一九五一年一月，國民黨辦理黨員總登記，資料顯示，那時台灣地區共有黨員二十五萬多人，前來登記者只有兩萬多人，低於十分之一。前輩報人雷嘯岑在他的回憶錄裡透露，那時很多名人逃到香港，國民黨在香港辦了一份報紙名叫《香港時報》，黨部贈送《香港時報》給這些名人看，有兩個人拒不接受，報社派人再送一次，說明是贈閱不是推銷，對方依然拒收，雷公說，這兩個人以前跟國民黨關係密切，現在惟恐再跟「中央」沾邊兒。

幾位老編也談到本省作家是文壇將來的希望，但是現在，《掃蕩報》是軍報，從未接到本省作家的稿子，《中華日報》是黨報，也跟本省作家結緣不多，《新生報》是省報，跟本省作家有歷史淵源，承他們不棄，但很少採用。馮老編說，文章上副刊，總要「辭氣順暢、內容生動」，否則怎麼發得下去？我問：「是否可以開一個周刊，專門做本省作家的園地？」馮老編毫不客氣：「那怎麼行？你拿他們當中學生？」

那時台灣推行漢字教育未久，報社找排字工人很難，《掃蕩報》排字房的人馬是從大陸上帶來的「忠貞之士」，都是寶貝，也都是大爺，他們給校對立下規矩。

那時校對工作的程序是這樣：排字房先把文章一篇一篇檢成鉛字，印一張初校「小樣」送給我校對，我用紅筆把錯字挑出來，錯字改正以後，再印一張「二校」的小樣，我再校一遍。

排字房通知我，校對應該在「初校」的時候發現所有的錯字，「二校」時、校樣上應該只有工廠「漏改」的字，不能能有「漏校」的字。兩校之後，工廠拼版，印出「大樣」，校對看大樣的時候，只看文章轉接有無錯位，應該不再修改任何一個字。

我完全照辦，可是有一天，改正錯字的工友來找我，把我校過的二校校樣往辦公桌上一摔，「你改得太多。」我告訴他，初校的校樣沒仔細改，留下這麼多錯字，他說，「二校還有這麼多錯字，我們工廠來不及做，影響出報的時間，誰負責任！」他的意思是由我「吃下」那些錯字。排字房的習氣如此，所以《掃蕩報》各版錯字特別多，編輯部束手無策。

一個月後，我見習期滿，獨立作業，排字房又通知我，他們只對原稿負責，原稿如有錯誤，由編輯負責，編輯發稿之後，不能臨時修改原稿，即使改一個字，他們也斷然拒絕。

第一天，我多發了一篇五百字的短稿，我希望這篇短稿檢字以後存在排字房裡，準備拼版時機動使用。檢字的工友擅作主張，把這篇五百字的短文抽出來丟掉，拼版的時候我到處尋找，哪裡還找得到？

有一天，拼版的工友站在樓梯口大叫：「副刊的稿子發多了，版面沒法拼起來！」我趕緊下樓，多出多少字呢？多出一行！那就刪掉一行吧，時間緊迫，匆匆忙忙刪了一句，第二天看報，刪斷了文氣。從此以後，我發稿時一個字一個字計算清楚，十個字一行，每一篇文章要排幾行，拼版時要在第幾行轉折，我用米達尺在報紙上畫線，務要做到一行不多、一行也不少。

我在《掃蕩報》副刊工作的時候，接連發生重大新聞，國防部參謀次長吳石因「通匪」伏法，韓戰發生，美國第七艦隊保衛台灣。吳石官拜中將，在參謀本部主管作戰，握有軍事的最高機密，這樣一個人居然是中共臥底的高級間諜。這條新聞佔了各報頭版的頭條，《掃蕩報》號稱軍方的報紙，居然單獨把它漏掉了！原來跑軍事新聞的那位記者根本不知道吳石被捕，沒有盯住案情的發展。那位記者嚴重失職，依然每天高視闊步，屹立不搖。

《掃蕩報》漏了吳石伏法，中國廣播公司台灣廣播電台漏了韓戰爆發，新聞界的兩大軼聞，都要從蕭鐵說起。那時我跟廣播還沒有任何關係，蕭主編在台灣台新聞科兼差，偶爾帶些印象回來。北韓突然進攻南韓，他根據外國通訊社的報導寫了一條新聞，把稿子交給新聞科長，那科長是台灣本位論者，他說：「韓國打仗，跟我們台灣有甚麼關係！」拿起新聞稿揉成紙團，丟進字紙簍。他下班走後，蕭老編把紙團撿回來裝在口袋裡，第二天節目部開會追究責任，蕭從口袋裡掏出紙團，滿座譁然。不久那位新聞科長另外找到工作，三十五年以後我在美國遇見他，他居然還沒離開新聞媒體。現在我從網上查台灣省文獻會編的台灣大事記，也沒查到韓戰發生這一條。

排字工友對編輯部懷有「集體的敵意」，彼此常有齟齬。排字房設在樓下，黝暗悶熱，到處都是鉛鏽，工友像在礦坑裡挖煤的工人，脫光上衣，滿手滿臉黑灰。排字房跟樓上編輯部是兩個世界，他們的情感或者可以用「階級對立」來解釋？有一位工友考上世界新聞專科學校，對我忽然表示善意，把我弄糊塗了。事後回想，他將來要做「知識份子」了，他要上「新聞記者」這條船了，他開始在「我們」中間建立人事關係，他改變了立場。

他離職前找我聊天，他告訴我，如果拼版時多出一行兩行，不必刪稿，只要「抽條」。那時活字版用六號鉛字排文章，工友在兩行鉛字之間嵌進兩片薄薄的鉛條，每一片的厚度是六號鉛字的八分之一，這兩片鉛條可以抽掉一片，抽掉八片就可以多出一行空間。有時候，拼版也會缺少一行兩行，出現空白，這時可以「加條」，也就是把兩行鉛字之間的鉛條增加一片，每增加八片就填滿一行。

他說，副刊編輯要準備一些極短的補白稿，每篇只有五行十行，一篇一篇預先檢字校對打印小樣，拼版的時候緊急使用。那時排字房有一項規矩，編輯當天發稿的字數不能超過當天的需要，如果超出了，他們退回來，或者乾脆丟掉，我怎麼能預先儲存？他笑了一笑說：「從明天起，你帶一包香菸進排字房，你把香菸往拼版台上一丟，甚麼話也不用說。」

這番指點真是暗夜明燈，那時候，「新樂園」牌香菸兩元一包，每天一包香菸，每月要支出六十元，我在《掃蕩報》的薪水才一百六十元，沒關係，我還有稿費收入可以支持，為了對得起蕭老編，我決心把工作做好。可惜那位排字工友離職以後《掃蕩報》就停刊了，我沒有福氣享受改變後的工作環境，排字房也沒有福氣每天抽一包免費的香菸。後來我進《徵信新聞報》編副刊（《中國時報》前身），還記得這位朋友的臨別贈言，第一天進排字房就帶香菸結緣。

後來知道，《掃蕩報》的後台是黃埔同學會，停刊前，報社託人向同學會會長陳誠進言：「《掃蕩報》有十八年歷史，停掉了可惜。」據說陳誠的回答很輕鬆：「中國大陸有五千年歷史文化，不是也丟掉了嗎！」

最後關頭，報社有人提出救亡之道，大量發展社會新聞，也就是犯罪新聞，其中以男女風化事件佔最大比例，後來稱為黃色新聞。犯罪新聞可以爭取讀者，增加銷路，也就可以吸引廣告，開闢財源。

《掃蕩報》同仁何以有此先見之明？這得再提一次張白帆陳素卿殉情案。

起初，新聞報導說，外省青年張白帆和本省少女陳素卿熱戀，女方家長因省籍偏見反對他們結合，兩人約定殉情，結果男主角自殺未遂，女主角死了，留下一封纏綿悱惻的絕命書，報紙披露案情，發表遺書，引起社會極大的同情。台大校長傅斯年發起為女主角鑄立銅像，表彰他們堅貞的愛情，各方紛紛響應。

很不幸，後來警方發現事實並非如此，浪漫的佳話破滅，男主角進了監獄，傅斯年校長大呼「上當了！上當了！」婦女界怒斥男主角負心，社會大眾等待法院審判的結果。

這年四月一日，《掃蕩報》發了一條愚人節新聞，殉情案男主角已遭法院判死，今日中午公開執行。這條新聞很短，也沒有標題，夾在「本市簡訊」一組新聞當中，居然引得台北市民聚集在刑場「馬場町」旁邊等著看熱鬧。撰發這條新聞的副社長說，他想試試《掃蕩報》究竟有沒有讀者，結果發現犯罪新聞的巨大潛力。怎奈《掃蕩報》董事會都是有為有守之人（或者昔日能夠有為、今日只能有守之人），尊重傳統價值，拒絕走向低俗。菊花抱香死，報業史可能留下一縷芬芳？

後來許多報紙在困境中掙扎，大都以黃色新聞做開路機拓建坦途。當初渲染張白帆、陳素卿殉情案，正值本省人外省人的隔閡日漸加深，各界希望殉情案能像「羅米歐和茱麗葉」的愛情悲劇那樣，感天動地，化解仇恨，所以連傅斯年這樣的大賢都肯出面。後來報刊刻意發展社會新聞，動機就複雜了。

《掃蕩報》的另一契機是，當年王惕吾要辦聯合版，曾邀《掃蕩報》參加，不知何故，《掃蕩報》選擇了一九五〇年七月停刊。惕老的回憶錄和幾種報業史沒提這一筆，當時董事會會議的議程交給我用鋼版謄寫，「討論事項」中有這一條，應是確有其事。一九五一年九月，《民族報》、《全民日報》、《經濟時報》的聯合版出現，後來成為國際知名的大報，《掃蕩報》舊人見了面都嗟歎不已。

《掃蕩報》停刊後，報社使用原有的設備開辦印刷廠，一再虧累，改成掃蕩出版社，更難存續。最後，副社長程曉華念一副對聯給我聽，上聯「掃地出門」，下聯「蕩然無存」，橫批「消而化之」（總社長蕭贊育將軍字化之）。據說對聯的作者是總主筆許君武。

投身廣播　見證一頁古早史

我應該是在一九五〇年九月進入中國廣播公司所轄的台灣廣播電台工作，我說「應該」，因為我申請退休的時候，人事室查不到我的到職年月，要我自己填寫，我沒有用心推算，顯然寫錯了。記得那年中秋，福利社發給每人一個月餅，我剛剛進來，福利名冊上還沒有我的名字，我的頂頭上司資料室主任蔣頤替我爭取到一份。中秋節總該在陽曆的九月。幾個月後，我調任編撰，迎頭重任是參與製作蔣總統復職周年的慶祝節目，蔣氏一九四九年三月引退，一九五〇年復位，一九五一年三月一周年，據此推算，我一九五一年一月或二月已經在編撰科了。

中秋福利只有「一個」月餅，可見那時台灣廣播電台很窮，我們坐籐椅，用桌面有坑洞的桌子，領到有臭味的漿糊、有缺口的米達尺，後來調到樓上寫稿，腳下踏著有彈性有聲響的地板。伙食房長桌長凳，鋁製的盤子凸凹不平，生了灰色的鏽。男女合廁，日本人遺留的習俗，男生出入眼觀鼻、鼻觀心，上午有衛生紙可用，用完了、下午不再補充，因為總經理只有上午來辦公。有一次某立法委員來發表廣播演說，內急出恭，無法善後，只好掏出手帕來草草了事。

台灣廣播電台的前身是日本「台北放送局」，抗戰勝利由中國廣播公司接收，中國廣播公司前身是中央廣播事業管理處，這個「中央」是國民黨中央黨部，中廣公司是國民黨的黨營事業。那時撤退來台的「中央機關」都窮，「引退」後的蔣介石總統住在陽明山（那時還叫草山），連紗窗紗門都沒裝，魏景蒙去見他，他一面跟魏講話一面用手掌打蚊子。（後來魏先生做中廣總經理，常要我記錄他口述的資料，其中有這一段祕聞。）中廣公司從南京撤到台北，副總經理吳道一主持其事，他說那時沒錢交電費，沒錢發薪水，他想辭職，沒人收他的辭呈。他依照國民黨中央黨部的口頭指示，變賣帶出來的發電機，度過難關。

那時播音必須照文稿說話，文稿播出之後送資料室永久保管（電台由南京帶來很多舊日剪報，上面有播音員播出之後的簽字）。有一次外面傾盆大雨，播音員卻要播報天氣「晴」，那時台灣氣象局每四小時發布氣象報告一次，沒有雷達，沒有電腦，氣象預報總有些陽差陰錯，播音員明知預報失準，他不能更改。還有一次，採訪記者趕寫新聞，寫到「女士」二字，「士」下面一橫拉得太長，播音員播出來的是女「土」，電台不能處罰。

廣播如此依賴文稿，電台又沒有僱用很多寫手，編播人員只有到資料室找報紙雜誌上登過的東西，填塞節目內容，資料室必須增添人手，我才有機會到電台工作。那時候我們都沒有著作權觀念，別人發表的作品拿來就用，後來保護著作權運動興起，政府修正著作權法，著作人成立版權協會，廣播電台還是覺醒最晚配合最少的地方。

中國廣播公司在南京成立時轄有電台三十九座，除了台灣六台、東北四台以外，都是中央廣播事業管理處建造的，創業艱難，功不可沒，所以管理處長吳道一雖然交出實權，改任公司副總經理，仍然終身受人尊敬。南京撤退時，許多機關首長只能帶出幾個左右親信，若想搬運物資，員工反抗，碼頭工人拒絕裝卸。吳道一能夠拆運機器，連圖書唱片剪報資料都能裝箱上船。

當年廣播任務簡單，據中廣公司海外組組長陳恩成博士寫的一份報告說，當年各地建立電台，一律派工程師做台長，工程師建廠房，裝機器，豎天線，僱兩個年輕的女孩子，買一批唱片，訂幾份報紙雜誌，就可以開播，對工程的投資高，對節目的投資低。我記得他強調中國廣播事事都可以移用西洋現成的東西，惟有播出內容必須自己設計，語言風格必須自己形成，節目人才必須自己培養。後來中廣慶祝成立四十周年，出版了吳道一著《中廣四十年》一書，保存許多珍貴史料。書中記述，當年電台組織僅有技術、傳音、事務三科，可以說為輕視「節目」提供證明。

你看輕節目，社會就看輕你。資深廣播記者潘啟元說，抗戰勝利後他在南京中央廣播電台跑新聞，申請加入南京記者公會，幾番力爭，公會勉強同意，他是全國廣播記者加入記者公會的第一人。民本廣播電台台長胡炯心說，內政部職業分類，廣播列入「娛樂」，他這才知道自己是個跑馬賣藝的。

來到台灣，廣播突然十分重要。台灣使用日文五十年，馬上改讀中文，確有困難，聽廣播比較容易，政府想藉廣播普及知識，宣達政令，凝聚共識，此其一。中國大陸和台灣之間，一切交流的管道俱已嚴密封鎖，惟有電波可以穿越海峽，深入內地，政府想藉廣播進行對大陸宣傳，此其二。世界各重要國家都有專門機構收聽外國廣播，以便立即了解局勢變化，國民政府想藉廣播打破孤立，爭取友邦了解，此其三。有此三者，廣播任務重大，層次提高，必須多方羅致節目人才，王大空、崔小萍、楊仲揆、王玫、白茜如、徐謙、還有我和駱仁逸，都在這種情勢下分別就位。節目人員身價增高，導致節目和工程兩大部門的長期摩擦。

台灣台的台長是工程師姚善輝，下設工程科，總務科，節目科，節目科之外又有播音科，新聞科，還有一個資料室，事實上播音和新聞都是節目工作，資料是為節目服務的，可是單從名稱看不出組織系統來。我進電台的時候，省籍名人翁炳榮統率節目部門，增設編撰科。

一九五一年三月翁赴日本，邱楠接任，公司給他的名義是節目總編導，統攝新聞編撰播音資料各科。不久台灣廣播電台撤銷，業務由中國廣播公司直營，分設工程部、節目部、總務部，原台長姚善輝任工程部主任，原節目總編導邱楠任節目部主任。節目科升格為部，空間擴大，層級增多，下面設編審組、新聞組、播音組、資料組，眉目就清楚了。

那時無線電廣播是新聞事業的尖端，卻也是工程設備的幼年，但是對於我，一切都非常新奇。發音室冷氣晝夜開放，為了使聲音合乎標準，室內鋪著很厚的地毯，掛著沉重的帷幕，窗子用整片玻璃鑲成，內外兩層，裡面一層微微傾斜，減少回音，伺候聲音像伺候皇后。第一代錄音機體積笨重，使用鋼絲錄音，必須由工程人員操作，節目人員使用錄音機，必須工程部門批准，太尊貴了，可是它居然能保存聲音反覆重現，人定勝天，本是二次大戰中研發的祕密武器，豈可視為等閒！唱片還是膠質，速度七十八轉，有些沙聲，硬脆易碎，怕壓怕碰怕摔，那可是進口的奢侈品，送人一張唱片已是厚禮，電台唱片整箱整櫃，工友經常捧著厚厚一疊上樓下樓。最不可思議的是，我每天寫的文字都會變成聲音，四方各地都有人專心收聽，怎麼可能？居然可能！

那時中國廣播公司有全國知名的工程師馮簡，據說機器故障播音中斷的時候，他能坐在家中用電話指揮修復，無須親臨檢查。南京時代有名的男播音員梁栖，方面大耳，音質沉厚，播送政論文稿以聲服人，走出發音室的時候滿身大汗。重慶時代的女播音員劉若熙，美人遲暮，改調編輯，當年號稱「重慶之鶯」，與日本的「東京玫瑰」爭鳴。想那一九二八年，全國沒多少人見過收音機，中央廣播事業管理處（中廣公司的前身）訓練了一批收音員，他們帶著收音機前往各省，每天收聽新聞節目和中央要人的演講，記錄繕印，送到當地報館發表，同時也製作壁報供大眾閱覽，當年的收音員，還有幾位在中廣公司擔任行政工作。這些都是國民黨光輝歲月中遺留的人物，後進置身其間，很能感受到歷史的厚度。

資料室從南京帶來一批圖書，話劇劇本佔很大的比例，曹禺，洪琛，郭沫若，陳白塵，李健吾，丁西林都有，出版日期都在抗戰勝利以前，這些人是左翼作家，這些書是禁書，中廣把它們運到台灣，也算是一批文物。那些著名的劇本，像曹禺的《日出》、《雷雨》等等，有人用鉛筆勾點批註，哪個角色由哪個人演，哪個地方加入分場的音樂，分明是電台導播的作業，敢情中央廣播事業管理處所轄的中央廣播電台在節目中使用了這些劇本！我彷彿看見一群播音員擠在麥克風前伸長了脖子，共用使用一本書播出節目，那時節目製作如此因陋就簡！今天嚴厲禁止的，正是昨天向全國播送的，「中央」的文化政策如此捉襟見肘！算得上是一個重大的發現。

那時中廣公司總經理董顯光，國際宣傳的教父，英美的新聞界外交界的老朋友，為中廣爭取許多美援。他慣用英文批簽呈，無為而治，一律ＯＫ，我從他的批示中第一次看到這個符號。有一次節目部簽辦一件事，送工程部會簽，工程部提出相反的意見，董總批示ＯＫ。節目部只好和工程部聯名再簽，問總經理究竟ＯＫ了誰的意見，批示下來仍是ＯＫ。他嫻熟國際社交禮儀，每天服裝整齊，見了女同事就鞠躬，對我而言，新奇！

那時中廣公司的董事長是張道藩，黨國要人，領導國民政府的文藝運動。他的作風不同，那時宣傳政策由中央宣傳部掌握，他輕易不說甚麼，倒是對行政事務的細節很注意監督。那時到新公園遊覽的人，往往沿著那條水泥小徑誤入電台，總務部特地在電台入口處左右豎立兩根方形的柱子，示意這是電台的大門，又在右邊柱子上製作「中國廣播公司」大字招牌。張道公看見建造費用的帳單，認為貴得離了譜，把負責人叫來「罵」了一頓。他私人寫信從來不用公家的郵票，辦私事也不坐公家的座車，對我而言也是新奇。

那時台灣電台的待遇很低，我調到編撰科以後，資料室添補新手，有一位小姐應徵，她聽見月薪只有兩百二十元，變色而去，臨別留言：「蘇俄用農奴工奴，你們這裡用文奴！」王大空任廣播記者，工作表現優異，言談詼諧有趣，有時卻也憤然自語：「中廣！你有本事就餓死我！」只有我很滿足，薪水加上稿費，我可以把弟弟妹妹零用金增加到每月五十元，一面計畫如何迎養寄居台中的父親。

那時蘭陵王氏子弟多人從上海隨上校爺爺撤退來台，分散在聯勤各單位當兵，放假的日子，他們想到台北市逛逛大街，沒錢買車票，沒錢吃午飯，希望我接待。我到上海的那個把月，他們沒人請我喝過一杯開水，我追慕上校爺爺縣長爺爺的風範，不計前嫌，他們來找我，我奉上新台幣二十元，天熱可以吃紅豆冰，口渴可以喝黑松汽水，餓了可以吃山東大饅頭。那幾年，我怎麼也存不下一塊錢。

台灣電台的外觀優雅，看資料，這棟建築由日本人栗山俊一設計，採用日本三十年代流行的「帝國冠帽式建築」，想當初是一棟漂亮的建築。它位於公園一角，那佔地七百一十五畝的綠地熱帶樹林、露天音樂台、拱橋池塘（後來又有滿園杜鵑花），彷彿是它的庭院。我們在樓上寫稿，那時辦公室尚未禁菸，同事作家駱仁逸常常把手臂伸到窗外「彈」掉菸灰，他說「我拿整座公園當菸灰缸」。日本把電台、法院、銀行、外交賓館都設在總督府周圍，據說是表示對廣播十分重視，電台雖在鬧市中心，有了公園，也就鬧中取靜，躲掉多少塵囂。「陳素卿殉情案」的男主角本是這家廣播電台的編輯，殉情案發生後，女主角在感人至深的「遺書」中說，她常坐在公園噴水池邊長椅上偷看男主角上班，我們讀了遺書，也曾結伴來到新公園，坐在陳素卿坐過的地方瞻望這座小樓，那時我曾設想，誰能在這座小樓裡辦公真是一種幸福。我怎能知道它內部的詭譎騷動與外觀的寧靜幽雅恰成反比。

我聽到老前輩講古，抗戰勝利，台灣光復，中廣公司接收了這座電台，可是沒辦好產權轉移。有人提醒經辦人：現在實行憲政，有一天國民黨不再執政，若是產權有問題，你就不能再使用這座房子了！那人聽了大笑，他說怎麼會有那一天！他萬萬沒想到，後來本土意識高漲，還沒等到政黨輪替，房產就還給市政府了。

我由資料員調成編撰，座位靠近玻璃窗，憑窗下望，可以看見一條水泥小徑由總統府前的大道分支，通往公園的出入口，看見少男少女一對戀人手牽手走過，看見新婚夫婦抱著小孩相互扶持走過，看見中年夫妻彼此保持三英尺的距離、孩子跟在後面走過。日復一日，聽見儀隊在總統府前奏樂降旗，年復一年，雙十國慶，聽見蔣介石總統在總統府前公園旁邊的廣場閱兵。雙十節本來放假，中廣伺候總統的閱兵實況和國慶文告，節目工程的骨幹人員照樣上班，而且精神特別緊張。閱兵的時段內，公司大門外站著憲兵，樓上辦公室站著穿中山裝的內衛，玻璃窗關緊，我們都不可走近窗口。公司樓頂平台上由防空部隊據守，架好高射機關槍。新奇之中隱隱有一絲恐懼。

這是一片新天新地，我可以脫去一層皮，換上一張臉，小心謹慎做個新人。

一九五一年我調任「編撰」以後，中國廣播公司盡力做政治宣傳，當時的說法是「鞏固領導中心」，「喚起同舟一命的危機感」，抗拒共產主義的擴張。節目內容時時宣揚蔣介石總統的偉大英明，國民黨的歷史光榮，時時抨擊共產黨革命謀略之詭異，統治手法之狠辣。一九五三年，中廣秉承中央黨部意旨，負責製作全國電台聯播節目，每天晚上八點到八點半播出（星期天延長到九點），中廣發音，二十一家公營和民營電台同時轉播，加緊「意志集中，力量集中」。

政治宣傳節目的收聽率很低，製作節目的人沒有社會聲望，節目的內容敏感，差之毫釐，失之千里，一言喪身，一字傾家，製作節目的風險很高，工作當前，人人縮手。他們欺我年輕新進，把這樣重要的使命交給我這個資歷最淺待遇最低的人，我那時還有大頭兵思想，任務分派下來，冒險犯難要去完成，聽天由命也要去完成。我背後沒有大官，左右沒有幫派，袋中沒有文憑，腦子裡沒有天才，每天以「傻小子」的姿態橫衝直撞，躋入節目部的「三張王牌」，與王玫、王大空並列。

這個工作我做了許多年，積累了許多「沒有用的經驗」，但是經驗可以轉化，我的寫作倒也因此有些長進。那時黨方官方認為宣傳就是「自外打進」，就是重複灌輸，每一個政治主題都有陳腔濫調，可以反覆使用，我曾告訴朋友：「只要學會五百句話就可以吃宣傳飯。」那時每逢節日慶典，縣市首長都要發表「告全縣同胞書」，都在慶祝大會上演講，祕書從檔案裡找出舊稿，稍加斟酌，縣長拿去照念一遍。那時世界第二次大戰結束未久，他們腦子裡還存著戈培爾的一句話：「謊言千遍成真理」，他們沒提防「真理千遍成空言」。

我那時年輕，不甘墨守成規。我後來參加道藩先生創辦的「小說創作研究組」，接受創新的觀念，以在「小說組」修習所得，認為節目的宗旨不能變、技術可以變，主體不能變、角度可以變，內容不能變、修辭可以變。我拿政治節目做我的練習簿，小心實驗。蔣總統「河山並壽日月同光」不能改變，「萬壽無疆」不敢更換，每年此日我看會場和大街，看這四個字的大標語，它們的字體和顏色也年年照舊，遠洋輪船沿著人家走過的航道行駛最安全。除此以外，我一個字一個字的改，一句話一句話的改，逢到植樹節、青年節、體育節，我更可以放手放膽。我本來食古不化，小說組的同學給我起了個綽號叫「鼎公」，但是在廣播電台我隻身冒進，是一個「鼎仔」。職業訓練了我，我的文章漸漸化難為易，化古為今，化單調為多樣，化嚴肅為平易。所以後來我能以寫作立身。

大約是主辦政治宣傳的緣故，我常常看到「限閱」的文件。限閱是機密和公開之間的一個分類，這些文件可以給許多人看，但是並非所有的人都可以看，那年代新書難尋，報導評論千篇一律，這些文件別有洞天，對我的進境也有幫助。一九五二年十月我讀到一篇「奇文」，蔣介石總統主張用「愛」反共，他的訓詞裡面有這樣的警句：「愛是永遠不會為恨所掩蓋的，而且也只有愛、終於可以使恨得以消滅。」他說：「我們今日要召回我們民族的靈魂，提振我們愛的精神，以倫理為出發點，啟發一般國民的父子之親，兄弟之愛，推而至於鄰里鄉土之情，民族國家之愛，以提高國民對國對家對人對己的責任。」一面對中國大陸，他宣示「我們要用愛去使他們覺醒，用愛去使他們堅定，用愛去使他們團結，讓愛去交流，讓愛去凝固，讓愛結成整個民族的一體」。

我大吃一驚。一九五二年，正是蔣公「寒夜飲冰水、點滴在心頭」的時候，正是他的心腹股肱高喊「對敵人仁慈就是對同志殘忍」的時候，正是「仇匪恨匪」漸成軍中教育主軸的時候，蔣公他老人家居然還有這個境界，他這些話，毛澤東即使再輪迴三世也說不出來，這表示蔣公心中確有基督信仰（當然他並非「只有」基督信仰）。恰巧《廣播雜誌》催我寫稿，我馬上寫了一篇「愛的宣傳」表示響應，並加詮釋。我說反共「要把人民受宰制的痛苦和大多數幹部受裹脅驅策的痛苦聯在一起，想辦法一齊解除，這就是愛，這就是悲天憫人」。我二十幾歲能有這般見解，分明也出自基督教的薰陶。總編輯匡文炳看了我的文稿，沉吟有頃，他把訓詞原件要去查驗了，然後發排。十一月六日雜誌出版，我打開一看，我的回聲居然放在第一頁社論的位置。

我覺得蔣公這篇訓詞非常重要，今天國民黨力倡台灣和大陸和解共生，當年「愛」的訓詞更在意識型態上提供了基礎。可是這篇訓詞當時無人轉載，無人響應，後來無人引用，各種版本的蔣公言論集都沒有收入，「愛的訓詞」究竟何時何地對何等人所發？我問過研究蔣總裁思想言行的專家，他也說不出話來。這篇訓詞竟然成了我的奇遇。

還有一些「無用的經驗」終歸無用，而今成了茶餘酒後的笑談，也算是「無用之用」了。

五十年代（也許還可以加上六十、七十年代），台灣的重大慶典都在十月：十月十日，國慶。十月二十五日，台灣光復節。十月三十一日，蔣介石總統誕辰。每一個日子都要高質量宣傳，節前有醞釀，節後有餘波，整個十月都在鑼鼓喧天的氣氛中。可是中華人民共和國的國慶偏偏定在十月一日，這一定是毛主席的傑作，他真是鬥爭天才。十月一日這天（甚至前一天），台灣媒體不能有任何喜樂慶賀的表示，廣播節目不可祝壽慶生，不可開張剪綵，不可花落花開，不可否亟泰來，快樂幸福的歌曲一律抽除，連氣象報告播出「長江下游天氣晴朗、台灣海峽烏雲密布」，治安機關也要查究。這等於迎門一掌，黑巾蒙頭，台灣十月慶典的光環都縮小了，光度也減弱了，節目氣氛在技術上仍然可以做到興奮熱烈，工作人員在心理上總有戒慎恐懼強顏歡笑的感覺，這種感覺又必然影響節目中的真誠。

跼促於大陸十一慶典的陰影之下，台灣媒體十月的禁忌特別多，衰老，死亡，病危，破產，高樓倒坍，孤島漂流，王朝覆滅，大家庭的專制腐化，等等題材一律不可刊出或播出。尤其是蔣總統誕辰這天，副刊的連載小說必須重新審視，刪去一切可供穿鑿附會的意象、形容詞或局部情節，如果事關小說的結構和未來發展無法刪除，那就「續稿未到暫停一天」。副刊插圖不許出現弧形和直線交叉，據說因為它好像是共產黨的鐮刀斧頭，插圖也不許有圓臉光頭的人像，據說因為可能是毛澤東的造型。

每年雙十節，蔣介石總統發表國慶文告，中廣公司照例要現場錄音並向全國全球播出。有一年錄音效果不佳，兩個小段落聽不清楚，上下大為緊張。檢討原因，五十年代初期，麥克風的性能沒有現在這樣好，錄音人員限於安全規定，必須和總統保持一定的距離，不能隨時調整麥克風的角度。為了避免以後再發生同樣的狀況，中廣特地引進一種新型的麥克風，你可以稱它為伏地式麥克風，一根長長的管子，下面裝了腳架，麥克風可以穿越障礙，伸到離總統最近的地方，錄音人員雖然站在較遠的地方，仍然可以操控。工程部到現場裝設擺放這些器材，當然經過安全人員的檢查和許可，但是蔣介石總統望見了，他很不高興，責問「這是甚麼東西」！他大概覺得這玩藝兒太像一挺輕機槍吧，於是侍衛立即走過來拆除沒收，事後再由總經理魏景蒙出面派人領回來。

一九六〇年，蔣介石總統做滿兩任，他事先公開表示不再競選連任。那時陳誠是副總統，國民黨副總裁，還兼任行政院長，似乎是當然的接班人，胡適之、梅貽琦、蔣夢麟、王世杰紛紛站在陳誠一邊，胡適還公開說「陳先生可以做總統」，陳誠也沒有任何謙虛的表示。誰知蔣氏仍然做了第三任總統，他也仍然提名陳誠做副總統，選舉揭曉的那天，總統照例發表演說由中廣轉播，副總統照例對中廣記者發表簡短談話。播出之前，有關工作人員照例試聽錄音，陳誠第一句話竟是「今天本人當選中華民國第三屆總統」，中間少說了一個「副」字。從心理學角度看，陳誠的口誤非常有趣，可是那天我們工作人員傻了眼，這怎麼辦！你必須播出副總統的談話，可是絕對不能要求他再錄一次。還是中廣的名記者洪縉曾和資深工程師黃式賢本事大，兩人閉門工作了兩個小時，反覆試驗，好歹把錯誤掩飾過去。

有一年，某某電台報導國民大會開會的消息，有一句話是「美侖美奐的大會堂中間懸掛著總統的肖像」，句子太長，播音時斷句換氣，說成了「懸掛著總統」，引起驚擾。那時我代理編撰科長，一向注意長句之害，這一次更叮囑撰稿同仁：「總統」之前切忌有任何動詞。可是報館的同業未能吸取教訓，新聞稿說「全體同胞跟著總統走」，那時還是活字平版印刷，同一部首的字容易檢錯，加上校對疏忽，結果印成「踢著總統走」……

我在二〇〇七年寫這篇文章，想到「經驗總是沒有用的」，因為走出去的腳步不會退回來，以前種種以後不再發生。謝天謝地，大江東去，經驗如果還有用處，那就是「古今多少事、盡付笑談中」。

張道藩創辦小說研究組

一九四九年中國大陸「天翻地覆」，我由上海乘船，基隆登岸，台北居住，雖然踏上土地，我的感受卻像是上了另一條船，這條船漏水，羅盤失靈，四周都是驚濤駭浪。

那時我讀到一個故事，汪洋大海中，一艘輪船快要沉沒了，船上有一位科學家，他遠洋航行作調查研究，他趕緊把此行研究的結論封在「海漂」專用的瓶子裡，丟進海中。船沉以後可能無人生還，可能沒有幾個人知道有這麼一條船，他希望天涯海角有人撈起瓶子，享有他的成果。

受文學潮流影響，那時我們都崇拜小說，尤其是寫實主義的長篇小說。長篇小說字數多，訊息量大，反映大時代需要這種「大塊文章」。那時批評家說，如果你看見一條河，你把它寫下來，你要使讀到文字的人真的看到那條河，跟你所看到的一模一樣。那時創作者說，小說家不忍他的經歷被「時間的流沙」掩埋，他要使那景象永遠受後人諦視。如此這般正是我的願望，我的野心，我在崩盤幻滅之中能夠抓住的人生意義。

可是小說是怎樣寫成的呢？那時我沒聽見任何人討論這個問題，我從未看到傳授小說寫作技巧的書，甚至沒看過一篇自述創作心得的散文。那時前輩作家把「方法」當作不傳之祕，「江湖一點訣，休與旁人說」。我開始讀小說，常言道「會看的看門道，不會看的看熱鬧」，我只看見熱鬧，沒看見門道。

天無絕人之路，中國文藝協會開辦「小說創作研究組」招考學員，我趕快報名。小說組的大學長程盤銘每天寫日記，保存了一些重要的記憶，一九五一年二月十一日，文協對報名參加小說組的人舉行筆試，試場設在國語實驗小學，共一百二十人應考。我記得應考人要寫一篇自傳，還要「列舉小說名著十篇並略述其藝術價值」（出手與眾不同，沒教我們略述思想主題）。我記得還有一道題目也很特殊，測驗考生的聽寫能力，考試委員念了朱自清的一段〈背影〉，我跟著記錄下來。

依程盤銘日記，筆試錄取五十六人，二月二十五日進行口試，試場借用中廣公司台灣電台會客室和發音室，每一個應試者經過兩位考試委員問話。輪到我，先是蔣碧微，張道公的愛人，我只記得她的神態嫻雅柔和，世事難料，她後來和張道藩分手，口述《我與道藩》一書爆料，態度相當強悍。後是李辰冬，他問我：「如果你在一篇作品中寫幾個人物，你能不能把自己的心分裂了、分給每一個人物？」我的回答是不能，那時當然不能，那是利用小說口誅筆伐的時代，我讀到的小說沒有幾本做得到冤親平等。

三月一日放榜，正取三十名，我總算擠了進去。小說組借用台北市女子師範附屬小學上課，李辰冬教授為教務主任，趙友培教授為總務主任，他倆都在台灣師範學院執教，抗戰時期追隨張道公做文化運動工作，直到台灣，張氏創辦小說組，李、趙是實際上的負責人。三月十二日、星期一報到，同學們互相自我介紹，推舉張雲家為班長，程盤銘為副班長（正式名稱好像是總幹事和副總幹事）。三月十五日在台灣電台會議室舉行開學典禮，張道藩主持，記得來賓很少，用今天的話來說這是「低調處理」。

開課典禮沒有多少事可以記述，倒是開課之前、三月十二日那天，開課前的預備集會，趙友培教授出場講話，有「新生訓練」的意味。他首先說，小說組的正式名稱是「中國文藝協會文藝創作研習部小說組」，全名太長，簡稱「小說組」。他用聲明的語氣說，小說組不是文協的附屬組織，前來參加研習創作的人可以不是文協會員，結業以後也不必參加文協做會員，為甚麼要用文協的名義辦呢，他說因為經費是以中國文藝協會的名義籌措的。「文藝創作研習部」的架構很大，「小說組」僅是其中一個門類，以後可能繼續辦戲劇組、詩歌組、繪畫組。他這番話澄清了某一些人的疑慮。

既是「文藝創作研習部」，當然強調「創作」。他說，以前這一類活動總是談文學的主義流派，作品的思想意識，先生講，學生聽，發講義，記筆記，參加學習的人得到很多文學知識，對創作的幫助很小。現在創作第一，不談主義，不發講義，直接閱讀作品吸收技巧、領略風格、體會意境，按時交出作品給大家看，歡迎批評，不怕修改。這一套做法，當時確是創舉，許多人將信將疑，一九六七年，美國愛荷華大學創作「國際寫作班」，夏濟安教授對我們講說辨理的情形，恰和小說組心同理同，大家才認可小說組的做法。

趙公還有警句，他說小說組教大家怎樣寫小說，並非要大家一定寫反共小說，「不管你提倡甚麼小說，都得先有小說！」我那時還不了解他的話，小說千古事，反共只在一時，有人想把千秋大業交給我們。只聽得他說：「每一堂課，我們要求講座從小說創作的層面發揮，如果講座沒能完全做到，我們希望大家從小說創作的角度領受。」我立時通體舒泰，耳聰目明，自從我懂得「尋找」以來，第一次找到我要找的東西。

最後他說，我們不是師生關係，我們是朋友關係。他給大家定位，站著授課的人叫講座，坐著聽課的人叫學員，學員交出作品，講座指導改進，學員質疑問難，講座教學相長，同學間切磋啟發，互為師友，「學員皆講座，講座亦學員。」這番話說得非常中聽。

關於小說組的課程，我箱中保存了一份「本組課程概要」，學長程盤銘的日記裡也逐日記下受教的情形。課程分成五個單元，「中外小說名著研究」取法前賢，「人生哲學及文藝思潮」探源求本，「創作心理和創作經驗」反身觀照，「基本訓練」規矩方圓，「藝術欣賞指導」觸類旁通，「作品批改」切磋琢磨，「討論座談」腦力激盪，「分組指導」師生交流。授課時間共二百五十個小時，其中「基本訓練」、「討論座談」佔去一百六十小時，那時、這是小說組的創意和特色。

講座陣容「極一時之選」，國民黨眼中的「泰山」，如高明、李曼瑰、羅家倫、張其昀、陶希聖、羅剛、陳雪屏諸先生固然承先啟後，一向居高臨下俯視國民黨文化活動的「北斗」，如牟宗三、胡秋原、王玉川、何容、齊如山、梁實秋、沈剛伯諸先生也有教無類。

國民政府失去大陸，撤到台灣，國民黨檢討失敗的原因，認為遠因是思想戰、宣傳戰先輸給了中共，近因才是政治軍事，所以任命反共理論家任卓宣為宣傳部副部長，任氏也很想有一番作為。那時我結識了任卓宣一位老部下，他告訴我，任先生倡議國民黨要走群眾路線，提出方案，要把文藝作家組織起來。這位老部下憤憤不平的說：「誰料這個工作給張道藩搶去了！」今天回想，任先生歷經滄桑，國民黨的事應該看個清楚明白，從一九三九年起，張道藩就是國民黨文藝工作的專業領導人，他怎麼會搶你的工作，黨中央又怎會把組織文藝作家的工作交給你做。

今天檢點舊時課程，並未邀請當時的小說作家前來傳燈。我猜，設計課程的人拉高了層次，只給我們「第一手」的東西。那時台灣當令的小說作家穆穆、王藍、孟瑤、魏希文，應該列為「二手」，這些人都是文協要角，李辰冬、趙友培的朋友，取捨之間破除了情面。那時新的文學傳統尚未形成，不但白先勇、林海音、七等生、陳映真還沒有「出頭天」，鍾肇政、楊念慈、朱西甯、司馬中原、彭歌也「初試啼聲」。三年後，張愛玲才拿出《秧歌》，五年後，姜貴才拿出《旋風》。青黃不接，我們似乎是承接傳統的種子，倘若如此，我們應該慚愧。

正式上課以後，發現政大教授王夢鷗也是重要人物，他的學術聲望高，張道藩特別請他出山，補李趙二人之不足。他住在木柵，來往奔波，「基本訓練」循循善誘，「分組指導」因材施教，那正是我最渴求的課程。那時我們稱張道藩為「道公」，稱李辰冬為「李公」，稱趙友培為「趙公」，稱王夢鷗為「夢老」，今天重溫最初的稱謂，發現我們不知不覺對他們四位作了區分。那年夢老四十五歲，李公四十六歲，趙公三十八歲，即便是道公、也不過五十五歲，他們有精力有熱情，小說組六個月的教育，他們十分投入，每逢上課開講，李公趙公一定在座細聽，隨手筆記。以後小說組又辦第二期，上課的時間減少了一半，不但道公很少參與，趙公李公和夢老也未能與他們朝夕相伴。

不消說、我用心聽講，勤苦學習。夢老曾經告訴他的學生他如何「發現」了我，他說他講課的時候，看見後排有一個剃光頭的大腦袋，兩眼發直，皺著眉頭傾聽，不停的寫筆記，他藉故把筆記要來看，既抓住要點也顧到特殊的細節。這個「剃光頭的大腦袋」就是我！朋輩之間傳為笑談，我則覺得很溫暖。結業以後，夢老繼續對我有很多照顧。

小說組舉行過幾次討論會，第一次以「小說中的口語」為主題，同學們推我草擬大綱。恰巧我對這個問題有了解、有思考，也恰巧那次討論會由道公主持，他當場對趙公說：「以後每一次討論會都要有這樣一份大綱。」他注意到有我這麼一個青年，以後發展出一些因緣。現在我手中還有一份「大綱」的原件。

我也曾連續缺課一個多月，幸而沒有開除。那時我在中國廣播公司節目部資料室上班，公司沒有單身宿舍，特准我夜晚睡在辦公桌上。節目部，小說組上課的女師附小，總統府，三個地方距離很近，有一天，大批軍警從天而降，封鎖附近的街道，把走路的人、買東西的人都抓起來，這地段是台北市鬧區，入網的人很多，當年這叫「抄把子」，用意在震懾人心，有時也湊巧抓到罪犯。軍方對抓來的人略加訊問，中年人和老年人提出身分證，或者由他們的家人送來身分證，立時釋放，青年壯丁下落不明，這就是有名的「抓壯丁」，半夜查戶口，由家中抓出來的叫「家丁」，順手牽羊，把正在田裡耕種抓來的叫「田丁」，突擊包抄，從路上抓來的叫「路丁」，我們資料室有一位同事就這樣「失蹤」了！多虧公司有位老先生知道門徑，他拿著中廣公司的公文，前往可能關押的處所一一尋找，終於把這位同事保出來。

我那時心中還有許多「餘悸」，三年怕草繩，不敢出門。節目部有大鍋伙食，吃飯沒有問題，鬍子頭髮只有任它生長，行徑怪異，招惹治安機關調查，有些同事以為我家中出了重大變故。等我冷靜下來，恢復學習，出門第一件事是理髮，那理髮師悄悄問我「有甚麼冤屈」，他以為我是剛從牢獄裡放出來的犯人。小說組的同學也用離心離德的眼神看我，那時候，若有人突然缺席，事先沒請假，事後無說明，「被捕」是最合理的推斷。以訛傳訛，小道消息在空氣中盪漾很久。

這件事、耽誤學習事小，它影響我的思想，我開始往「自由主義」傾斜。有人說，如果一個自由主義者在馬路上遇見強盜遭受洗劫，他會馬上變成保守主義者。（反過來說，一個保守主義者如果無緣無故挨了警察一棍，他會馬上變成自由主義者？）後來我讀《甘地傳》，甘地在火車上挨了英國人一個耳光，從此發憤推行印度的獨立運動。這些說法也許太強調歷史發展的偶然因素了吧，不過我當時的心情確是如此。

一九五一年九月三十日，小說組舉行結業考試，考試成績有三個第一名：廖清秀「寫作」第一名，他在結業前提出長篇小說《恩仇血淚記》；賈玉環「全勤」第一名，她在一百多里外的楊梅中學教書，每天坐火車來台北聽課，沒有請過一天假，從未遲到早退；我是「筆記」

第一名。

依程盤銘日記，小說組的結業典禮延遲到十二月十六日舉行，張道公主持。我記得張道公越來越忙，大家等他抽出時間。那天來賓官式發言，無甚可記，倒是文協二把手陳紀瀅（大家尊稱紀老）幾句話餘音裊裊，他的意思是：

文學創作好比跑道，起跑的人多，到達終點的人少。有些人、文學是他的洋娃娃，長大了就丟。有些人、文學是他的繡花枕頭，起床了就推開。有些作家是候鳥，文學好比大戶人家的屋樑，做個窩過春天，文學好比長滿蘆葦的池塘，歇歇腳住一宿。有些作家好比三春的蝴蝶，留在遊客的照相簿上，不留在文學史上。不必羨慕他們，不必批評他們，問題不在他們是甚麼，而在我們自己是甚麼。

小說組第一期錄取學員三十人，中途退出者三人，開課後要求「插隊」研究者三人，結業時參加大考者二十八人。台灣省籍的同學男生一人，女生一人，那位女同學未提出作品，那位男同學在結業前完成一部十四萬字的長篇小說，於是成為我們的明星。這位男同學就是廖清秀。

廖清秀面龐清秀，平時很少和別人交談，座談會上也沒聽見他發言，長篇出手，一鳴驚人。小說的名字叫「恩仇血淚記」，以日本統治台灣的惡法苛政為背景，反映台灣同胞的困苦歲月，今天看資料，都說它是台灣作家用國語寫成的第一部長篇小說，譽為「台灣小說家中文創作的開路先鋒」，在文學史上有特殊的意義。

《恩仇血淚記》經趙友培推薦，得到中華文藝獎金小說獎，當時為了避「師生」之嫌，商請葛賢寧寫推薦理由，審查會上趙教授未發一言，順利通過。依「文獎會」作業慣例，得獎小說要出版成書，《恩仇血淚記》卻一直存在文獎會的檔案裡。後來我請趙公催促，趙說他早跟張道公談過，道公的反應是：「咳，這個人麻煩。」我說廖清秀為人一如其名，哪會給人添麻煩？趙公說：「廖清秀無論有多麻煩，他又豈能麻煩到道公頭上？分明是有人進讒！」文獎會也有人事矛盾，大人物都有「聽小話」的習慣，「小話」使一樁美事虎頭蛇尾，直到文獎會結束了，廖清秀這才取回原稿，自費印行。

今天談論五十年代反共文學的方家們沒人提到駱仁逸，他也參加了小說組，中途退出，後來用筆名「依洛」完成長篇《歸隊》，寫國軍官兵在反共戰鬥中的挫折，描述國軍被俘官兵逃出解放區回到國軍陣營的故事。當時小說家處理正面反共的題，似乎只有他做到如此真實細膩，貼近人心。他也得到中華文藝獎小說獎。

想起駱仁逸說來話長。我和他差不多同時來到台灣，都有一段時間流浪台北街頭，我倆都常有文章在中央副刊發表，偶然在新公園那棵傘蓋形的大樹下相識。我勸他給《掃蕩報》

副刊寫稿，介紹他和副刊主編蕭鐵見面，不久《掃蕩報》停刊，員工遣散，留下我一人看守印刷廠，有時候我倆就睡在排字房的拼版檯上。後來蕭老編把我和老駱都介紹進中廣公司，老駱又引介他的一位小同鄉進來，一先一後緊緊銜接，引得安全部門特別注意，蕭老編的擔待不輕。

那時中廣公司節目部的新聞組、編審組合在一個大辦公室裡上班，中間用甘蔗板隔開。我和駱仁逸都未成家，台北市民也還沒有甚麼夜生活，下班以後守在昏黃的電燈光裡看書，駱仁逸把《歸隊》的原稿交給我看，我讀了放聲大哭，我正是被俘以後又逃出來的軍官，讀他的描述深受震撼、悲從中來。這一哭驚動了坐在甘蔗板後面的一位老者，他走過來慰問察看，他因此也讀了那部小說。後來知道他在節目部擔任安全工作，負責查察同仁言行，我和仁逸兩個小青年結伴而來，他當然很關心，在他的考量下，我這一把眼淚暫時保證了我和駱仁逸的忠貞。

那時編審組長由王健民擔任，他讀過《歸隊》，認為它的語言淺白生動，娓娓動聽，就廣播編審的觀點看不可多得。他等不及小說出版，使用原稿在「小說選播」節目中播出，時在一九五二年三月，它可能是中國第一部以原稿播出的小說，你可以稱它是第一部專為廣播而創作的小說。在它之前，中廣播出鈕先鍾翻譯的《一九八四》，應是中國第一部專為廣播而翻譯的小說。

一九五三年，《歸隊》由拔提書店出版單行本，那時出書的機會極少，證明駱仁逸已有相當的人脈。他贈我一冊，並在扉頁上寫下一句話：「這本書有你這樣一個讀者我就值得了。」我前後寫了三篇書評送報刊發表，並非所有的反共小說都能走紅，即使寫得相當好，《歸隊》並未引起文壇的注意。

施魯生，筆名師範，他在一九五〇年出版長篇小說《沒走完的路》，敘述一個年輕人自學校到社會的衝擊和適應，小說組的同學們紛稱他為「施兄」（師兄）。

師範與金文、魯鈍、辛魚、黃楊五位作家合資創辦《野風》半月刊，位列《野風》五君子之首。《野風》於一九五〇年十一月創刊，由創刊號到第四十一期，可稱為「師範時期」，那時內戰未歇，政論家以「危疑震撼」形容台灣政局，文藝多憤怒慷慨之詞，批評家以「逼迫熱辣」形容當時文風。《野風》獨能「著重內心抒發、個人情感、及生活經驗」，如暑熱中一陣清風，成為文藝青年的最愛，在文學雜誌中銷路第一，今日研討五十年代台灣文學的論著紛紛高舉《野風》，歎為難能可貴。

師範之外要數吳引漱（水束文），一九五〇年十二月出版長篇小說《紫色的愛》，以內戰時期上海的學潮為背景。書中的大學生有人嚮往共產黨，有人擁護國民黨，兩派人馬劍拔弩張，所謂紫色的愛，就是共產黨信徒和國民信徒在鬥爭中產生了愛情，紅藍溶合成紫色。

包喬齡、陳玉川、程盤銘也都發表過小說，程盤銘、陳玉川、李仲山都曾在小說組的晚會上朗誦自己寫的小說，程盤銘的作品叫〈結婚費〉，他上台表演，不看文稿，有聲音表情、面部表情和肢體動作，介乎相聲和戲劇之間，大受老師們讚賞。

王復古同學以「煙酒上人」筆名寫武俠小說，一九六一年改名「慕容美」。那時武俠小說盛行，人民大眾的口頭禪：「先看武俠小，後看世界大。」無武俠不成副刊，有叫座的武俠才拉得到訂戶，名將周至柔有兩大軼事，下圍棋和讀武俠，上行下效，圍棋難學，武俠易讀。那時我們把武俠小說看得輕，我笑王復古是小說組的「窯變」。

後來武俠小說價值提高，批評家葉洪生談俠論劍，稱王復古為「詩情畫意派」的王牌，他說王復古的作品充滿詩情畫意，飽富生命力與人情味，擅長以對話推動故事情節，從這些評語可以看出正規文藝教育的痕跡。

小說組結業後，同學們有幾次集體創作。最早的一次由包喬齡發動，他約幾位同學喝茶，記得有褚緒、張炳華、羅德湛、駱仁逸在座。他提議大家分工合作寫一本「理想小說」，以小說的形式想像反攻勝利了、大陸光復了、中國社會出現哪些變化，海峽兩岸會發生甚麼樣的故事。那時崇尚寫實，大家斤斤計較已經發生的事，不顧可能發生的事，何況不會發生的事？老包的構想衝破了條條框框。

這種題材脫離生活經驗，或者說過分延伸生活經驗，我們根本拿不動，可是消息上了報紙，「七青年作家寫理想小說」，蔣經國看到新聞，約我們七人到總統府見面。那時八字還沒一撇，老包召開緊急會議，問計於我，我建議他提出「寫作計畫」，每人寫一個短篇，每篇小說一個主題，分工合作，表現中國大陸的破壞和重建。當時議定七個主題是：軍事，政治，經濟，司法，教育，家庭，宗教，我分到的主題是司法。

那時「介壽館」人跡罕到，牆外行人汽車不准逗留，不准站在馬路上對著大門觀望照相，堂奧深深，汗毛想豎起來，入館手續多，所幸沒有搜身。蔣經國態度謙和，他說人生必須有理想，可惜今天的人喪失了理想，文學作品能幫助人建立理想，我們要寫「理想小說」引起他的注意，「有沒有我可以幫忙的地方？」

我們在老包催促下一一交卷，那一次、老包表現了組織才能，後來小說組辦第二期，李公趙公退居二線，老包擔綱。那次寫作我們失敗了（當然我們得到磨練），技巧幼稚，見解也陳腐，例如司法，我還猜想國民政府採取報復主義，我不知道報復主義使社會動盪，如果國民政府有機會重整山河，他最需要的是安定。幾年以後，政府公布了一條消息，光復大陸以後土地由現耕農繼續擁有，不再歸還原來的地主，那些費盡心思保存著土地所有權狀的難民哭了，我恍然大悟。

王夢鷗教授帶動了最大的一次集體寫作，他建議《暢流》半月刊的主編吳裕民開了一個專欄，刊載用唐宋傳奇改寫而成的新式白話小說，每月一篇，一年為期，這十二個執筆人竟然都是我們小說組的同學！我已經不能說出全部的名單，記得第一期學員有師範（施魯生）、水束文（吳引漱）、羅盤（羅德湛）、程扶錞（楚茹），第二期學員有蔡文甫、劉非烈、舒暢。那時我們沒見過影印機，買書借書都不容易，有些原材得從夢老的藏書裡剪下來用，我們用過之後再貼回去。夢老提示我們怎樣寫，再指導我們怎樣修改，我們對小說素材的發育，擴充，放大，照明，這才有更進一步的認識。

改寫那一系列的傳奇故事，夢老分給我碾玉的崔寧，現在想想他含有深意。他在寫給我的信裡說，玉匠崔寧看似魯鈍，其實別有一番專注與執著，他在他願意投入的工作中必定既精且能。夢老說，我的性格有近似崔寧之處，對崔寧這個人物的了解體會應該比別人深刻，適合寫這個故事。夢老的信大意如此，他老人家是在隨機施教。但我那時剛剛走出軍隊，軍隊教人的時候總是耳提面命，棒喝錐刺，不需要自己有悟性。我竟回信要求換一個故事，結果我寫了入山求仙的杜子春。多年以後，名導演李行把崔寧的故事拍成電影，我看了李行詮釋的崔寧，想起夢鷗老師詮釋的崔寧，有感於他老人家的深心厚愛，潸然下淚。我寫了一篇極其抒情的影評，我的「變體」影評比我的變體杜子春寫得好。

那年代，僑務委員會為了推行海外華僑的文教工作，常找趙友培做事，趙公建議他們出一套小冊子，用連環圖畫的方式向僑胞說明某些事實的真相。製作這一套小冊子要先有文字稿，撰寫文字稿的人要用畫面思考，必須特別約稿，他從小說組內選出十個作者來。僑委會欣然同意，主任委員還鄭重其事請我們吃了一頓飯，由於工作上沒有橫的聯繫，我現在對十位撰稿人的印象模糊，只清楚記得有李鑫矩。毫無疑問，「用畫面思考」是對我們的新啟示、新訓練。後來僑委會人事變動，也不知這套書出版了沒有。

有幾位同學不再創作，仍在文學的世界裡徜徉。程盤銘提倡偵探推理的小說，那時這是小說的新品種，他耕鬆了土壤。他後來研究福爾摩斯，有專門著述和長久影響。羅德湛起初寫當代小說批評，後來興趣轉向古典文學研究，《水滸傳》、《西遊記》、《三國演義》不在話下，並順利進入「紅學」之林。程扶錞翻譯英美的小說，楊思諶轉入兒童文學。

小說組第一期學員還有多位才俊，他們在學界、軍界、外交界發展，躋入一時名流。他們多半另有大志，只是初到台灣，進小說組停停看看，然後「袖手」。我跟他們沒有交往，他們是「在另一張桌子上打麻將的人」。第二期小說組的學員本來生疏，其中有幾位志趣相投，社緣接近，像舒暢、劉非烈、蔡文甫，後來反倒成了朋友。

小說組的講座們

小說組聘當時許多位「權威級」的人物授課，今天舊事重提，我首先想起立法委員胡秋原。

胡秋公了解共產黨，了解俄國文學，行文如長江大河，可讀性又甚高，我們靠他來糾正對立法委員的刻板印象。他那天的講題是「共產黨人心理分析」。

五十年代，共產黨員是台灣小說的熱門人物，我們學習小說寫作，當然想了解共產黨員是甚麼樣的人。那時，胡委員是論說這個議題的第一人，受他啟發，我後來化費多年功夫研討小說中共黨幹部的造型。

胡先生說共產黨人有「宗教心理」，遵守教條，排斥自由，宣揚全體主義，同歸一宗，使用巫術、圖騰、咒語，身體動作單調重複，產生交感作用。

他說共產黨人有「會黨心理」，尊奉老頭子，黨同伐異，說話使用特別的「切口」，有自己制定的紀律。

他說共產黨人有「軍隊心理」，有組織綱領，有間諜特務，散播謠言，搜集情報，製造分化。

綜合起來，他稱共產黨人的心理是變態心理。

我一聽，馬上明白了，可是緊接著也糊塗了，國民黨以台灣為根據地生聚教訓，雖然使用的名詞不同，究其實際，也在灌輸發揚胡氏所說的三種心理，我們塑造人物的時候，如何對共產黨人和國民黨人加以區分呢？我舉手發問，那時候，我的言詞一定不夠清楚周到，似乎引起他的誤會（他也許把我當作故意挑釁的職業學生了吧），只見他兩臂交叉，抱在胸前，神情十分戒備：「依你說，應該怎麼辦？」

我趕緊表明我並不知道應該怎麼辦，我只是正在追求知識。他把手臂放下來，語氣依然凌厲：「我下面的話不代表任何人，連我的老婆也不代表，我只代表我自己。反共、一切要和共產黨相反，你如果處處學共產黨，一定鬥不過共產黨。」

我依然糊塗，但是不敢再問。後來知道，他的這番議論和自由主義相同，但是他反對人家把他列入自由主義一夥，他大概也知道（或者預料）當局對自由主義者猜防甚深，只可獨來獨往，切忌呼朋引類。

後來我花了一些功夫探討「中共幹部的造型」，大約五年後，我有些心得，呂天行來為《自由青年》半月刊約稿，我寫出來請他發表。這件事我也算是起了個大早，可是無人注意。再過幾年，我修改了，補充了，請吳東權在他主編的《新文藝》月刊上再刊一次。「斷岸千尺，水流無聲」，我沒聽到任何回響。台灣把反共定為文藝政策，怎麼文藝界這樣懶得思考問題？我覺得奇怪。

後來我知道胡氏使用「中性」的分析，他指出行為的特徵，抽去價值判斷。如此，不論哪一國的國旗都是「圖騰」，不論哪一黨的黨綱都是「教條」。如此，海盜首領和海軍上將並沒有多大分別。後來成名的反共小說，如《旋風》，如《秧歌》，如《尹縣長》，都採取近乎中性的寫法，以致某些國民黨人讀了，以為是對共產黨的頌揚。

三民主義理論大師張鐵君來給我們講「辯證法」，他分析了辯證法和「唯物辯證法」兩者的差異。

那時，研究三民主義的學者派別分歧，有所謂唯物論的三民主義，唯心論的三民主義，唯生論的三民主義，心物合一論的三民主義。張鐵君教授用儒家觀點看三民主義，認為三民主義是中國固有文化的發展，獨得蔣介石總統欣賞，孫中山先生當年說過，他的革命出自堯舜禹湯文武周公的一貫道統，蔣氏以繼承這個道統自命。

張鐵君先生講辯證法，你當然不能請他「就小說創作的層面發揮」，我聽了、卻能「從小說創作的角度吸收」。聽唯物辯證法，我忽然明白為甚麼有那麼多小說家左傾。

依唯物辯證法，人和人之間有矛盾（共產黨員說，沒有矛盾也可以製造矛盾）。有矛盾就有鬥爭，人有鬥爭歷史才有進步，所以共產黨人反對妥協。拿這一套來構思小說，製造矛盾就有了情節，雙方拒絕妥協，情節就可以繼續發展。

依唯物辯證法，人和人的矛盾會一步一步擴大，雙方的衝突一步一步升高，即使有暫時的緩和，因為根本矛盾仍在，也只是釀造下一次更大的衝突。最後量變質變，到達「臨界點」，所有的矛盾同時爆發，同時解決。拿這一套來構思小說，自然有高潮、最高潮。

人間的矛盾衝突在哪裡？在「階級」，「階級鬥爭」鑿開渾沌，發現題材，茅盾、巴金提供範本。我後來知道，大多數作家或「準作家」，他們最大最優先的考慮是、作品如何寫得成，如何寫得好，其他都是次要，人人都是本位主義，作家並不例外。我們一向接受的那些思想，「巧為拙者奴」只宜寫散文，「萬物靜觀皆自得」只宜寫詩，「溫柔敦厚」怎樣產生小說？尤其是波瀾壯闊、搖蕩心性的長篇小說。難怪當年小說作家紛紛靠左，他們多半是原則依附技術，形式決定內容，更何況遵守這一條路線寫作，作品容易發表，發表後有人叫好。這條路走下去，以後就「人在江湖身不由己」了。

空口無憑，天外飛來旁證，葛賢寧來講小說，治安機關接到密報，他在小說組宣傳唯物辯證法。國民黨領教過中共群眾運動的厲害，最怕集會結社，小說組是黨國要人張道藩創辦，而且由趙友培、李辰冬這樣可靠的人經手，學員只有三十來個人，多年後得知，情報機構仍然派人參加學習，而且不止一個機構插手。「告密」引來調查，趙公應付有方，遮擋過去，葛先生憤怒痛苦，形諸文字，他和趙友培的關係出現裂痕，對小說組的同學也有了分別心。

那時我發現，評論家對別人的作品指出缺點的時候，要能同時替作家提出更好的設計，空談作品「不應該」怎樣怎樣，只有增加寫作的困難，引起作家的反感。你提出來的設計，名作家可能拒絕接受，正在成長的新作家一定樂意吸收，你只能在表現方法上幫助新作家一直成長，希望他將來不會離你的願望太遠。後來文協辦了一份刊物，叫做「筆匯」，我在上面對批評家提出建議，周棄子寫了一篇文章，把我大大的嘲笑一番。周氏是詩人，舊體詩寫得極好，他應該知道我的想法在古人的《詩話》中早有先例。

我也知道當時沒有人能夠採行我的建議，幸而「江山代有才人出」，後來現代主義幫助作家跳出唯物辯證的怪圈。不過「否定之否定不等於原肯定」，現代小說對反共、對鼓勵民心士氣並無貢獻。

一九五一年，張道藩雖然還沒做立法院長，早已是個大忙人，他形容自己的生活除了忙、還有「亂」。難得他來小說組講過兩堂課，參加過兩次座談，還帶著小說組的學員遊陽明山，那時陽明山還是禁區，沒有開放遊覽。

道公講課難免有黨腔官話，可是他在某次座談的時候，顯示他對藝術有高深的了解。那天小說家王平陵發言，他說學習寫作不可摹仿大師經典，「取法乎上，僅得乎中，取法乎中，僅得乎下」，怎樣「得乎上」呢，他說要「取法乎下」。

甚麼是「取法乎下」？他沒有說，那時以我的了解能力，「下」就是民謠小調，神話傳說，野叟的笑談，兒童的直覺，甚至包括幼稚的新手所寫未入流的廉價讀物，作家可以從其中得到新意。胡適在他的《白話文學史》裡說，文學有生老病死，生於民間，死於文士之手。道公起立發言，他的說法不同，他說如果取法乎下，這個「下」就是人生和自然。人生和自然怎麼會是「下」呢，那時的說法，作家從人生和自然取材，那是未經加工的粗坯，還沒燒成瓷器。

他這句話費我思索，由「下」到「上」，由粗坯到瓷器，中間怎樣連接起來？許多年後，我忽然把道公的「取法乎下」和古人的「師造化、法自然」合成一個系統，所謂自然，並非僅僅風景寫生，所謂人生，並非僅僅悲歡離合，人生和自然之上、之後，有創作的大意匠、總法則，「天地有大美而不言」，作家藝術家從天地萬物的形式美中體會藝術的奧祕，這才是古人標示的詩外、物外、象外。作家跟那些經典大師比肩創造，他不是望門投止、而是升堂入室，他不再因人成事、而是自立門戶，他不戴前人的面具、而有自己的貌相，這才是「上」。

我把「取法人生自然」拉高到宗教的層次，作過幾次演講，在演講中不斷整理補充，七十歲後才寫成正式的論述。對文學，我只有想法，沒有研究，用佛家的說法，有頓悟而無漸修，許多「靈感」被人久借不還，我對道公「取法乎下」的發揮卻未見知音。

國學大師、紅學大師潘重規教授來跟我們講《紅樓夢》，我們聽說過他在黃氏門下受教的故事，慕名已久。他講話鄉音很重，段落長，節奏平，聽講的人容易疲勞。他這一席話材料多，格局大，熱情高，如同一桶水往瓶子裡倒，瓶子滿了還是盡情傾瀉。

他的「紅學」應該屬於索隱派，他說《紅樓夢》是用隱語寫成的一部隱書，借兒女之情暗寓亡國的隱痛，賈寶玉代表傳國璽，林黛玉代表明朝，薛寶釵代表清朝，林薛爭奪寶玉，代表明清爭奪政權，最後林輸了，薛贏了，也就是明亡清興，改朝換代。

我受胡適之考證派影響，對索隱派並不相信，可是那天我被潘重規搜羅的「證據」嚇倒，他說《紅樓夢》裡有人稱賈寶玉為「寶皇帝」，夢中鬼神也怕賈寶玉，說甚麼「天下官管天下民」，他說劉姥姥遊大觀園，指著「省親別墅」牌坊，竟說那四個大字是玉皇寶殿。

《紅樓夢》的作者自己承認他使用隱語寫書，像甄士隱（真事隱），賈雨村言（假語村言），千紅一窟（哭），萬豔同杯（悲），三春去後諸芳盡（三女子探春、迎春、惜春）。潘重規說，這些隱語擺在明處，為的是指示我們還有許多隱語藏在暗處，等待研究《紅樓夢》的人找出來。他除了內證還有「外證」，他舉中共文宣為例，國共內戰末期，福建還在國軍手中，某一家戲院上演京戲，貼出海報，四齣戲是「女起解，捉放，黃金台，汾河灣」戲碼中暗藏解放軍的標語「解放台灣」。

我耳朵聽《紅樓夢》，心中想文字獄，專政下的文人都該讀索隱派的紅學。難怪皇帝以為「維止」是砍掉雍正的腦袋，「一把心腸論濁清」是汙辱大清王朝，也許哪個主考官、哪個詩人真有那種機心。姜貴的長篇小說《重陽》，結尾處出現兩個共產黨人，「一個矮胖女人緊靠著一個細高的男人走，遠遠看去很像個英文的 d 字」。姜貴告訴我，他這樣安排為的是暗示兩人走上死路，die。這多麼像是索隱派手法！

一九五一年前後，台灣治安機關患了嚴重的文字敏感症，好像倉頡造字的時候就通共附匪了。他們太聰明，寫作的人也不可遲鈍，你得訓練自己和他一樣聰明。那幾年，我把文章寫好以後總要冷藏一下，然後假設自己是檢查員，把文字中的象徵、暗喻、影射、雙關、歧義一一殺死，反覆肅清，這才放心交稿。那時，我認為處處反抗政府和處處附和政府都不能產生有價值的作品，作家無需闖了大禍才是第一流，「清風不識字，何必亂翻書」，到底比「馬鳴風蕭蕭，落日照大旗」低一檔。

梁實秋教授講「對莎士比亞的認識」，名角大戲，無人缺課。梁先生沉穩中有瀟灑。可以想見當年「秋郎」丰神。

聽了這堂課，我對莎士比亞有如下的認識：莎翁能為劇中每一個人物設想，每一個人物都能站在自己的立場上充分發揮，所以他的戲「好看」。李辰冬教授主持口試的時候，提到作者把自己的心分裂了、分給作品中的各個人物，我這才明白他的意思。第二天，我開始讀朱生豪譯的莎劇，一個月內讀完全集，眼界大開。

梁教授告訴我們，莎士比亞的時代舞台條件簡陋，表演受各種限制。想必是這個原故，許多事得由演員說個明白。莎翁台詞冗長，劇中人表白動機，補述因果，描寫風景，辯論思想，這些在現代戲劇中都是大忌，卻是學習小說散文的奇遇，我喜歡莎劇台詞中的比喻，曾經把全集所有的比喻摘抄出來，反覆揣摩，功力大進。

正因為莎士比亞能為劇中每一個人設想，所以劇中人說的話未必代表莎翁本人的思想，我們引用哈姆雷特的台詞而註明「莎士比亞說」，恐怕是錯了，莎劇中的名言警句都可以作如是觀。我們寫小說也可以這樣辦，林黛玉尚性靈，薛寶釵重實際，兩人各說各話，都不替曹雪芹代言，寫散文就另當別論。我學寫小說無成，專心散文，但小說的殘夢未醒，常常在散文中行使小說家的這項特權。

師大教授李辰冬，他是一位忠厚的讀書人，也許因為忠厚，他的口才平常。他擔任小說組的教務主任，天天跟那些大牌講座周旋，那時家庭電話稀少，彼此溝通要寫信或是拜訪，寫信要起承轉合，拜訪要擠公共汽車，工作挺辛苦。

那時（一九五一）談到青年文藝教育，人人要問「拿甚麼做教材？」當年談文學必稱魯迅，談小說必稱巴金、茅盾、老舍，國民政府撤到台灣以後，把這些人的書都禁了，家中有一本《子夜》都是犯罪，你怎麼教？張道藩籌辦小說創作研究組，先和李辰冬、趙友培商量這個問題，李公主張「學西洋」，他說三十年代的作家當年學西洋，我們今天可以直接學西洋，我們不跟徒弟學，我們師傅學，徒弟能學到的、我們應該都能學到，他們沒學到的、我們也能學到。他這一番話成為小說組的課程標準，並且影響國民黨當時的文化政策。

小說組開課以後，這裡那裡有人寫文章質疑：作家是可以訓練而成的嗎？我當時覺得奇怪，辦小說組增加文學人口，文藝界人士應該樂觀其成才是。文協無人回應外界的批評，李公胸無城府，有話直說，他表示文藝創作是可以學習的，莫泊桑就是福樓拜的學生，「李俟有佳句，往往似陰鏗。」即使是李白也有個模仿的階段。六個月後，小說組結業，小說作家兼專欄作家鳳兮譏誚我們：「三十個莫泊桑出爐了，福樓拜在哪裡？」他這篇文章出乎大家意料之外，因為他的女朋友也是小說組學員，是我們的五個女同學之一。鳳兮主編新生副刊，常常照顧青年作家，他一出手，我們做人好不為難。

作家也需要訓練嗎？小說作家黎中天曾當面問我，那時他為「自由中國之聲」對大陸廣播寫稿，也在中廣公司節目部上班。我問他，音樂、繪畫、舞蹈、戲劇都要經過一個訓練的階段，為甚麼你單單對文學懷疑？那時，中央副刊的孫如陵主編私下說了一句公道話：「教育是提供一種可能，而非製造必然。」後來，這個問題跟大學的文學課程掛鉤，爭論了二十年，最後出現高潮，即所謂大學文學教育論戰，趙公和我都參加了。後來有人追述其事，羅列參戰的作家共三十八人，其實有幾個是筆名。

李辰冬有兩句話一直在我心中發酵。談到文學的定義，他說文學是「意象用文字來表現」，他把「意象」放在前面，甚為獨特。談到文學的思想主題，他引用了一句話：「藝術最大的奧祕在於隱藏」。這兩句話在我心中合而為一。

甚麼是意象？那時沒聽到明晰的界說，有人只用一個「象」字，有人不用意象而用「形相」。我長年琢磨，「意象」應該不等於「象」，它是「意」加上「象」，意在內、象在外，意抽象、象具體，意是感受、象是表現方式，詩人的感受是：打擊雖然嚴酷，人格依然堅持，詩人寫出來的卻是「菊殘猶有傲霜枝」。「藝術最大的奧祕在於隱藏」，也就是「意」隱藏在「象」裡。有一年看電影《梵谷傳》，梵谷自述創作心路，他說「我拆掉了感覺和表現之間的高牆」，一語道破，豁然大悟，感覺就是「意」，表現就是「象」，梵谷說拆掉高牆，我稱之為「象中見意，寓意於象」。這時我這才知道甚麼是文學作品。不過這個「隱藏」那時也的確難倒了我。

王夢鷗教授向我們講述寫小說的各種技巧，單是景物描寫就花了十個小時，包括實習。那時我勉強有議論敘述的能力，完全沒有描寫的能力，我必須越過這個門檻，才算邁進文學的大門。依夢老指示，描寫風景要用幾分詩心詩才，我因此重溫唐詩宋詞，我首先學會的、就是詩詞中組合實物的方法，例如「雞聲茅店月，人跡板橋霜」，例如「古藤老樹昏鴉，小橋流水平沙」，夢老稱之為「布景法」。

夢老另一重任是主持分組指導，我正好分在他那一組，記得同組者有程盤銘、施魯生、羅德湛……人數少，議題集中，注意力也集中，留下很多親切的回憶。我的追求偏重表現技巧，夢老在抗戰時期曾經參加戲劇工作，戲劇極其重視每一場演出的效果，沒有「得失寸心知」那回事，因之戲劇集表現技巧之大成，沒有「行雲流水」那回事，夢老所掌握者豐矣厚矣。夢老常說，戲劇用霸道的方法，小說用王道的方法，我的理解是，戲劇技巧豐富，寫小說用不完、也不需要那麼多，只消搬來一部分就可以解決問題。因此我勤讀劇本，我工作的地方（中國廣播公司資料室）藏有許多許多劇本，大半是三十年代的作品、五十年代的禁書，我得到了益處。

夢老把梅里美的小說《可侖巴》譯成中文，正中書局出版。這是一個復仇的故事，卷首兩句題詞：「恩仇不報非君子，生死無慚有女兒」，對仗工穩，應是出於夢老手筆。這本小說有謹嚴的戲劇結構，情節集中，高潮迭起，堪稱為小說和戲劇的美妙結合，夢老選譯這本小說，大概也是有心吧。我喜歡這樣「王霸互濟」的小說，甚於喜歡那種江河橫流、首尾不相顧的小說，我反覆研讀《可侖巴》超過十遍，我當時的夢想就是寫出這樣的小說……。

一九六四年，帕米爾書店出版王夢鷗教授的《文學概論》，讀這本書，我得以把我對文學的認識作一整合，也看到了藝術的高度。我常常提著兩瓶「屈臣氏桔子水」到木柵拜訪夢老，掏出書本，提出看不懂的地方，他總是回答我的問題，不厭其煩。夢老曾說，這本書的名字一度定為「文學原理」，沒錯，他是把「原理」拿來「概論」了一番，高山仰止，景行行止。後來我覺得文學藝術也像宗教一樣，瞻之在前，忽焉在後，無所不在，無跡可求。再到後來，天國的至美，上帝的至善，永不可及，永遠是我們內心祕密的安慰。一九五五年《文學概論》的增訂本由「時報」重新印行，書名改成《中國文學理論與實踐》，仍然很謙和。

趙友培教授是小說組的總務主任，我們背後尊為趙公，他擔任行政管理工作，反應敏捷，辦事井井有條。他的朋友虞君質當面笑他：「如果國民黨萬世一系，你的長才一定前途無量。」

他多年從事青年文藝工作，循循善誘，使我想起夏丏尊。我感念夏老，沒見過夏老，我覺得趙公很像夏老，他指導文藝寫作更精到完整。那時我立志做另一個夏丏尊，趙友培證明世上可以有第二個第三個夏丏尊。那時指導青年寫作的書難找，艾蕪的《文學手冊》只有一些簡明的常識，夏丏尊的《文心》啟發性大，全書程度忽高忽低，力行頗為坎坷。趙友培把創作活動分成六個要素，把這團亂麻整理出頭緒來，既利初學，又助深造，由入門到入室不離這這門功夫，我在好幾個地方介紹他的理論，幫助了許多人。

創作活動的六大要素是：觀察，想像，體驗，選擇，組合，最後加上「表現」。我曾把這六要比做佛家的「六度」，畫家的六法，任何宗派都列為必修。趙公教我們用各種方法訓練觀察和想像的能力，我一一照辦，隨時東瞧西看，掏出日記本或小卡片記錄，因此曾引起特務的注意，一路跟蹤到中廣辦公室。對於「選擇」，我常常默想老子出關為甚麼騎牛、而且是青牛，他為甚麼不騎馬。丁公歸來為甚麼化鶴，他為甚麼不化鷹。莊周為何夢見化「蝶」，東坡為甚麼幻想乘「風」。傳說李白捉月淹死，杜甫飢餓中撐死，兩人的死因為何不能調換過來。沒有這六要，文學寫作要靠「生而知之」，有了這六要，文學寫作就可以「困而學之」。

那時反共小說剛剛「上市」，貨色幼稚粗糙，難以指望發生社會效應。有一次座談會上，我問怎樣寫出很好的反共小說，趙公的回答是、我們「現在」寫反共小說寫不好，「將來」由大陸上的作家來寫，他們才寫得好。滿場學生沒人能聽懂這句話，共產黨統治下的作家怎麼能寫反共小說？我們沒有歷史眼光。後來的發展是、文革結束，「傷痕文學」出現，紛紛揭露革命的殘酷，頗有一些作品當行出色。中國大陸改革開放，文學再進一步，莫言、陳忠實、賈平凹、李佩甫、章詒和次第出現，深刻到位，前無古人。後來「反共」在台灣已成笑談，「反思」仍是中共治下嚴肅的主題，文學史虛席以待，我們佩服趙公的先見之明。

胡適從我心頭走過

一九四九年十二月，國民政府遷到台北，共軍奪得大陸江山。「國民黨為何一敗塗地」？從大陸逃到台灣的人急於探索答案，那時你在各種場合都可以聽到人人有個「假使」：假使一九四五年九月在重慶殺掉毛澤東，假使馬歇爾不來調停國共衝突，假使不裁編軍隊，假使不行憲選舉，假使不發行金圓券……

許多人藉著「假使」推卸責任，歸咎別人：輿論取悅中共，學潮幼稚瘋狂，奸商興風作浪，官吏貪汙無能，軍隊驕悍愚昧，黨部與民眾脫節，一一發掘出來，萬象雜陳。有人喟然歎曰：「中國大陸赤化的原因一共有四萬萬五千萬條，每個中國人一條。」（那時號稱中國人口為四萬萬五千萬人。）

這些瑣碎的談論匯合成兩個龐大的議題，各據一方，針鋒相對。這一邊說，中共能夠席捲天下，因為他徹底控制了人民，他為了目的不擇手段，他奇詭善變沒有道德底線，他心狠手辣斬草除根。今後反共，要取人之長，補我之短，以組織對組織，以陰謀對陰謀，以殘忍對殘忍。於是出現一個口號：「向敵人學習」。

另一邊說法完全不同，國民政府失去大陸，惟一的原因是大陸人民沒有民主自由，國民政府只是採取了一些虛偽的民主形式裝點門面，只是把自由當作特惠籠絡少數特定的人物，今後反共，惟有實行真正的民主自由。

一場言論大戰吸收了所有的假設，有人稱之為自由主義和集體主義的爭執。那時中共「血洗台灣」的口號震天動地，如何保全這最後一片土地，人人煞費思量，情急之下，選邊插隊，尋找心理上的安全感。那時我是一個喜歡思想的青年，又在傳播思想的媒體工作，成為雙方忠實的讀者。

我常想，為甚麼要「向敵人學習」？為甚麼要那麼狠、那麼詐、那麼殘暴專橫？因為要打敗共產黨。為甚麼要打敗共產黨？因為共產黨陰狠橫暴。聽起來、好像天下的壞事只有國民黨可以做，共產黨不可以做，國民黨好像和共產黨爭做壞事的特權。他們的理論有缺點，我急於知道另一邊怎麼說。

一九五二年，胡適由美國回台灣講學，萬人矚目，他在台北公開演講，開宗明義解釋甚麼是自由，他說自由就是「由自」，由我自己。沒幾天報上出現嚴厲的駁難，質問他：「官吏由自，誰不貪汙？學生由自，誰肯考試？軍人由自，誰去打仗？」如果我的記憶正確，「自由主義和集體主義的論戰」從此一發不可收拾，大戰應該發生在一九五二年之後，在此之前，略有零星接觸，一九五〇年、《掃蕩報》主筆許君武曾向台大教授殷海光挑戰，稍後，《民族報》副刊主編孫陵曾向台大校長傅斯年挑戰，直接間接都是為了自由主義。

胡適站在自由主義這一邊，他從未使用「自由主義」這個名詞，他的夥伴們樹立了這樣的旗號，而他儼然成了領袖。比起《獨立評論》時代，他上場的時候不多，但是正如他對《自由中國》半月刊的創辦人雷震所說，別人寫的文章都會記在胡適的帳上。

我開始用心閱讀《自由中國》半月刊，它每一期給我的感受都像探險。我是訓政時期長大的青年，我們被一再告知：自由誠可貴，紀律價更高。依我們對歷史的認知，傑出的領袖要有一群傑出的人物跟隨他，這一部分人交出個人的自由，各盡所能配合他，創造環境，成就一番事業。擁有個人自由的大眾，只能享用成果，因此個人自由是一個比較低的人生境界。

《自由中國》完全「顛覆」了這個觀念，它灌輸的意識形態恰恰相反，組織和紀律只能給你低級的人生，甚至是可恥的人生。在我看來，《自由中國》的殺傷力並非批評政治，而是有效的消解了犧牲、服從、效忠等觀念，我午夜夢迴常常聽到春冰初融的破裂之聲。如此這般固然可以溶化「鐵板一塊」的共產黨，可是國民黨的同舟一命、萬眾一心也就成了笑柄。

那時候，身為自由主義者，無論你的熱情多高，抱負多大，你無法同時殺死共產黨和國民黨，你也切忌先殺國民黨後殺共產黨，你只能先殺共產黨再殺國民黨。自由主義者犯了戰略上的錯誤。

那時我正在思想上尋求出路，胡適和他的夥伴們一言一行，都曾在我心中千迴百轉，我讀《自由中國》受益良多，但是我必須說，他們所建立的理論只能修身齊家（也可以辦大學），不能治國平天下。他們從未談到，當自由受到外來威脅時如何保障自由，就治國的大計而論，這是是一個很大的缺口。鄭學稼質問：「如果老百姓一定做奴隸，為甚麼要一個打敗仗的做主人？」問得好厲害！可是如果打勝仗可以不做奴隸，又如何始能打勝？富蘭克林說：「為安全而犧牲自由的人兩者皆空。」精采！可是為自由而牲犧安全的人呢？

想那一九四八年，國民黨實行憲政，有意推舉胡適做第一任總統，據說胡先生動了心，跟他的一位朋友商量，朋友問他，當了總統能否指揮軍隊，胡氏廢然作罷。我認為胡適是否出任總統，問題不在能否指揮軍隊，而在如何維持自由主義的價值系統。如果他做總統，照例要向三軍軍官學校的畢業生訓話，他難道還能說「自由就是由自」？他照例要在國慶日發表文告，他豈能說「個人的自由就是國家的自由，民主自由的國家不是一群奴才可以造成的」？他要說甚麼樣的話鼓勵敵後的工作人員？他要說甚麼樣的話安慰殉職警察的家屬？英美是我們心目中民主自由的聖地，大戰時期，邱吉爾也得告訴英國人，與其個別受刑，寧可全體受刑。（與其在敵人佔領下任憑宰割，不如團結犧牲擊退敵人。）冷戰時期，甘迺迪也得告訴美國人，與其戴著奴隸的鎖枷，不如揹起士兵的背包。

胡適和他的夥伴們，既然沒有給軍隊、情報、警察留下生存的意義，這就引發了軍方的反彈，軍方為了照顧士氣，對他的官兵要有個說法，於是出現所謂圍剿。當時雖然金鼓齊鳴，但出手的媒體不多，採取中央突破的戰術，「剿」則有之，「圍」則未能。

我也細讀了那些文章。批胡者使用毛式語言，毛澤東創一代文風，語言有霸氣，粗暴武斷，使人停止思考。批胡者引述胡適的話不加引號，不註明出處，以自己的議論混雜其中，常常把他對胡適意見的了解當作胡適的意見，把假設將要出現的情況當作已經發生的情況，東拉西扯，迂迴包抄，以量代質，小魚吃大魚。這些文章鎖定以基層官兵為對象，想必是作者遷就讀者的水準，如此批胡，真是以下駟對上駟。也許主其事者胸中有奇兵，諸葛亮要罵死王朗。胡適大概從未想到，他所提倡的白話文這樣使用。

胡適從未公開反駁台灣軍方的指控，好像也從未在私下對朋友說過甚麼。有人認為，天下批胡者何其多，如果胡適每一篇文章都看，他將沒有時間再做任何事情。倒是軍方的記者好奇，利用採訪之便私下提問，想知道胡適對「我們」的批評有甚麼意見。據轉述，胡適的答覆是，「你們」批評我的時候，應該同時把我的文章登出來，讓讀者看看我究竟說甚麼。可見軍方批胡文章他還是看了！還是看了！胡適常說自己有嚴重的心臟病，美國的人壽保險公司拒絕為這樣的病人保險，不管他怎樣強調容忍比自由更重要，那些文章不會使他延年益壽。

一九六二年二月，胡先生心臟病猝發逝世，發病時正在中央研究院歡迎新院士的會議上演講，也提到有人罵了他四十年。在場採訪的記者看見發生了大新聞，趕緊發稿，惟有中廣公司派去的一位劉小姐沒有回聲，新聞組的同仁好生納悶。後來知道，胡先生倒地以後，台大醫院院長立刻上前救護，發現心脈業已停止，劉小姐悲從中來，躲到外面痛哭，她向公司同仁解釋：「這麼好的人都死了，哪還有心情發稿！」那時盛興由女記者跑文教新聞，胡氏跟每一個女記者都相處得很好，惹得好幾位女士引為知己。後來新聞系教授講新聞採訪要冷靜客觀，常引這段軼話作反面教材。

世人都說蔣介石專制極權，氣死胡適、冤死雷震、憋死殷海光。今天回想起來，蔣氏使用「兩手」策略，他也許把專政當本錢，把民主當利息，本錢充足的時侯，不妨拿出利息來讓你們揮霍一下，可是雷震後來要動他的老本，那只有魚死網破！我不是評斷誰是誰非，我只是指出因果。

胡適也覺得雷震越過了警戒線，寫信勸他，信中引用了「殺君馬者道旁兒」，雷震不聽。胡適對《自由中國》的同仁說容忍比自由更重要，殷海光寫文章公開反駁。你既然給「自由」下了那樣的定義，怎能怪人家「由自」？雷震動手組織反對黨，計畫到全省各地舉行地方自治座談會，結合本土人士，自南而北串連，這已經不僅是言論，這是行動，那時連我這樣一個青年都知道，蔣氏對言論（尤其是有國際背景支持的言論）可以給予最大的容忍，對行動（尤其是有國際背景支持的行動），必定保持最高的警戒。目前只宜坐而言，切忌起而行，雷公居然操切從事，命耶？數耶？

一九六〇年九月，《自由中國》半月刊出版二〇六期之後，雷震被捕，判了十年徒刑，公無渡河！公竟渡河！逮捕在夜間祕密執行，總有人知道消息，國民黨中央兩位主持文化宣傳的要人同乘一車，停在雷宅門外暗處，「欣賞」特務人員把雷震押進囚車，《自由中國》半月刊對國民黨傷害之大，雙方積怨之深，可見一斑。

《自由中國》橫掃千軍，無人敢當，最後由蔣介石總統裁定法辦，新聞圈盛傳，蔣氏問左右：這本雜誌辦了這麼久，登了這麼多危害黨國的文章，何以無人及時處置？誰該管這件事？左右有人說，依照出版法規定由台灣省新聞處長負責取締。蔣氏問處長是誰？回答是王道。蔣氏說了一句：這樣的人怎麼能做新聞處長？於是王道立刻辭職。

我們都知道，每一期《自由中國》出版以後，新聞處都立即作出審查意見以最速件報告中央，請示如何處理，中央從無答覆，最後把責任推給王道，王道不能申辯，這就是官場文化。王處長形貌偉岸，聲音洪亮，言詞懇切，深得作家好感，他曾舉行茶會勸外省作家發掘本土題材，新聞局願提供各種協助，包括交通食宿參觀訪問體驗生活閱讀文獻等等，一再聲明對作家沒有任何要求，可惜作家無人響應，以致後來惹本土作家多少責難，外省人只愛泰山不愛阿里山。

看雷氏入獄出獄，可知他並無坐牢的心理準備，他不是烈士。《自由中國》諸賢何以要「呷緊弄破碗」，費我半生思量。看後來的世界大勢，他們也許知道美國的底牌，美國一定保護台灣，制止中共的武力統一，國民黨的戰爭心理是多餘的，台灣因準備戰爭而犧牲民主自由，根本是無謂的浪費。他們也許並不知道美國的底牌，高估了美國的影響力。那時美國是國民黨政權的救星，美國政府是台灣的民主運動安全可靠的保護傘，蔣介石必須為他們留有餘地，因而低估了蔣氏的決心。

雷案發生後，當局沒有展開對孫立人那樣的清洗，我們那些在民營報館舞文弄墨的人也沒有覺得「風緊」。畢竟槍桿子重，筆桿子輕，蔣氏可以繼續玩他的「兩手」。

五十年代的思想論爭，一度幾乎把我撕裂，還好，《自由中國》教人獨立思考，也訓練我對人生世相的穿透力，有這一番長進，我得以從兩者之間全身而退，並且有可能成為一個夠格的作家。有一些人抱著押寶的心情，你玩兩手，我押一門。有人押大，服從集權，有人押小，爭取民主，不但本省人普遍押小，外省人也越來越多，押小的人贏了。

今天後見之明，押小一定贏。長期和平，人民要求更多的自由，政權也像人一樣，不能永遠握緊拳頭，必須放開。人性「落水思命，得命思財」，大略言之，五十年代是外省人「思命」的年代，六十年代進入「思財」，每個時期有每個時期的算盤。歷史俱在，政府常用強悍手段營救社會，社會得救後再轉過頭來清算強悍手段，兩者可以共患難、不可以共安樂。蔣經國上台執政，他好像有新的領悟，民主自由才是本錢，專政才是利息。這一念之轉善果累累，他在利息耗盡以後保住了老本。

《自由中國》橫跨五十年代，在世十年九個月，出刊二六〇期。我覺得它前一段時間平淡，後一段時間偏頗，「中段」聲望最高，十年閱讀，他們在我心頭留下深刻的腳印。任何一個作家都嚮往民主自由，單憑民主自由似乎又難以遏制共產主義的擴張，這個矛盾如何解決呢？沒有人能夠告訴我答案，還是靠《自由中國》給了我一個「解釋」，我讀到這麼兩句話：「除了自由主義，反共沒有理論；除了納粹，反共沒有方法。」

就這樣，台灣破船多載，搖搖擺擺行駛於左右暗礁之間，皇天后土！最後總算到達彼岸。

廣播文學先行一步

《掃蕩報》停刊以後，我轉入中國廣播公司台灣廣播電台工作，負責搜集資料供應節目使用。資料組是個「人才轉運站」，卜幼夫的夫人（小說家無名氏的弟妹），李春陔（黨務專家），還有一位莫太太，當時著名的反共作家，《毛澤東殺死了我的丈夫》一書的作者，後來知道，她是美國華人名律師莫虎的母親，莫虎曾擔任紐約警察總局的副總局長，還有一位經濟學者（忘了名字），都曾來資料科短暫共事。還記得那位經濟學者按時上班，鋪開稿紙，只顧埋頭寫他的論文，輕易不和我們交談。

那時中廣總經理董顯光經常出國，副總經理曾虛白坐鎮當家，他覺得節目播出的文稿語句生硬艱深，大眾難以接受，主張建立「廣播文學」。那時「編輯組」主管節目稿件，寇世遠做組長，他奉命草擬大綱呈閱，曾副總對空泛的理論沒有興趣，他從每天修改廣播稿入手，稿件播出以後送到他那裡審閱，他親筆批改再交給執筆人。這就惹怒了一位編撰，他本是湖南省參議會的參議員，逃難入台，同鄉照顧他到電台為一個叫做「自由談」的節目主稿。他說：「這年頭君擇臣、臣亦擇君，曾虛白不能拿我做小學生！」立即拂袖而去，節目出現空檔。

這時所謂白色恐怖已經瀰漫，寇世遠因案被捕（後來成為著名的佈道家），王健民接任科長（他是研究中共問題的專家），他對我的文章有印象，命我趕寫一篇十分鐘的「說話稿」緊急填補，他要我以「車禍」為題，配合台灣省政府推動的交通安全。我的文章大意是，台灣本來汽車很少，市民對車禍沒有戒心，現在汽車增加了很多，司機又喜歡超速，以致常在十字路口傷人。我說而今而後，市民必須記得汽車是「市虎」，司機也必須記得他操縱的是殺人的凶器。行人在馬路上是弱者，汽車是強者，政府的天職是壓制強者、保護弱者，對闖下大禍的司機定要追究責任，嚴厲懲罰。

今天看來，這篇文章為我以後二十年寫時事評論定下調子，中庸溫和，責備強者，希望政府維持社會的公平。二十年後，我才發覺我的想法迂闊，在這方面我是後知後覺。

緊接著我奉命寫一篇二十分鐘的「對話稿」，討論台灣是否可以跳舞，交「民間夜話」節目使用。今天看來，跳舞不成問題，但是自我有記憶以來，跳舞是個大問題，它和人民大眾的生活方式差距太大，引人嫉恨，它和政府耳提面命的戰時要求違反，激發群眾的制裁心，但是跳舞也一直在上流社會和富裕階層存在。一九四六年我道經上海，各報正熱烈辯論跳舞存廢，我既溫習了反對的理由，也吸收了贊成的理由，成竹在胸，一揮而就。既是對話就得布置衝突，我那時已熟讀若干劇本，略窺門徑，節目中男女交談，一個贊成跳舞，一個反對跳舞，雙方各執一詞，暢所欲言，執筆人沒有預存立場。最後暗示這是意識型態問題，跳舞的害處既沒有乙方所說的那樣大，跳舞的益處也沒有甲方所說的那樣多，聽眾各取所需，皆大歡喜。

編撰科長王健民，編審組長匡文炳，節目部主任邱楠，這幾位層峰上憲對我的寫作能力滿意，我能根據命題作文，能寫流暢的白話文，能寫對話，內容直指現實而又不流於偏激，寫作的速度也夠快，正是他們心目中的人選，我立刻由資料科調到編撰科，接替那位參議員的工作。曾虛白根本不知道有我這麼一個人，可是我總以為我是在他倡導廣播文學的時候應運而出，我有責任研究、實踐、宣揚他的主張。

緊接著一九五一年三月到了，台灣慶祝「蔣總統復行視事」周年，電台製作大型的特別節目，節目內容要先寫成文字稿，上級指定由我執筆。論年齡我是後進，論資歷我是新進，這樣重要這樣敏感的工作，正是節目部放在我面前的一塊試金石。

「蔣總統復行視事」是怎麼一回事？也許得解釋一下。

國共內戰有所謂三大戰役，國軍在這三次戰役中都打了敗仗，幾乎可以說全軍覆沒，國內國外都認為蔣介石總統無法收拾大局，副總統李宗仁又自信可以爭取美援進行和談，一九四九年一月，蔣總統宣布引退，李副總統代行職權。

依中華民國憲法，如果總統「因故不能視事」，由副總統代行職權，如果總統「缺位」，由副總統繼位。蔣氏引用的是前一條文，他仍是總統，只是目前不能處理政務。

李代總統爭取美援失敗，和談也破裂，共軍渡江，國民政府遷台北，李氏飛美養病。一九五〇年三月，蔣介石總統認為「不能視事」的原因消失，宣布「復行視事」，報紙標題為了減少字數，稱為「總統視事」，廣播跟著報紙走，也用「總統視事」。我一看這四個字就覺得怪怪的，仔細一想，「總統視事」和「總統逝世」根本聽不出分別來，這還了得，文字獄就在你身邊！傳統語文教育重視字形，忽略字音，制定憲法的國民大會留下這樣一個瑕疵。

我立刻去見節目部主任邱楠，說明顧慮，他立刻拿起電話報告中央黨部第四組，從前的宣傳部。四組不敢怠慢，當天以「最速件」行文各報社電台改用「總統復職」。自此以後，所有的公開文件都不用「視事」，只見「復職」，雖然違背憲法也顧不得了。

進了廣播這一行，才知道同音字是一大患。那時稱讚人才，常說他是某一行業的「奇葩」，這兩個字難聽，經我「揭發」，廣播予以淘汰，報紙雜誌繼之。菲政府很像「匪政府」，改成菲律賓政府就清楚了，十月十日「為中華民國國慶日」，聽來好像是「偽中華民國」，改成「是中華民國……」就安全了。台中有一家農民廣播電台，農民節那天，電台為了顯示專業特色，整天呼喊「各位農胞」，聽來像「膿包」。

由同音字容易出錯，我進一步發現雙聲疊韻也容易聽錯，像七點半／七點吧，甜豆漿／鹹豆漿，王明東口頭報名，登記下來的名字是王明登，老師呼喊李瑞蘭，跑過來的是李瑞蓮。最早發現這個問題的人也許是無線電報務員，他們常常口頭傳送電碼，「一」和「七」容易相混，「零」和「六」容易相混，差之毫釐，失之千里，他們改變字音，讀「一」為「么」，讀七為「拐」，讀「零」為「洞」，讀「六」為「路」，造成明顯的區別。

再進一步，我發現廣播稿聽不懂或聽不清楚的地方，大半由文言的詞彙或句法造成，文言求簡，盡量使用單音詞，同音混淆的情形嚴重。文言還有一些詞彙，聲音模糊不清。那時候我也不知道寫廣播稿要遵守多少清規戒律，最簡易的辦法是對文言保持警惕，努力向日常生活中的白話靠近，幾千年來，列祖列宗天天改進說話的方式，早已把一切容易聽錯難以聽懂的詞語淘汰乾淨了。

「人民大眾」早已把辛棄疾換成辛稼軒，把讀物換成讀本，把出租車換成計程車。早已把「如」換成如果，把「但」換成但是，把「雖」換成雖然。在他們口頭，大雁、小燕、油桶、水桶、飯桶、聽筒、信筒，分得清清楚楚。他們不在乎多一個字，他們叫爸爸，媽媽，哥哥，太太，奶奶，公公，婆婆，他們說「老」鼠，石「頭」，桌「子」，尾「巴」。……

再進一步，我發現句子太長也使聽眾窮於應付，時間不停留，後浪前浪，印象殘缺不全。那時流行長句。執筆人常把一句文言直譯為一句白話，泥濘不堪。更重要的原因該是受「歐化」影響，英文句法繁複綿密，聽覺來不及破解。我這裡還有中央通訊社譯的新聞稿，每條新聞的第一句總是很長很長，堪稱歐化長句的典範：

> 每三年舉行一次三十四個國家一百多位權威學者參加的國際反癌會議
>
> 美國國務院否認外傳美國空軍噴射機進駐蘇俄剛剛從摩洛哥撤出的空軍基地
>
> 行政院院長今天下午三點鐘在立法院第二十六會期第三次會議中答覆立法委員周雍能張其彭牛踐初魯蕩平就施政報告提出的詢問

廣播記者爭相仿效，於是在實況轉播中可以聽到：

「步下飛機的朴總統夫人穿的是蘋果（停頓換氣然後）綠的旗袍」

某太太聽到這裡，很納悶她為甚麼「不」下飛機，然後，是了，她還沒穿好衣服。

「美侖美奐的大會堂中間懸掛著總統（停頓換氣然後）的肖像」

節目未完，警備總部派人上門來了，懸掛著總統？搞甚麼鬼？

「人民大眾」口頭溝通沒有這樣的句子，國語專家何容說，通常一句話不超過十個字，因為人在一呼吸之間可以講十個字，換氣最好也換句。

一九五二年這一年，我在「全國各公民營電台聯合主辦」的《廣播雜誌》（周刊）上發表了十六篇文章，其中七篇專門討論廣播語言，九篇連帶討論廣播語言。我也在台北市記者公會的會刊上發表文章，討論播音員和廣播編輯的專業角色。台灣報刊涉及這方面的論述，大概以這一組文章最早。

那時，「大眾傳播」一詞尚未在台灣出現，新聞學家還沒把廣播列為正式的門類。當然現在大不相同了，多少研究論文，四海已無閒田。

那時政工幹校首先重視廣播，然後是世界新聞專科學校，他們以職業訓練的觀點重視我的建議。正聲廣播電台的創辦人夏曉華，致力提高民營電台的文化水平，也吸收採納我的觀點。中廣招訓新播音員，增加一門課程，叫做「怎樣寫廣播稿」，約我擔任講員。

各廣播電台漸漸重視文稿，「講話節目」的重要超過音樂，寫稿的好手知名度漸增，警察電台有羅蘭、盧毓恆，正聲電台有夏曉華、李廉、賴光臨，中廣公司有鈕先鍾、郝肇嘉、趙淑敏、萬傑卿、駱仁逸，我跟他們頗有淵源。軍中播音另成系統，大作家朱西甯、管管、吳東權、瘂弦早年都曾是節目部過客。軍中康樂人才無數，他們有演話劇說相聲的經驗，語言能力強。政工幹校教授祝振華是語言傳播的專家，他也成就了許多優秀的人才。

一九五八年六月，中廣出版《空中雜誌》半月刊，「熱門音樂」主持人劉恕主編，他約我寫一個專欄，後來集結出版單行本，書名《廣播寫作》。在台灣，這是第一本有關廣播語言的專門著作。中廣救我於窮途之中，這本書算是我的回報。

有人以資深作家為對象，作一系列的訪問，冠之以「奠基者」。我對這位熱心人說，我處處都是「後學」，只有當年在廣播文學肇造的時代，算是放下一兩塊石頭。

當然，以上僅是廣播文學的語言問題，除此以外，我在題材結構和媒體特性方面也說了很多話，那是六十年代的事了。

人人說「學然後知不足」，我的經驗是「用然後知不足」，我總是還沒有學、就要用，一面用、一面學。

進廣播電台做了專業撰稿人，這才發現自己的文章有很大的缺點，嚴肅枯燥，入理而不能入情。那時候，我是說一九五一年，別人寫的稿子也是如此，「混」下去沒有問題，但是我立志要做他們中間最好的一個。

國民政府雖在抗戰勝利後實施憲政，黨營的廣播事業仍有訓政思維，人站在麥克風前說話那就是天降大任，你既然是宣講天經地義，當然可以用直率的、熱烈的、肯定的口吻直接灌輸給對方，排闥直入，不容商量。「真理」是自上而下的一條鞭，接受宣傳是公民的一項義務，一個人是否可以救藥，要看他對總統文告、《中央日報》社論的態度。那時雜誌報紙也都步步向你逼近，面無表情。

那時台灣的宣傳頗有悲劇氣氛，中共在大陸各地展開清算鬥爭，餘悸猶在，大難將臨。茅蕉對秦王說過：「有生者不諱死，有國者不諱亡。」媒體發出「死亡」的警報。田單守即墨，「將帥有死之心，士卒無生之氣」。黃宗羲說：「士君子有成天下之心，乃能死天下之事，有死天下之心，乃能成天下之事。」一股氣在鬱結激盪，宣傳品反應最直接，因此最快顯示出來，他們像舊約時代的先知一樣，預察毀滅將臨，起來奔走呼號。

那時大家的口頭禪是良藥苦口利於病，「糖衣」兩個字後面緊跟著「毒藥」，真理總是帶著壓力，趣味是為了熊掌而必須捨棄的魚，人應該自動接近有益的經驗教訓，不可等待它向你討好獻媚。廣播教忠教孝，說仁說義，可以提升人的品質，如果有人不愛聽，他應該檢討自己的人品，不是檢討宣傳的內容。偶然有聽眾投書中廣，批評講話節目硬性說教難以接受，中廣節目部有人懷疑投書者絕非忠貞軍民，主張把來信交給警備司令部參考。

那時台灣收音機稀罕，為廣播節目寫稿的人難得聽見自己的節目，更難得聽見別人談論自己的節目，政府管制製造收音機的器材，誰家的收音機壞了，還得向治安機關報廢備案，交回零件，《廣播雜誌》還得開個專欄，告訴大家怎樣使用收音機。一九五三年中廣公司成立業務所，使用美國進口的器材裝配收音機，每架售價新台幣八百元，那時我的薪水每月三百元，收音機很難普及。

那時中廣公司節目部設在新公園一角，隔著公園和省立博物館相望，博物館後面新公園裡有一個方形花架，花架下有一座「宮燈式」的建築物，底座很高，頂端像博士帽，下面用木材雕成窗欞，窗欞裡面裝著播音喇叭，地下有電線和節目部發音室連接，坐在花架下面可以聽到廣播節目。這是日本治理台灣留下的設備，外形美觀，聲音輕柔，想不到日本在冷酷的軍國主義時代也有這樣溫暖的設計。

夜晚無事，我常坐花架下的長椅上聽自己寫的講話節目，琢磨語文方面應該改進的地方。夏天總是滿座，他們大概都是家中都沒有收音機的人吧，後來認識編劇家朱白水，他說他也經常是座上聽眾，也許是因為那裡燈光並不明亮，我們沒有在那裡相遇。

我觀察他們的舉動，尋找文稿的得失，終於發現「趣味」重要，如果有人聽到一半，起身離去，多半因為語言無味，有一次，一位老者拄著拐杖，經過花架底下，喇叭正在播送我寫的節目，他恰巧聽見一句有趣的話，居然站在那裡聽完下面「無趣」的部分。正如朱白水所說，編劇要坐在台下看演出，才知道劇本應該怎樣修改，我也從文稿變成聲音以後，尋找聽眾的好惡，發現稿本潛在的、隱藏的、習焉不察的瑕疵。

一年又一年，公園裡的喇叭不再發聲，據說是因為收音機逐漸普及了，中廣切斷線路。一年又一年，據說因為台灣風氣日趨浮華，人民生活和時代任務脫鉤，為了喚起「平時如戰時」的意識，軍方在台北市火車站前的廣場上高高架起喇叭，以高分貝作強悍的呼喊，我坐在新公園的辦公室裡都能聽見，火車站裡鵠立買票引領候車的人群，尤其是夏天，心情本來焦躁，聲音暴力增加他們的痛苦不安。冬天夜間，那時路上行人車輛稀少，月色慘白，長街寂無人聲，惟有這高分貝音波來者不善，像冰冷的怒潮撞在牆上又潑回來，頓覺氣氛恐怖。日本人裝設的喇叭那樣輕聲細語，這一具喇叭竟然如此粗魯。

再過一些時候，高音喇叭消失了。據說美國政要費吳生的夫人訪問台灣，住在車站附近的旅館裡，夜間被迫接受這無法拒絕的喧譁，難以安眠，她寫了一封信向某某人投訴，中央高層這才進行檢討，發現台北市的「中央車站」關係國際視聽，未便目中無人，決定把喇叭拆除。自此以後，我發覺宣傳風格逐漸改變，以前像注射一樣「自外打進」的做法從各方面步步退縮，軍方提供這個喇叭可以當作符號，它是戰時宣傳和平時宣傳的分水嶺。

我的覺悟比較早，從一九五一年下半年起，我連年尋找趣味，學習怎樣使聽眾「欣然接受」，不必倚仗外力強制，我怕有一天「外力」無能為力，我希望那一天不受淘汰。我想起夏丏尊曾在雜誌開設「文章病院」，中廣沒有病院，我只有自病自醫。我相信趣味是可以「發現」的，「發現」是角度問題，是態度問題，在某種程度上可以訓練學習，一個人能在一秒鐘內算出五位數和五位數相加，那是上帝的事，一個人能在一秒鐘內算出一位數和一位數相加，那是教師的事。

教師在哪裡？中廣撤出南京，帶來許多劇本，我為了研究小說的結構，一一閱讀，發現了丁西林、李健吾、莎士比亞的幽默，他們顯示語言的新功能，人生的新樣相，簡直是個發明家。丁西林含蓄從容，有紳士風度，李健吾比較尖刻，能把法國喜劇完全用中國話寫出來，使我這個依賴譯本的人驚為奇遇，莎士比亞的機智和哲理又在兩人之上。我反覆熟讀他們的劇本，並且把莎氏喜劇中有趣的句子全部摘抄在筆記本上，時時溫習。資料室書架上也有郭沫若的《屈原》和《虎符》，我讀了，算是個反面教材吧，他的語言風格正是我要掙脫的網羅。

小說方面，我讀到迭更斯的《塊肉餘生錄》，都德的《小東西》，賽萬提斯的《唐吉訶德傳》，還有錢鍾書的《圍城》，批評家稱道這些作品有多方面的成就，我管不了那麼多，只吸收其中的喜趣。散文方面我讀到梁實秋、林語堂、陳西瀅，我喜歡他們甚於魯迅，梁氏散文有時裝腔作勢，使我想像喜劇演員的身段，林語堂以白話稀釋中國典故和成語，似正似反，若即若離，用他的方法調和廣播和文言的關係，效果極好。

天緣湊巧，中廣開辦了一批新節目，其中有個「電影介紹」，由我執筆，我每天都要去看一部電影，工作壓力很大，常常在電影院裡睡著了。那年代，美國好來塢傾盡全力征服第三世界的觀眾，台灣電影院大量放映美國影片，我非常喜歡喜劇明星鮑勃・霍伯和大衛・尼文。即使是西部片和愛情片，也都有笑料穿插陪襯，記得有一部間諜片，情節緊張，甲方的間諜請乙方的間諜抽菸，香菸在嘴裡爆炸了，乙方間諜倒地不起，甲方間諜把手中的空盒丟在他身上，揚長而去，這時鏡頭推近盒上的一行字顯示出來：「吸菸有害健康」，順手點染，無意得之，最適合廣播取法。

修這一門功課，大概費了我十年功夫。要寫有趣味的文章，先要有「有趣味」的想法，要有「有趣味」的想法，要做有趣味的人，這等於要我脫胎換骨。人生在世豈能脫胎換骨？最多也只有變化氣質吧，我像神農嘗百草那樣吞食一切有趣的東西，沒有中毒。我在大刺激大震盪之後一度陷入昏沉麻痺，了無生趣，職業訓練使我慢慢醒過來，如同溺水者浮上水面。

節目部設在二樓，整層樓用甘蔗板隔間，記者、編審、播音員分間辦公。這年三月，節目部主任邱楠到任，他把隔間拆除，各組在一個大廳之內共處，一人說話大家都聽得見，我的生命中出現王大空。

那時王大空已是有名的廣播記者，儀表俊雅，音質清亮。那時人才缺乏，他能編、能譯、能採訪、能播音，十分難得。我曾在〈美麗的謎面〉一文中記述他在新聞採訪方面的傑出表現。現在要補述他的另一方面，他談吐詼諧，是個十分有趣的人，他在新聞組說話常常引得各組同事哄堂大笑，他有時也捧著一杯熱茶在各組間走來走去，涉口成趣，臨場效果超過談笑風生。我佩服他，他是當時語言沙漠中的綠洲，對我有啟蒙之功。我對他說，我要把他的妙語雋言記下來編一本書，叫做「空言集成」，使當代後世欣賞欽佩他的才華。

「空言集成」徒託空言，我現在把他的代表作記下來幾條，表示對他的追思。

那時大家初到台灣，前途茫茫。王大空遇見老朋友，對方問他「近來好嗎」？他的回答是「我比將來好」！聽者始而愕然，繼而失笑。這句話擊中了大家的潛意識，立刻成為經典名句。

那時台灣標榜戰時，二次世界結束未久，許多動人的口號猶在人心，反共文宣再度拿出來使用。例如邱吉爾號召英國人「流血，流淚，流汗」，王大空在底下緊接一句「流精」，四者都是生命的消耗而已，嚴肅立即化為輕鬆，而輕鬆中另有嚴肅。

各界如有新聞發布，照例「招待記者」，王大空桌上的請柬越來越多，佛教也未能免俗。王大空對我們說：「和尚吃十方，新聞記者吃十一方，和尚也要招待記者。」有人戲言這句話可以上新聞學校招生的海報。

中央黨部定了個「讀訓周」，台北市黨營文化事業的人員，齊集「實踐堂」聽蔣總裁的訓詞，中廣播音員白銀上台朗讀，每天早晨七點半到八點舉行，不許佔用辦公時間。王大空拒絕參加，事後要我告訴他讀訓心得，我歎了一口氣說：「他講的話都很對，可是，如果我照他的話去做，我混不下去。」王大空馬上接口：「那當然，他如果他照自己說的話去做，他也混不下去。」語氣乾脆爽利，辦公室裡的人聽見了笑不可仰，我的天！那年頭，這一笑的代價可是超過千金哪！

中國廣播公司的前身中央廣播電台，成立於一九二八年，二十年後，初創時期的職員都升為一級主管，掌理人事、會計、總務、工程（後來又有安全），這些單位屬於「管理部門」，節目（後來又有廣告）屬於「業務部門」，廣播電台應該為業務而設，業務掛帥，中廣公司的情形相反，管理掛帥，電台好像為管理而設。管理部門的幾位領袖人物在位甚久，用人如蜘蛛結網，各據領域，節目部楊仲揆稱之為「四大家族」。

中廣按年資付薪水，業務部門的人員流動頻繁，幾乎都是新進，待遇普遍偏低，論工作，做節目要每天產生新內容，奔波操勞，超過總務會計甚多。那時中廣難以羅致優秀的記者和作家，這是主要的原因。

那時中廣有單身宿舍和眷屬宿舍，分配權操在管理部門手中。我有一段時間睡在辦公桌上，而「四大家族」的某子弟考取軍校，他在單身宿舍的鋪位空在那裡，以備放假時偶然小住，一直保留到他軍校畢業。王大空是節目部第一紅人，他為了奉養岳母，想由一房一廳的宿舍換到兩房一廳，節目部為他爭取，費了九牛二虎之力，他的順位還得排在總務部一個文書抄寫之後。公司本部眷屬宿舍集中的地方有兩個廁所，其中一個開放公用，一個加鎖，由某幾個家庭專用。

王大空怎麼看待這件事呢，他說，「他們」是革命先烈投胎，國民黨前生欠他們一筆債，他們今生來討債，來報復，他們要拖垮中廣。「我們」是軍閥轉世，當年迫害革命黨，現在活該給他們「墊底兒」，受欺壓剝削。他那年也許三十歲，絕對沒跟佛教結緣，他的表述是文學表述，不是宗教表述，他流露的不是信仰，是幽默感。

都說五十年代是台灣的恐怖時期，王大空口沒遮攔，面不改色，直到一九六〇年作風依舊。這年六月，美國總統艾森豪訪問台灣，王大空到機場採訪，趕回公司搶發新聞，他匆匆走進大辦公室，先說一句「救星的救星來了」！反共文宣說蔣介石是民族救星，事實上台灣靠美國政府協防保護，艾森豪以超強大國的元首訪問台灣小島，國民黨人可謂久旱逢甘霖，而王大空以「救星的救星」表述之，特務細胞在旁聽了，怒形於色。但是王大空由記者升新聞科長，「科」升格為「組」，他也升為新聞組長，節目部主任邱楠調新聞局，副主任李荊蓀升主任，王大空升副主任，李荊蓀升副總經理，王大空升主任，一帆風順。

王大空並沒有特殊背景，中廣總經理魏景蒙用人惟才，不拘細節，魏氏有特殊背景，安全部門無法阻擋。但是帳單擺在那裡，你終有一天要簽字支付，等到魏景蒙去，黎世芬來，副總經理出缺，王大空想層樓更上，就障礙重重了。

王大空面不改色，蔣介石總統七十大慶，總統府祕書長張群善頌善禱，提出一句口號：「人生七十才開始。」王大空看到新聞報導，立刻接了一句：「開始生病。」

有一個笑話，據說是王大空的創作。貓為了捕鼠，在洞口學狗叫，老鼠認為很安全，走出洞外探看。貓撲上去、捉住了。老鼠納悶：我剛才明明聽見的是狗叫啊！貓對牠說：「你現在知道了吧，學外國話很重要！」

那些年，王大空是個極受歡迎的人物，每逢吃喜酒的時候，我總千方百計和他同桌，或者坐在他的鄰席。像他這樣的人是稀有的，八十年代我上網找資料，發現山西運城地委書記宣傳部長也叫王大空，此人也擅長搞笑，受人歡迎，同名同姓，時隔三十年，遙遙相應。細想起來，大陸上有許多事情都比台灣晚出三十年。

王大空絕頂聰明，但是不能抑制天性中的幽默，即使別人看來那是小小的愚蠢。一位同事對我說：王大空不斷犯錯誤，所以他很可愛。後來張繼高做新聞部主任，他與王大空同為中廣雙璧，張的一言一行恰到好處，「像手術刀一樣精確」，可敬不可愛，兩人同為紅塵中的奇觀。《世說新語》說顧愷之才與癡各半，也許王大空的幽默癖是一種「癡」，癡中有才。後來幽默大師林語堂回到台灣，幾場演講平淡無奇，中廣同仁十分詫異，「他還不如王大空嘛！」

能與王大空先生共事是我的奇遇，他處處從眼前景身邊事取材，啟發性超過丁西林、李健吾、鮑勃．霍伯、大衛．尼文，那時我的世界一片渾沌，他無情的犀利冷雋像雷電一樣，穿透濃霧，顯示丘壑。有時候他太狠了，這個「狠」字是總經理魏景蒙對他的一字褒貶，先賢說治重病要用猛藥。今天回想，當年大背景一片肅殺，王大空的聲音是「沙漠中的駝鈴」，每逢聽見有人以兩岸的「恐怖時期」相提並論，我心中暗想畢竟有些分別，這一邊，五十年代有個王大空，那一邊要八十年代才有。

反共文學觀潮記

五十年代，台灣興起「反共文學」，那時我拿不動這樣大的題材，沒有作品，只有心情。

一九四九年五月，國軍失上海，我隨軍撤到台北。六月失青島，八月失福州，美國發表白皮書，聲明放棄台灣。九月失平潭島，十月失廣州，失廈門，逼近台灣門戶。共軍乘勝攻金門，國軍大捷，仍然震撼台灣人心。就在這幾個月，小諸葛白崇禧、反共長城胡宗南節節敗退，華中、西北、西南盡失。十二月，國民政府遷台北，雙方中間僅隔一道海峽，最窄的地方只有一百三十公里。中共反覆宣告將革命進行到底，文宣用詞竟使用血洗台灣。

逃難來台的人喘息未定，頓覺呼吸急促。

民國以來，直系、奉系、皖系、甚麼系輪流收稅，人民社會組織不變，生活方式不變，價值標準不變，老百姓容易適應。共產黨的革命別有大志，他們要「天翻地覆」，「把人皮揭下來換一張新的」，解放不是尋常改朝換代，中國人從未有過那樣徹底那樣全面悲慘的境況。可是外面的人對裡面的情況一無所知，仍然當作「城頭變幻大王旗」看待，一九四九年的台灣正是如此，八百萬居民面臨巨變，他們心理上毫無準備。

這年年底，台北《民族報》聘請孫陵主編副刊，「孫大砲」出語驚人，他以痛快淋漓的口吻痛斥當時的文風，共軍咄咄逼近，台灣已成前線，作家萎靡不振，副刊只知消閒。那時女作家的情感小品一枝獨秀，抒寫一門之內的身邊瑣事，小喜小悲，溫柔婉轉，小花小草，怡然自得，孫指責她們的作品脫離現實，比擬為歌曲中的靡靡之音。當時文壇傳言，一位著名的女作家讀了孫陵的文章，很受刺激，孫陵曾當面道歉，但是道歉之後，砲聲依然隆隆不絕。

馮放民（鳳兮）也在此時接編《新生報》的副刊，他開門見山要求作家寫戰鬥性的作品，他的主張比蔣介石提出的「戰鬥文學」早了好幾年。當時副刊注重趣味，鳳兮強調戰鬥，如果魚熊不能兼得，為了戰鬥寧可犧牲趣味。許多「外省流亡作家」對他的說法翕然同意，存亡是火燒眉毛，「趣味」又算甚麼！

多年後鳳兮談起此事，他說他跟孫陵並沒有事先商量過，他們各行其是，不謀而合。他說那時中央政府癱瘓，中央黨部空轉，達官貴人哪裡顧得了文學？再說《新生報》由省政府經營，民族報由報人自己經營，中央若要發動甚麼，怎會他們出頭叫喊、黨營的媒體反而沉默觀望？

鳳兮說，當時副刊稿源枯竭，沒有生氣，他看準大陸流亡來台的作家都有強烈的動機寫作，可以使副刊活起來。從事文藝批評文藝創作的人應該知道「心的傷害」，知道「無沙不成珠」、「鮮血變墨水」，知道「骨鯁在喉」、「行其所不得不行」，那些由國共內戰的砲火下逃出來的作家，並不需要高壓逼迫才勉強表現他們的親身經驗。

有些文化人逃到台灣，謹守本業，深居簡出，遠避政治氣味，以備中共解放台灣以後給一線生存空間，國民黨對這些人聽其自然。也有人認為逃到台灣來就是大罪，索性破罐子破摔，即使絕望亦不可束手待斃，國民黨百事俱廢，對這些人也無暇一顧。

惟一的安慰鼓勵是這些作家促膝長談，劉珍說：「就算是殺一隻雞，牠也要掙命。」那時王聿均還沒進中央研究院做學者，他是文學評論家，主編《公論報》副刊，主動支持反共文學，他說：「我現在的心情是正在服兵役。」小說家楊念慈說，台灣人不知有漢，無論魏晉，我們一定要把外面的情況告訴他們，如果不寫不說，太對不起台灣人。小說家田原說，我們在經歷浩劫巨變之後，發現中共的宣傳如此迷人而事實如此駭人，來台後卻不肯向台灣人一一道破，將來台灣人會怎樣批評我們？

流亡作家渴望訴說，他們以為本土生民應該聆聽。那是史大林時代，西伯利亞海濱有一個勞動營，萬名在政治上不可靠的人流放來此，用簡陋的工具開發森林，食物不足，醫藥缺乏，工作十分勞苦，每天有許多人死亡，也不斷有大批新人補充。在那樣的環境之中，有人趁著伐樹的機會剝掉樹皮，在樹幹上寫字，寫他們原是甚麼樣的人，現在有甚麼樣的遭遇，沒有筆墨，大家捐出鮮血。寫好之後，他們把樹幹丟進大海，讓海浪帶走，希望外面的人能看到他們的控訴，能知道史大林究竟在做甚麼。當時有些大陸流亡作家的心情彷彿如此。

一九五〇年三月，蔣介石總統於「引退」一年零一個月之後宣布復職，「國王的人馬」各就各位，動用一切力量鞏固台灣，抗拒中共擴張，文藝成為其中一個項目。

且從我自己切身的事說起吧，有一天，我接到《中央日報》以「副刊編者作者聯誼會」的名義發來的信，約我到中山堂參加聯誼，今考其時為一九五〇年三月二十四日。

我那時未改下級軍官的生活習慣，提前十分鐘到場，場中只有一個接待人員站在門內，西裝整齊，和藹可親，後來知道他就是中央副刊的耿修業主編。他引我入內，平伸手掌，示意我就座，我那時毫無社會經驗，完全不知道會場的席次怎樣排列，也不知道耿老編很客氣，他指的是上座，結果我坐在張道藩旁邊，中間只隔一個人。他們真是寬宏大量，後來沒有因此怪罪我。

聯誼會並無輕鬆的聯誼活動，反而很嚴肅的通過成立全國性的文藝團體，那天出席的編者作者都是發起人。可想而知，當時文壇大人物該到的都到了，我一個也不認得，只在報上見過張道藩的照片。我對別人留下的印象也很少，只記得坐在我和道公中間的人是個麻臉胖子，他用寒暄的語氣輕聲問我：「你是哪個單位的？」後來知道他是陳紀瀅。只記得有個大漢起立發言，個子大聲音也大，他談文藝運動的領導，主張「我們還是自己領導自己吧！」惹得張道公立刻聲明，他不在未來的全國性文藝團體中接受任何名義，但保證全力支持。後來知道大漢是小說作家穆中南，他後來創辦《文壇》月刊。

緊接著出現中華文藝獎金委員會和中國文藝協會，張道公是兩會的主持人，一連串工作展開，徵求反共文學、反共歌曲、反共劇本，補助這些作品的出版、演唱和演出。

後來了解，國民黨的文藝運動者最重視戲劇，劇場集中觀眾，有組織作用。其次是長篇小說，作家一面發展故事，一面大量描述現實細節，有記錄功能。長篇寫作費時，短篇先行登場，愛聽故事是人類天性。當時反共文藝活動，對戲劇的投資多、對小說少，今天對反共文藝的檢討責難，卻是對戲劇少、對小說多。

鼓勵作家寫小說，你得有園地供他發表，文獎會特地創辦了一個月刊。那時已有好幾家文學期刊，作家辦雜誌，長於編輯，拙於發行，內容很好，可是如何送到讀者手中？主持反共文藝運動的人看上了報紙副刊這輛順風車，報紙的銷數超過文學期刊幾十倍，反共文學上副刊，真叫做不脛而走。早期反共文學的質量都不高，給人的感覺卻是聲勢浩大，可以說是副刊的功勞。以後現代文學除舊布新，鄉土文學拉風造勢，也都多虧了副刊加持。報紙副刊對台灣文學的發展，影響難以估計。

事後了解，當時倡導反共文學，用「千金市骨」之計，國王愛馬，以千金買千里馬的遺骨，於是四方爭獻寶駒上駟。提倡反共的文學作品（或者說，按照黨部的規格提倡反共的文學作品），先求「有」，再求「好」。推出反共的文學作品，用「集體暗示法」，副刊文章本以短小為宜，現在打破慣例，整個版面刊登一篇長文，搶眼注目，然後一連幾天刊出文學評論或讀後感來稱讚它，類似和聲回音。這樣做，預期給讀者大眾這樣的感覺：排場聲勢如此，作品豈能等閒？

國民黨對於拒絕響應反共文學的作家並沒有包圍勸說，沒有打壓排斥，他只是不予獎勵，任憑生滅。那年代，只有作家因「寫出反共作品」受到調查（因為他反共的「規格」與官方的制定不合，或分寸火候拿捏不準），並無作家因「沒有反共作品」而遭約談。那時中國廣播公司刻意發展廣播劇，姚加凌寫了一個反共的劇本，演出中共公審大會的虛偽殘酷，惹了一陣子麻煩，自此以後，中廣的廣播劇盡量避免再用這樣的題材，趙之誠專寫市井小民貪嗔愛癡，二十年天相吉人。國民黨畢竟「封建」，「仕」還是「隱」？廟堂還是江湖？你的進退出處可以自由選擇，當然，除了「造反」。

後來的人有一個印象，反共文學壟斷了所有的發表園地。其實以張道公之尊，挾黨中央之命，各方面的配合仍然有限。《中央日報》號稱國民黨的機關報，它的副刊「正正經經的文章，簡簡單單的線條，乾乾淨淨的版面」，數十年後，小說家孟絲還形容它「清新可人」。它冷靜矜持，從未參與「集體暗示」。陳紀瀅是立法委員，《中央日報》董事，中國文協實際負責人，他推介一篇書評給中央副刊，耿老編照樣退回。蕭鐵先編《掃蕩報》副刊，後編《公論報》副刊，完全置身事外。一九五三年《聯合報》發刊，正值文獎會作業高潮，聯合副刊登過張道藩、王集叢的論文，取精而不用宏，姿態甚高。一九五五年《徵信新聞》（《中國時報》的前身）增加文學副刊，聘徐蔚忱主編，余社長指示「不涉及政治」，等因奉此，徐老編避免反共文學，和他在中華副刊主編任內判若兩人。

尤其是一九五四年，張道藩完成《三民主義文藝論》長稿，發表之前連開兩天座談會，徵求意見。他是國民黨中央常務委員，立法院長，中國廣播公司前任董事長、現任常務董事，座談地點借用中國廣播公司新公園大發音室，論文發表後，中廣也沒製作一個節目踵事增華。

據我回憶，當時對反共文學積極捧場的副刊有三家：民族，新生，中華。文獎會也只能每月選出一兩篇樣板展示一下，三家副刊大部分時間保持常態，文章可能與反共有關，也可能與反共無關，女作家的「身邊瑣事」依然熱門，撤退來台的「六十萬大軍」，戍守外島海岸山地農村，大部分沒有家庭生活，愛看她們的小孩小狗小貓，編織白日夢。美國雜誌《真實羅曼斯》和《讀者文摘》的故事，大家搶譯搶登。不久，《民族報》副刊主編孫陵與報社當局意見不合辭職，「孫大砲」未能轟垮敵壘，他自己先彈盡援絕了！《民族報》副刊的編輯方針與反共文學運動脫鉤。

再看那幾部主要的「反共小說」：陳紀瀅的《荻村傳》在《自由中國》半月刊發表，《華夏八年》在《香港時報》發表，楊念慈的《廢園舊事》在《文壇》月刊發表，王藍的《藍與黑》在《婦女雜誌》發表，司馬桑敦的《野馬傳》在香港發表，姜貴的《旋風》（原名《今檮杌傳》）由作者直接自費出版。至於張愛玲的《秧歌》和《赤地之戀》，更是由美國新聞處一手安排。這些小說都沒有「佔用」台北各報副刊的篇幅。

若論文學期刊，那時政治部創辦的《軍中文藝》，中國青年寫作協會創辦的《幼獅文藝》，張道藩不能影響。師範等人主編的《野風》，崇尚純文學，平鑫濤主編的《皇冠》，初期偏重綜合性商業性，潘壘主編的《寶島文藝》，程大城主編的《半月文藝》，都有自己的理念。孫陵主編《火炬》，高舉反共文學的大旗，奈何壽命太短。想來想去，穆中南在一九五二年創辦的《文壇》投入最多，時間也最長久。

一九五〇年三月，國民黨成立中華文藝獎金委員會（簡稱文獎會），張道藩主持，可以算是「五十年代反共文學」時期之始，可是「反共文學時期」並沒有許多人想像的那麼漫長。

一九五五年發生了一件事。這年五月，舞蹈團體得到文獎會贊助，舉辦民族舞蹈競賽，場地借用台北市三軍球場，位置正對總統府大門。有人檢舉，得獎的表演節目中有蘇聯作品，不得了！那時正值所謂「白色恐怖」的盛年，你在文章裡引用馬克思一句話都是大罪，怎有文藝運動的領導人，大模大樣在總統府門前，眼睜睜看他演出蘇聯舞蹈，而且還出力出錢支持！張道藩立刻向中央黨部提出辭呈，並推舉陳雪屏接手，陳雪屏也立刻表示不幹。

據說所謂蘇聯作品，實際上是新疆少數民族的舞蹈，新疆和蘇俄接壤，文化交流頻繁，也許受了些影響，可是這種事哪裡說得清楚！張道公只有辭職表示負責，他是向蔣總統、蔣總裁辭職次數最多的人，他效忠領袖，但是不能厚結領袖左右以自固，他只有不斷辭職測驗領袖對他的信任，測驗他可以工作到何種程度。

依慣例，辭職就是辭職，等上面要你推薦繼任人選，你才可以多說兩句。張道藩迫不及待提出陳雪屏，據說是防範有人見縫插針，他心中有假想敵。蔣氏對他的辭呈既沒有批准，也沒有召見慰留，事不可為，但是也不能撒手，「文獎會」這輛車進入牛步前行尋找車位的狀態。

拖到第二年七月，「文獎會」停辦，十二月正式結束，象徵「黨部掛帥」的時代逝去，政治意義上的「五十年代反共文學」，事實上恐怕是到此為止。一九五五年一月，老總統金口玉言交下「戰鬥文學」，文壇的響應只有理論和方案，沒有樣板作品。再過幾年，沈昌煥擔任中央黨部第四組主任，曾經提倡「愛國文學」，文藝界並無回聲。現在有人認為國民黨對文藝「由明白的操控轉為暗中操控」，我總覺得國民黨放棄了推動反共文學成為主流的野心，反共文學失去政治專寵，成為「一般」文學作品的一個門類。鳳兮說，社會變了，戰鬥文學是緣木求魚。

黨部掛帥的反共文學究竟有沒有成就？應該有。遙想五十年代，因為內戰，中國大陸的文學創作停頓了，因為廢止日語，台灣的文學創作中斷了，從文學史的角度看，反共文學延續創作行為，填補空隙，承先啟後。往遠處看，它替後世作家保存了許多特殊的素材。王藍的《藍與黑》、楊念慈的《黑牛與白蛇》，田原的《古道斜陽》、《松花江畔》，能夠拍電影，拍電視劇，能夠在三十年後「市場掛帥」的時代依然上市，潘人木的《蓮漪表妹》也重新發行，一九九六年，香港《亞洲周刊》邀請兩岸三地的專家學者評選「二十世紀中文小說一百強」，王藍的《藍與黑》上榜，反共文學也有它的生命。

我沒有忘記，反共文學傳達的訊息，台灣作家並不喜歡，但是文學的學習觀摩者應該可以把內容和形式分別對待。那時中國三十年代的新文學作品列為禁書，本省作家無可取法，反共也許討厭，文學技巧尤其是語言，那是天下公器。那時台灣的同行們正在勤奮鍛鍊中文，吳若的舞台劇本，鍾雷的朗誦詩，鳳兮的雜文，田原、陳紀瀅的小說，反共成色十足，語言的成色也十足，虛心學習的人可以各取所需，王藍、楊念慈、朱西甯、司馬中原的敘述方式，也足以開擴視野，助長文章氣勢。

今天史家和文評家檢視當年的反共文學，肯定了一些作品，這些創作大都和「文獎會」的運作無關。後來了解，國民黨中央察覺反共文學將如海潮洶湧，惟恐氾濫為患，特地以獎勵的方式導入河道，否則反共文學可能演變成對國民黨失去大陸的檢討批判。試看陳紀瀅在他的《賈雲兒前傳》裡，暴露了特務機構羅織無辜，王藍在他的《藍與黑》裡，記述了抗戰勝利國民政府接收淪陷區的惡行，反共報人龔德柏演講，痛陳蔣介石在內戰中犯了戰略錯誤，稍後王健民出版《中國共產黨史稿》，分析中共何以能取得政權，指出國民黨失國的種種原因，毫不留情。《野馬傳》更是借著女主角絕望中的悲憤作出這樣的結論：共產黨，國民黨，都是壞蛋，沒一個好東西！國民黨的防堵確有「先見之明」。

另一個可能是，文學作品的多義和曖昧反而有助於「為匪宣傳」，反共文學發生的效果應該符合預期，沒有偏差，口號是最不容易誤解的東西，所以有些反共文學不惜流為口號化。這就是為甚麼台灣對喬治．奧威爾《一九八四》、匈牙利小說家凱斯特勒的《正午的黑暗》（也有人譯作《獄中記》）、張愛玲的《秧歌》都不喜歡，無奈那是美國新聞處推廣的冷戰文宣，黨部無可奈何。

台灣域內的作家冷暖自知，姜貴告訴我，他在台灣的坎坷，大半因為他寫了《旋風》。陳紀瀅的《賈雲兒前傳》，王藍的《藍與黑》，也都有憂讒畏譏的經驗。司馬桑敦的《野馬傳》在香港發表出版，黨部鞭長莫及，一九六七年，台灣已是百家爭鳴，《野馬傳》修正了，台灣出版，還是遭到查禁，即使到了七十年代，《中國時報》發表陳若曦的《尹縣長》，仍然引起一片驚惶。

「文獎會」看重長篇小說，那時小說以創造人物為首要，反共小說裡的中共幹部是甚麼樣的角色？事關對中共的認識和研究。那時黨內黨外都跟研究中共問題叫「總裁心理學」，研究者要揣摩他老先生的想法找材料下結論，反共小說（還有戲劇）也成了「總裁心理學」的一個章節。中國共產黨興起，並非因為中華民國的政治和經濟制度有重大缺陷，而是因為西風東漸，俄式邪說輸入，國民道德墮落，無賴無恥的人受煽動蠱惑成為暴民。這就大大窄化了題材也降低了境界。那年代半個世界（也許該說大半個世界）都在反共，東西對抗，稱為「冷戰」，反共並非國民黨一家之言，但是台灣早期的反共文學卻是國民黨閉門造車。

當年「文獎會」的真正任務，乃是對反共文學寓禁制於獎勵，這就難怪「反共文學」總是感情太多、才情太少，紀實太多、暗喻太少，素材太多、形式美太少。中國大陸的文學理論家黎湘萍指出，那些反共文學「把小說當作歷史寫」，說得含蓄，也說得中肯。「國家不幸詩家幸」，時代對作家甚厚，作家對時代的回報甚薄，「百樣飄零只助才」，無奈「一代正宗才力薄」！他們「我志未酬人亦苦」，他們盡了力。

我那時不懂事。有一天我接到中國文藝協會的通知，約我去參加座談會，座談的主題是反共文學。那時文協在水源路，我如時前往，座上只有陳紀瀅、王藍兩位常務理事，穆中南和梁又銘兩位理事，再無其他會眾，我心中納悶，這怎麼能算是座談會？

坐定之後，陳紀老客客氣氣請我發言，我那時不懂事，居然以為有了一吐為快的機會，我說我認為最好的反共小說有三部，姜貴的《旋風》，司馬桑敦的《野馬傳》，張愛玲的《秧歌》，可是這三部小說都沒有受到文壇注意，我很懷疑中華民國究竟是不是一個提倡反共文學的國家。

舉座默然無聲，良久，我自己覺得沒趣，告辭回家。後來知道，他們本想找我主導一個寫作小組，為他們寫的反共小說作些宣傳，他們預料可以聽到我稱讚他們的作品，順勢把工作計畫提出來，奈何我那時不懂事，話不投機，計畫只好胎死腹中。

反共文學對我的學習有幫助嗎？有，那時他們任何人都寫得比我好，我有甚麼理由藐視他們？看過反共文學的大潮，我體會到藝術和宣傳的分別，上了必修的一課。辛克萊說「一切藝術都是宣傳」，我以前信服這句話，因反共文學而了解這句話，能夠準確的解釋它。黨部掛帥也教我知道如何掌握主題，予以放大、延伸和變奏。

反共文學完了嗎？九十年代我在紐約，一位觀察家告訴我，反共的人共有五類：有仇的，有病的，有理想的，有野心的，和莫名其妙的。這是真知灼見。我想反共是這五種人的組合互動，可能一個有病的排斥一個有理想的，可能一個有仇的指揮一個有病的，也可能一個有野心的出賣一個莫名其妙的，阿Q就是一個莫名其妙的「革命家」，反共陣營中也有阿Q。高居他們之上，有一位總指揮，他可能有仇、也有理想、也有野心，即使姜貴和張愛玲也都未能寫全寫透，張大春的〈四喜憂國〉受人稱道，那個短篇也只寫了一個「莫名其妙的」。中國作家不會永遠捨棄這個題材，反共文學發展的餘地還很大。

特務的顯性騷擾

五十年代，台灣號稱「恐怖十年」，國民政府絕命掙扎，「檢肅匪諜」辣手無情，警備總部每隔一段時間公布一件大案，製造連續的恐怖，士農工商黨政軍輪流有人涉及，製造普遍的恐怖，案情的發展和罪行的認定往往出人意料，連女子被「匪幹」強姦也構成「與匪接觸」，「為人不做虧心事，半夜敲門心也驚」。我在「敏感媒體」廣播工作，每當看見文化界的人士被捕了，判刑了，甚至處死了（據報紙公布，十年間以文化人為主嫌的案子至少二十一案，總計處死三十五人，判囚三十二人，牽連被捕受審打入「列管名冊」者不知多少人），更使我惴惴難安。

文化界以外的大案也很多，像中共在台灣發展地下組織的案子，一九五〇年由三月到五月連破五案，死四十五人，囚二十三人，論行業、論生活圈子，我跟他們中間沒有任何關連，仍然受到驚恐。更不幸的是國防醫學院學生出現匪諜案，學生遲紹春判死，王孝敏判囚，我跟這兩人是抗戰時期流亡學校的同學，案發之前我曾到國防醫學院的宿舍去探望他們，那時沒有事先預約的習慣，我撲了個空，給他們留下一張字條，這張字條留落何處？它可是個禍根哪！……

我就在這樣的氣氛中戰戰競競的「擁護領袖、反共抗俄」。

那時「匪諜案」用軍法審判，軍法並不追求社會正義，它是伸張統帥權、鼓舞士氣的工具，它多半只有內部的正當性，沒有普遍的正當性。被捕不可怕、槍斃可怕，槍斃不可怕、刑求可怕，刑求不可怕、社會的歧視可怕，像煙台聯合中學校長張敏之的夫人那樣，「匪諜」的妻子兒女都是危險份子，所有的關係人都和他們劃清界線，斷絕他們生存的資源，這是慢性的滅門滅族。

記得有一天，名記者王大空在中廣辦公室裡大發議論，說甚麼「引刀成一快」，正好中廣那英俊高大的特務小頭目站在旁邊，那人立刻用鼻音反擊：「哼！沒那麼快！」聽聽那一聲「哼」吧，那聲音只有蓄勢待發的惡犬才有，人間難得幾回聞！夠你回家作連床惡夢。

亂世夢多，我常常夢見解放軍追捕我、公審我、挖個坑要活埋我，我大叫驚醒，喝一杯冷水再睡。又夢見我在保安司令部上了手銬、灌了冷水、押到「馬場町」執行槍決，我又大叫驚醒。我坐在床上自己審問自己，共產黨和國民黨都有理由懷疑我、懲治我，我兩面都有虧欠，我站在中共公安的立場上檢查自己，有罪，我站在台灣保安司令部的立場上檢查自己，也有罪。

多年以後，我在海外對一位台灣本土生長的官員說，當年你們只作一種惡夢，我們作兩種惡夢，我們的恐怖是雙料的，你們的恐怖縮了水。你們只怕蔣介石，不怕毛澤東，你們不知道毛澤東更可怕，你們到底比我們幸福。你們的問題比較簡單，也許認為只要推翻蔣介石就可以了，我們不行，我們有人怕他，有人恨他，大家還得保著他，兩害取其輕，靠他抵抗共產黨。我們惟一的交代是保他才可以保台，但是台灣不領這個情，我們勞碌一生，也許三面不是人，他聽了哈哈大笑。

一九五〇年我進中國廣播公司以後，漸漸感受到治安機關對文化人查察嚴密，編輯組長寇世遠被捕，牽連播音員王玫，不久廣播劇作家胡闐仙也被捕，節目部氣氛緊張，我也趕上熱鬧，遭保安司令部傳訊。

那時捕人並不公布案情，別人的事我不知道，而我自己是因為寫錯了一篇文章。

一九五〇年，國軍在台灣和前線各島推行「克難運動」，號召全軍勤勞節約，克服困難。那時，軍人眷屬的生活十分困難，住屋劈竹編牆，塗上水泥，號稱「竹骨水泥」，鐵皮搭頂，時常有鏽落下來，夫妻兒女擁擠在一間屋子裡，有門無窗，夏天像蒸籠一樣熱，遇上大風大雨的天氣，關起門來燒煤做飯，隨時有中毒的危險。

那時，下級軍官的太太常到菜市場揀人家剝下來丟掉的白菜皮，一家大小每天吃一個白水煮蛋，由母親分配，女孩子分食蛋白，男孩子分食蛋黃，因為「蛋黃的營養比較大」。那時有些孩子饞得燒蟑螂，吸進氣味先嘔吐出來。我坐公共汽車的時候，常見士兵赤腳上車下車，揹著「傳令袋」（傳令兵可以免費乘車），後來我在一處軍營裡看見布告，禁止士兵赤腳入城。

我每星期寫一篇廣播稿鼓吹「克難運動」，心中別有思量。克難運動初期還沒教軍營種菜養豬，也沒輔導軍眷從事家庭副業，我也沒有所謂「積極性的想法」，只覺得生活條件已經這樣匱乏，如何能再降低水準？我寫了一篇「故事新編」，孔子提倡克難，要大家吃青菜、喝白開水、枕著手臂睡覺，大弟子顏淵完全照著老師的話去做，結果營養不良，生病死了！夫子自己吃飯要擺好席位，講求菜色刀法調味，活到七十多歲。文章登在創刊不久的《民族晚》報上，結果麻煩來了。

從保安司令部來了個年輕人，「請」我到他們辦公室談談，還加上一句：「我可以替你請假」，等於說一定要去，沒有理由可以推託。說到保安司令部我得鄭重介紹，它後來改組為警備司令部，再改為警備「總」司令部，今天談恐怖時期，「警總」惡名昭彰，殊不知一路改組都有些改進，到了警總已經文明得多了。

我傻傻的坐上吉普車，來到西寧南路，登上一座破舊的樓房。他們也是大辦公室，我站在一角聽候傳見，大約枯等了一個小時，忽有一彪形大漢指著牆壁向我大喝一聲「轉過臉去！」接著從我背後朝前一推，我的鼻樑撞上牆壁，牆壁新近粉刷，貼滿通告之類的印刷品，我飽吸油墨和灰石的氣味，還好，沒有流血。後來知道，中廣公司主管偵刺員工思想的那個英俊高大的人，要躲在隔壁「旁聽」我跟保安官員的對答，參加分析研判，他遲到了，我不可以看見他走進來。後來進一步知道，特務機構第一次傳訊，照例對應訊的人來個「下馬威」，那些案情重大的嫌疑犯進入拘留所之後，首先要挨一頓毒打，而且是脫光了衣服打，打得你滿地翻滾，然後你就知道自己在外面那一點子資歷聲望，那點靠山背景，完全成泥化灰，你再無倚仗，再無希望，你已不再是原來的那個人，你看見但丁描寫的地獄，門口懸匾大書「入此門者一無所有」。那天我在保安司令部雖然僅僅受到一聲斷喝，立時也有前塵如夢之感。

他們把我引進一個小房間，面對一個兩頰瘦削的人，他厲聲斥責我，他說〈孔子克難記〉一文破壞國軍的克難運動，要我交代寫作的動機，我矢口否認他的指控。然後他拿出我的另一篇文章，那是我根據詩經《汝墳》篇構想的一個情節，詩中有一句「魴魚赬尾」，小註說，魴魚發怒的時候尾巴變成紅色，魚也有發怒的時候，那一定是忍無可忍了罷，我覺得好可怕，好像將要發生不可測的行動，我借著故事人物的口說：「你不可欺人太甚。」我寫這個小故事只是炫耀一下我讀過《詩經》而已，可是受「孔夫子克難」連累，保安官員也做了有罪推定，他惡狠狠的指著我的鼻子：「你們這套把戲我清楚明白，魚代表老百姓，紅色代表共產黨，你分明鼓吹農民暴動！」我也矢口否認。他從座位上站起來：「我知道要你說實話不容易，我教人拿大槓子壓你。」我知道「壓槓子」是酷刑，可是我還沒看見槓子，我必須堅決否認，要我說謊話也沒那麼容易。

我這才知道他們注意我已經很久了！他摔給我幾張紙，要我寫一篇自傳，由六歲寫到現在，寫我幹過的職業，讀過的書，到過的地方，認識的人，怎麼到台灣來的，怎麼進中廣公司的。吩咐完畢，走出小房間。那時報館和電台已把我訓練成一名快手，我毫不躊躇，振筆疾書，不久有人送進來一碗蛋炒飯，我才發覺時間已經到了中午。事後知道這碗蛋炒飯大大有名，保安司令部每天都要約人談話，作業模式相同，早晨把人接過來，下午放回去，中間供給蛋炒飯作午餐，「吃過保安司令部的蛋炒飯」也就成了一句暗語，一項資格。

我一口氣吃完蛋炒飯，然後一口氣寫好自傳。後來知道他們暗中觀察我，見我能吃能寫，一心不亂，判斷我應該只是個不成熟的作者，背後沒有甚麼祕密組織。也許因為如此，下午換了一個白白胖胖的人審查我的自傳，態度十分和善。天津失陷，我進了解放軍的俘虜營，他對我這一段經歷並未盤詰，他和我談安徽阜陽一帶的流亡學校，問我這個雜誌看過沒有，那個雜誌看過沒有，我都沒有看過，他又問我這個劇團的演出看過沒有，那個劇團的演出看過沒有，我也都沒有看過，他提出來的雜誌和劇團都是共產黨人的文化活動，這位保安官對當年「淮上」的情形很熟悉，他旁敲側擊，比剛才那人的虛聲恫喝要高明多了。

然後他的興趣轉移到蕭鐵身上，蕭先生介紹我進《掃蕩報》，《掃蕩報》停刊，他又介紹我進中廣公司。這位保安官問我蕭鐵對時下局勢的看法，我說最近王雲五創辦華國出版社，出版蕭鐵的劇本《黃河樓邊》，蕭不肯賣斷版權，他要抽版稅，因為版稅可以終身享有，看來他對台灣的前途有信心。他問蕭鐵近來讀甚麼書，跟哪些人交遊，我說我從未到他家去過，他下了班就回家，沒看見他約朋友喝茶看電影。保安官對我的答覆不滿意，叮囑我用心了解蕭鐵，隨時向他報告。後來知道，蕭老編介紹我進中廣，我向蕭老編推薦一同寫稿的駱仁逸，蕭又推薦駱進中廣，我調編撰，駱仁逸介紹他的同鄉趙漢明補我的缺，保安司令部對這樣援引串連起了疑心，正好我的文章觸犯時忌，他們就從我切入，了解情況，瓦解我們四個人的關係。

話題一轉，保安官問我對邱楠和姚善輝有甚麼看法。我的天！他們一個是節目主任，一個是工程主任，我只是個新進的小職員，剛剛試用期滿，我能對他們有甚麼看法！他問我最近看甚麼書，我的答案中有曹禺和李健吾，他兩眼一瞪：你從哪裡弄到他們的書！我告訴他，這是公司的參考書，公開擺在資料科的圖書室裡。幾個月後，公司裡突然出現保安人員，沒收了這批文藝作品，緊接著大搜全省各地中小學圖書館，各縣市舊書攤，打算做到一本不留，看來都是我惹的禍。

好不容易，保安官說「你回去吧」！來時有車接你，去時沒車送你，正好我也需要步行紓解心中鬱悶。回到中廣節目部，公園裡已有暮色，節目部主任邱楠、資料組組長蔣頤都坐在辦公室裡守候，他們知道保安司令部效率奇高，如果我已被留置訊問，保安官隨時可能打電話來問長問短，或者派人來調閱我寫的文稿。後來知道，那天節目部氣氛緊張，無人知道我究竟是一塊浮冰還是冰山一角。

節目部有位老者，隻身在台，常常工作到深夜，他一人有個小小的辦公室，小到沒有窗戶，為了流通空氣，經常開著房門。他對我很關心，我不由得走進他的小房間，向他訴說保安司令部約談的經過，我告訴他，要我為政府宣傳，我得先有被信任的感覺，我無法在懷疑監視下工作，我想辭職。他很嚴肅的說：「別處也是一樣，這裡還有幾個人了解你，別處就未必。」我說保安官員要我每星期去報到一次，向他報告蕭鐵、駱仁逸、趙漢明的言行交遊，甚至還有姚善輝和邱楠，我怎麼能去！他說：「還是去吧，你不去，他們會另外找一個人。」

老者的話我聽從了一半，沒辭職，也沒定時到保安司令部打小報告，我想等他們來催促責備我再去也不遲，他們再也沒有動靜，我也慢慢鬆懈了。可是老者的話終於應驗，他們果然從我們中間另外找了一個人，那人知道怎樣規畫自己的前途，後來進「革命實踐研究院」木柵分院受訓，步步高升，我做了他的墊腳石。

我很感激那老者，對他很尊敬，經常到他的小房間傾心吐膽，可是我還是得罪了他。有一天，他和我討論一條新聞，莽漢懷疑妻有外遇，動刀殺人，完全捕風捉影，老者說，莽漢未經調查，沒有證據，犯下大錯，一門之內尚且如此，可見「安全工作」對國家如何重要。又有一次讀《三國演義》，談到曹操「夢中殺人」，他認為曹操「幼稚」，冤殺許多好人，現代國家有調查機構，可以幫助當局作出正確判斷，所以安全工作名副其實，可以使大家更安全。我這才知道他在節目部做甚麼，不禁脫口而出：「我忠黨愛國，但是不做特務！」他變色不語，從此不再理我。

我還得罪了另外的人。蕭鐵是抗戰時期中央陸軍軍官學校的畢業生，他有一個同期同隊的校友幹特務，此人服務的那個單位有人發起戒菸，需要寫一篇「戒菸公約」，他們找蕭老編執筆，蕭推薦我。我想搞這玩藝兒得用文言，最好四六句法，我記得第一段是這樣寫的：

「蓋聞修身慎微，古之明訓，崇儉務實，今有定則，小惡不為，眾好必察，此君子其九思之，賢者所三省也。況復生逢斯世，目蒿時艱，我等或投班筆，或奮祖鞭，群懷殷憂，共當大難。禮不云乎？居敬行簡，易不云乎？夕惕朝乾，正宜朝食減享以起兮，夜甲積冰而鏗然！」

以下說到吸菸的害處，戒菸的決心，違背誓約的罰則，四六到底，一氣呵成。他們那個單位的主管看了大為欣賞，聽說我是個二十幾歲的年輕人，兼擅白話與文言，有意吸收我去栽培一番。他的算盤是，我替他寫演講稿應酬信，我做「師爺」的工作，可是僅能支「小弟」的待遇，他伸出來的誘餌則是保送受訓和未來升遷。

蕭老編的那同學屢次和我接觸，他打電話約我到新公園裡見面，從不進中廣大門。經過一番觀察試驗和調查之後，有一天，在新公園那棵傘蓋一樣的大樹底下，他正式勸我加入他們的組織。我當場辭謝，他的表情是出乎意料之外。「今天我們只有跟著國民黨走，與其留在外圍，不如進入核心，這樣難得的機會你為甚麼要放棄？是否有另外的幻想、另外的出路？」我趕快告訴他想做作家，他很納悶：「作家算甚麼？社會根本沒給作家排座位，我請你屋子裡坐，你為甚麼要站在院子裡？」

他放棄了我，他們也從此「發現」了我，不斷發生一連串事情。辦公桌抽屜上的鎖被人撬掉了，我不聲張，也不修理，留下破壞的痕跡任人參觀，幾天以後，事務組忍不住了，自動派工匠來換鎖，我把新鎖和鑰匙都放在抽屜裡不再使用。中國文藝協會發給我的證件不見了，可想而知，小細胞發現這張蓋了大印的文件，以為是甚麼罪證，拿去給他的小頭目表功，我知道他們不會把原件歸還原處，他希望失主自己思量「忘記了放在甚麼地方」，倘若失而復得，失主就會恍然大悟。員工信件由專人統收分發，我的信總是比別人晚一兩天，封口的漿糊未乾，那當然是先拿到甚麼地方拆開看了。

那時偌大的辦公室只有一具電話，我接電話的時候，總有工友在旁逗留不去，他們讓我看見「豎起耳朵來聽」是個甚麼樣子，他們好像無所用心，低著頭擦不必再擦的桌子，但眼珠滾動，耳輪的肌肉形狀異乎尋常。如我會客，總有一個工友殷勤送茶換茶，垂著眼皮，豎著耳朵。這些人懂甚麼！有能力複述我的言論嗎！簡直是對我的侮辱。那時，工友是他們得力的耳目，管理工友的人必定是「組織」的一員，見了上司表面很恭順，實際上肆無忌憚。

那時還沒設「安全室」，安全人員隱藏在人事室裡，重要骨幹是那個英俊高大的人。人事室在仁愛路三段辦公，他每天照例到新公園節目部「看看」，如果我會客的時候恰巧他來了，他必到會客室觀察我的客人，目光炯炯，嚇得客人慌忙告辭。那位長駐節目部的老者尤其盡責，不管哪位同事會客，他都在室外巡逡，低著頭，背著手，心無二用，即使大熱天他也穿球鞋，腳步輕快無聲。

星期天如果我逛書店或者看電影，總是遇見人事室的一個胖子，他跟我保持一定的距離，眼睛從不看我。幾次巧合以後，我決定做一個測驗，我到公共汽車站候車，他也跟著排隊，車來了、又去了，我不上車，他也不能上車，最後剩下我們倆，他十分窘迫，滿面通紅，狼狽而去，始終不和我交談。

我覺得耶穌佈道那幾年，一定常和特務打交道。〈福音書〉記載，有人跑來問他是否應該納稅，那人一定是特務。耶穌告訴門徒：「那時兩個人在田裡，取去一個，撇下一個。兩個女人推磨，取去一個，撇下一個。」他是在描摹大逮捕的情況。他警告門徒：「你們在暗中所說的，將要在明處被人聽見，在內室附耳所說的，將要在房上被人宣揚。」翻譯成明碼，就是特務的小報告和公審的指控。最明顯的是，耶穌發現有人跟蹤他，他就回頭朝那些人走去，那些人「看不見他」，他就脫離了監視，看似「神蹟」，其實「盯梢」一旦曝光就失敗了，盯梢的人最怕「對象」突然回頭走，一旦彼此撞上，任務立即取消，那些小特務並非「看不見他」，而是裝作沒看見他。這是我的獨得之祕，解經家沒有想到。

一九五六年，劇作家趙之誠來做編審組長。這年冬天，他約我一同去某處參加會議，討論如何用廣播劇宣傳反共，那時節目部主任邱楠致力發展廣播劇，趙之誠和我都是助手，有人重視這個新劇種，我樂見樂聞。會議的召集者是黨部嗎，不是，是新聞局嗎，不是，還有誰管這檔子事呢，他沒說，奇怪。入座以後，與會者只有我和劉非烈，該來的都沒來，中廣的台柱編劇劉枋、朱白水，當家導播崔小萍，還有經常供給劇本的丁衣、張永祥，並無一人在列，奇怪。大家坐定以後，裡面走出來一個胖子，皮膚粗糙黎黑，臉上凸起一顆很大的痣，痣中心長出一條又粗又長又亮的毛，最大的特徵是眼大有神，精光直射，使我想起防空部隊的探照燈，他不是文化人嘛，奇怪。他說話很少，會議時間也很短，自始至終由他身旁的人穿針引線，但未曾介紹主持人的身分，趙之誠陪著東拉西扯，也從未稱呼主持人的銜名，頂奇怪的是並無一人一語涉及廣播劇。

後來知道，那主持人竟是情報界聲名顯赫的紀元樸，談劇本不需要他那樣高層次的情治官員出馬，那天只是他要觀察我，陪我同去的都在演戲。他臉上那根長毛很出名，那雙眼睛更出名，他生有異稟，他的目光「令人搜索自己有甚麼可以招供的沒有」。幸虧趙之誠事先把我蒙在鼓裡，我完全沒有心理防線，他看到了我的無猜和幼稚，對我非常有利。

以前種種後來又是怎麼知道的呢，都是他們自己說出來的，人生如戲，莎士比亞的台詞有一句：「台上演戲的人不能保守祕密，他最後甚麼都會說出來。」人有洩漏機密的天性，人到中年、會說出自己幼年的「齷齪」，人到老年、會說出自己中年的「齷齪」；因緣無常，效忠的手下隨時可能脫離掌握，抖出內幕，死黨很難到死，除非你有本事殺他滅口。齷齪的腦子、齷齪的手，都有一天會曝光。歲月無情，江山易改，最後「萬歲」已成木乃伊，江山風化為散沙，這些曾經是特務的朋友、或曾經是朋友的特務，一個一個也退休了，老了，移民出國了，他出於成就感，或是幽默感，或是罪惡感，讓我知道當年他手中怎樣握住我的命運而沒有傷害我。

其實他仍然傷害了我。那些年，同船渡海的族人漸漸不進中廣的大門，他們覺得氣氛不對。一向親近的幾個同事漸漸疏遠，因為有人要求他們偵察我的言行，久不通問的朋友忽然從台中來看我，而且每月一次，因為來了才可以交差。我極力避免寫信，也不和別人一同照相，偶然收到照片我必偷偷的剪成碎屑丟進公廁的馬桶，我不保存來信，我把信件放在水桶裡泡爛搗成紙漿，再借傾盆大雨沖走。特務抓人，順藤摸瓜，照片信件都是「藤」。我很容易感冒，天天帶病上班，夏天穿冬天的衣服。我的左胸時常疼痛，多次向胸腔專科名醫星兆鐸求診，他只是說：「你的情形我了解」，不肯進一步檢查。後來知道全是壓力造成，那時沒人談減壓或心理輔導。

有人做了一副對聯形容騎摩拖車很危險：「早出事、晚出事、早晚出事；大受傷、小受傷、大小受傷。」我的處境和職業正是如此。每月惟一有意義的事情，領到薪水袋，到郵局給弟弟妹妹寄零用錢，向母親的在天之靈交代一句「我這樣做了」。有時想起「刀口上舐血」，想起「殺頭的生意有人做」，雖然老早就知道這兩句話，以前僅僅是認識那幾個字罷了。

四年內戰期間我味覺遲鈍，到台灣後只有加重，這才了解甚麼是「食不甘味」、「味同嚼蠟」。大米飯囫圇吞嚥，常常懷疑我到底吃過飯沒有。口乾舌苦，吃糖，吃下去是酸的。有時到美而廉喝黑咖啡，沒有糖沒有奶精，「我苦故我在」。有時我到中華路喝兩杯高粱酒，或者吃一條豆瓣魚，「我辣故我在」。

儘管如此，日子照樣像流水般過去，我想起抗戰時期空軍飛行員的太太們有一種特殊的人生觀，她們的丈夫常在空戰中殉職，她們因恐懼而不知恐懼，因擔憂而不覺擔憂。慢慢的、我也好像如此了。

那些年，我常常對著鏡子仔細端詳，看我究竟哪隻眼睛哪隻耳朵像特務，看我哪塊肉哪根骨頭可以做特務，為甚麼特務忽而吸收我忽而調查我。我對間諜小說、間諜電影、間諜傳記發生很大的興趣，常言道：「讀了三國會做官，讀了紅樓會吃穿」，讀間諜小說看間諜電影，我漸漸明白怎樣捉間諜，怎樣做間諜，怎樣做了間諜又讓他捉不著。漸漸的我覺得我的談吐像個間諜，漸漸的我自以為倘若我做間諜他們一定抓不著，如此這般我給自己製造一點樂趣，減少胸中的二氧化碳。

我與公論報一段因緣

《公論報》是台灣大老李萬居先生創辦的日報，一九四七年十月二十五日創刊，那時台北市僅有《新生報》一家大報，新辦報紙發展的空間很大，《公論報》得天時。李萬居是台灣雲林人，早年留學法國，學成後參加國民政府對日抗戰，既受政府重視，也得地方愛戴，《公論報》得人和。他以台灣人來台灣辦一份地方性的報紙，「地利」更不成問題。創刊以後也曾受十方矚目，贏得「台灣大公報」的美名。

《公論報》副刊名叫「日月潭」，創刊時由陳玉慶主編，副刊的名稱是他取的，常刊登黎烈文、靳以、豐子愷、畢璞的文章，頗有一番盛況。後來他另有高就，文學評論家王聿均接編，也曾刊登胡適、陳其祿、施翠峰多位名家的文章，也曾主辦文藝周刊，陳紀瀅、趙友培、葉石濤、李辰冬、王集叢諸家雲集。後來王聿均辭職專心研究史學，與文藝界漸行漸遠，一九五二年蕭鐵接編「日月潭」，這時《中央日報》已遷來台北，《民族報》已創刊，《中華日報》已設北部版，《聯合報》的前身「聯合版」已出現，《公論報》需要和他們一爭長短。

蕭鐵曾主編《掃蕩報》副刊，《掃蕩報》因經營不善停刊，他有挫折感，很想借《公論報》副刊一償未了之願。他約我為「日月潭」寫那個名叫「小方塊」的專欄，所謂「小方塊」，是在副刊固定的位置、由固定的人執筆，刊出一篇八百字的短文，四面用直線圍成方形，夾敘夾議，亦莊亦諧，評論眼前大家關心的事情。那時中央、新生兩報副刊都有這種方塊，很受歡迎，蕭老編想急起直追，我不願寫這種惹是生非的文章，再三婉謝，蕭老編說：「老弟！我四十歲了，不能再失敗，你要幫我的忙！」他介紹我進《掃蕩報》，又介紹我進台灣電台，他這句話對我有千鈞之重，我只有勉為其難。

我決定寫讀書，寫看戲，寫中西格言，寫風土文物，我避免評述當前人物的賢愚和施政得失，大體上我學周作人、培根、愛默生，不學魯迅。我還沒有摸到寫方塊的訣竅，總是在一篇短文裡使用了太多的材料，三個月後漸漸力不從心，我腹中實在沒有那麼豐富的蘊藏，蕭先生也在中廣公司節目部工作，天天見面，壓力很大，不能斷稿，沒奈何終於向當天的新聞找話題，新聞天天層出不窮，材料也就取之不竭，寫小方塊的人自來都是跟新聞，我不能例外。

還記得我曾批評高雄市長謝掙強，謝掙強在台中當面問李萬居，你辦的報紙怎麼罵我？

李社長愕然，原來他從來不看副刊。他回到台北找出那篇文章，對編輯部說了一句話：「這哪裡是罵？」我這才知道李社長曾經有一份名單交給編輯部，榜上列名的人都不能罵，新聞中若有是是非非牽涉到他們，都要刪除，這是李社長獨一無二的作風，可以看出他為人坦誠厚道。我看到那份名單，其中沒有謝掙強，也沒有一個在政府中擔任重要職務的人，據說名單上的那些人都是捐錢支持辦報的鄉親，他們不搞政治活動，名字沒有機會見報，除非甚麼緋聞之類。

一九五三年以前，吳國楨做台灣省主席，政府要人之中只有他支持《公論報》，我因寫方塊而勤讀《公論報》，沒有看到一篇捧吳的文章。有一天新聞報導吳氏的公開談話，他勸公務員「向下看」，政府管理眾人之事，眾人都在下面，越往上看、看到的人越少，越往下看、看到的人越多，你做的事情越能滿足眾人的需要。這條新聞倒是《公論報》的獨家，我讀後大受感動，立即寫了一篇短評發揮一番，《公論報》似乎只有這一篇文章捧了吳國楨。

我對李萬居社長蓄積的敬意越來越多，可是《公論報》的景況越來越壞了，紙張油墨的品質低，染黑了讀者的兩隻手，鉛字不能每天更新，字跡難以清晰美觀，新聞來源狹窄，副刊稿費先是降低，後是拖欠，最後根本不再寄出稿費通知單。蕭鐵頓足長歎：「完了完了！《公論報》走上了《掃蕩報》的舊路！」他說報館一旦鬧窮，甚麼錢都不能欠，只能欠稿費，但是節流節到作家的柴米油鹽，絕對不能挽救報紙刊物的危亡，他在新聞文化界看過一些興衰，深深了解這是一條絕路。

恰在此時，蕭老編病了！一九五三年四月住進台大醫院，住院期間，他推薦我代編「日月潭」，報社同意。我立即停寫方塊文章，我對會計室說，月初發薪水的時候，請他們通知蕭太太領款，我不要任何酬勞。那時台大醫院是台北惟一的高水準醫院，病床都控制在某些人手裡，住院要講關係，《公論報》的記者竟要不到病床，還是《中央日報》記者王康出面促成，台大醫院號稱「台灣人的醫院」，居然如此蔑視台灣人辦的報紙。入院以後，醫生來問病情，順便問到病人的職業，聽到《公論報》的名字，居然問：「你們的報紙在哪裡出版？」台灣籍的醫生居然完全不知道台灣人辦了這樣一張報紙，蕭老編對我發了一陣感慨。

蕭先生住院治療四個多月，出院後身體衰弱，勉強可以到中廣新聞組值班發稿，不能到《公論報》編報，但是《公論報》的工作不能放棄，不僅要靠那一份薪水，他還住了報社的宿舍，「日月潭」仍由我繼續代勞，我仍然不要任何報酬。

我與報社增加接觸，知道了一些事情。李萬居社長連任三屆省議員，競選需要花錢，他本身並無雄財，難免挪用報社經費，他為人清廉耿介，不肯利用職權斂財，挪用的款項無法歸還，報社財務狀況因之惡化，可見他對整個生涯缺少通盤的久遠的規畫。

吳國楨做省主席的時候，也曾支持《公論報》的發展，他曾委託《公論報》代印「統一發票」。省政府防止商家漏稅，規定每筆交易超過新台幣十元者必須開發票，而發票由省府統一印發，可想而知，《公論報》攬到一筆大生意。不幸《公論報》的印刷工廠不能按時交貨，害得全省商店沒有發票使用，營業幾乎停頓，這筆生意吹了。

吳國楨又委託《公論報》編台灣省年鑑，規定省府所屬機構一律預約，這也是一筆長期生意，可是《公論報》收了各機構預交的費用，年鑑卻編不出來，這筆生意也斷了！

一年一度，省議會要對省政進行「總質詢」，每年此時，重量級的省議員李萬居先生，必定針對省政缺失，提出許多尖銳的問題，果然是言人之所不敢言，即使是對吳國楨也不客氣。他的質詢照例是《公論報》第一版頭條新聞，這是李先生的風骨膽識，也是《公論報》的一個賣點。

吳國楨下台以後、俞鴻鈞當主席的時候，省政府的一位廳長答覆李萬居的質詢，他指出，各民營報紙處理這樣的新聞，照例把質詢全文用大一號的字排在前面，官員的答覆照例用小一號的字登在後面，而且質詢一字不漏，答覆語焉不詳，他認為太不公平。李萬居當即對他說，你看明天的《公論報》好了，保證你的答覆登在前面，我的質詢登在後面，用一樣的字體，也一樣詳盡。

省議會在台省中部開會，採訪記者要把新聞稿託付北上的火車帶到台北，編輯部派人到台北火車站取稿，也不知哪個環節出了毛病，《公論報》沒收到這份稿件，第二天《公論報》上也就沒有這條新聞，李社長大失面子，雖然再過一天可以補登，但頭條新聞竟是別家報紙的舊聞。

由以上幾件事故看，《公論報》已失去競爭的能力。

近人惋惜《公論報》之困頓憔悴，大都強調政府的打壓，忽略了李萬居先生領導和經營上的缺點。打壓當然是有的，最出色的記者，最重要的主筆，最得力的經理人員，先後因案入獄，不過《公論報》始終人才濟濟，表現了威武不屈、貧賤不移的精神。那年代各報都在高壓之下，《新生報》喪失的精英也很多，那些人的遭遇也更慘烈。今天回想，《公論報》仍有他的優勢，依國民黨的政策，他必須留下一份本省人辦的報紙，予以較多的自由，對外裝點民主門面，對內安撫本土人心，最好是留下兩家本土報紙，使他們互相牽制，一如他留下外省人辦的《聯合報》和《中國時報》。在這種政策之下，《公論報》應該享有優先名額，辦報的人要能拿捏火候，得寸進尺，得尺退寸，常常擺出姿勢引誘他容忍，乘隙冒進，長期抗戰，積小勝為大勝，別人能，《公論報》不能。這也許是李萬居社長可愛的地方，但「可愛」不能保證事業成功。

那些年，各軍事單位、各縣市的機關學校曾經接到公文，必須訂閱「公營」的報紙，訂費才可以報銷，所謂公營，暗指黨營的《中央日報》、《中華日報》或省營的《新生報》。民營的《聯合報》崛起，大家愛看，推銷報紙的商人和訂戶合作，每天送來的是《聯合報》，月底送來的收據是《中央日報》，可是《公論報》完全沒有這樣的吸引力！各報的內容開始多元化，李社長仍然全神貫注社論和第一版的頭條，不及其他，驚人的頭條新聞只能偶爾有，驚人的社論可供外國通訊社摘要發出電訊，博得國際聲譽，市場效用很小。《公論報》雖有最好的主筆如夏濤聲、倪師壇、鄭士鎔、朱文伯、謝漢儒、李梅生，也都難以戰術補救戰略的錯誤。

至於廣告，我在《公論報》初學乍練的那幾年，工商業不發達，廣告難得，各報倚賴「交際廣告」和政府公告。交際廣告是台灣特產，送行祝壽追悼都可以登廣告表示，一大群親友署名，註明「有志一同」，十分新奇。政府機關招生、放榜、招標、開標必須登報公告，這種公告只送給「公營」報紙刊登，「私營」報紙無份。後來台北市的九家「私營」報紙首先給自己正名為「民營報紙」，並成立「台北市民營報業聯誼會」向政府力爭，一九五二年，省政府規定，「每一份公告送三個單位刊登」，「台北市民營報業廣告聯營處」算一個單位，也就是九家民營報平分一份廣告費，《公論報》也是聯誼會成員，應該有份。

一九五四年一月十三日，蕭鐵再度住院，三月十七日早晨六時，以胃潰瘍兼肝硬化病逝，享年僅四十歲，結婚五周年，有二子一女。臥病期間，王康照料最多，逝世後友好治喪，王康出力最大，十四年後，王康先生在台北市記者公會出版的《採訪集粹》中寫懷舊文章，稱蕭鐵為編輯採訪和文藝寫作的全才，為老友立下紀錄，卻隻字未提自己當年的義行。

蕭鐵先生，湖南長沙人，本名蕭挹湘，名字像詩人。抗戰發生，投入《掃蕩報》工作，報社保送入中央軍校十四期深造，改名蕭鐵，表示軍人要有堅強的意志，但是畢業後回報社主編副刊，一生未脫離新聞文化界。一九四四年一月，熊佛西在桂林辦《當代文藝》，蕭鐵擔任編輯，桂林新文學雜誌社出版新文學小說專號，蕭鐵主編。抗戰勝利，擔任南京《和平日報》記者，中央通訊社記者，中國廣播公司新聞編輯，台灣《掃蕩報》副刊主編，《公論報》副刊主編。作品以報導文學見長，也寫小說和劇本，散文淺白親切，堪稱白話文學的示範，待人接物也坦誠平實，一如其文。他去世前夜夢見回湖南打游擊，算是軍校教育在他的靈魂上留下的烙印，林黑塞青，令人泫然。

出殯那天，我由殯儀館到火葬場含淚參與，中廣總經理董顯光、代總經理曾虛白，掃蕩報社長蕭贊育、副社長易家馭，都沒有現身，也沒送花圈表示悼念，王康大歎人情澆薄。《公論報》社長李萬居也沒來，他派主任祕書到場問我「由中廣公司帶來多少治喪費」，我隨口回答新台幣六千元，他掏出一張空白支票，填上六千元的數目，把支票交給蕭太太，坐上三輪車揚長而去。天哪，事實上中廣公司一文未出，那一丁點子喪葬費還得檢具死亡證明書向中央黨部申請，我帶來的六千元乃是全體同仁的奠儀，那時沒有保險制度，某一同仁有重大災害，照例由眾家同仁捐款支應，同仁死亡時，辦理喪事的人立即提早募集奠儀，請會計室墊付，日後再從各同仁的薪水中扣還。我和那主任祕書都誤解了對方的語意，天哪，那時《公論報》的財務狀況已經嚴重惡化，晚上印報用的紙張油墨下午才進貨到門，六千元啊！我在中廣公司的薪水每月三百元，一般同仁所送的奠儀不過五十元，倉促之間我呆了。蕭鐵在國民黨旗下效命十六年，為《公論報》效力才兩年，李萬居社長顯然是不要輸給中廣，受了我的誤導一擲六千金。我望著主任祕書的背影，難過了一陣子。

蕭先生既已仙逝，我即向編輯部交出代理的工作，後來報社又找我正式接編，這年我二十九歲。我那時還有虛榮心，總覺得在這種因果關係中得到一份工作很有面子，可是我也得對作家負責，報社知道我心裡想甚麼，主動說「稿費一定要發」。可是這句諾言並未兌現，我又沒學會斷然求去，立場十分艱難，我還沒學會怎樣處理這種艱難，只能一天一天熬過。

我在代編期間，已知「日月潭」嚴重缺稿，我想起努力寫作逐漸得名的本省籍作家，他們也許念鄉土之誼「捐」出幾篇稿子。我從林海音女士處討來一份名單，以蕭鐵的名義發出約稿信，只有廖清秀寄來散文和短篇小說，後來還寫了悼念蕭鐵的文章，非常難得！

我正式接手以後，有人替我籌畫，那時香港的報刊不准在台灣行銷，台灣的讀者看不見香港發表的文章，報社可在香港請人剪報寄來使用。香港環境複雜，作者的背景難明，《自立晚報》副刊轉載香港的文章出過嚴重錯誤，我沒那個擔當。

幸虧這時（一九五四）李辰冬教授創辦文藝函授學校，約我批改作業，我心念一動，我是夏丏尊的信徒，願意在文學路上做提燈人，正好拿他們寫的文章登在「日月潭」上，無論如何，習作變成鉛字，對他們是一大鼓勵，他們也欣然同意。那時學習文學寫作的風氣大盛，參加函校的人很多，後來在詩歌、散文、小說各領域內都有人成為名家。李博士從未借學生的成就抬高自己，那些成了名的人也多半不提這段經歷，我讀名詩人瘂弦的自述，高僧聖嚴法師的自傳，他們寫下當年參加函授的經過，不過我那時沒有看到他的作業。

那時新詩再度革命，稱為現代詩，副刊對尚在實驗階段的作品總是推拒，惟有「日月潭」可以說虛席以待，不僅每天都有一首詩，每星期還有一天全版是詩，號稱新詩專頁，這也是一件有意義的事情，可是被我自己的「解釋」弄砸了。有人問我為甚麼登那麼多新詩，我應該說詩如何重要，現代詩的遠景如何遠大，那時我還沒學會像寫社論那樣致詞，竟然用寫雜文的口吻漫談，我說《公論報》很窮，詩人不要稿費，我說《公論報》校對粗疏，錯字很多，現代詩用字匪夷所思，即使排錯了讀者也看不出來。我不知道那人是來摸底的，一下子把詩人都得罪了，四十年後，我把這一段掌故告訴詩人梅新，他說了兩個字：糟糕！

確實糟糕，藍星詩社直接和編輯部接洽，副刊每周減少一天，開闢新詩周刊。他們沒和我聯絡。五十年後，詩人向明告訴我，那是在一九五四年六月十七日創刊。多年以後，現代詩人縷述創新聲開風氣的艱難，記下某報某刊經常採用新詩，列為知音功臣，無人提到「日月潭」的名字，我對《公論報》有愧了。

《公論報》名記者林克明對我有很多支持，他翻譯了《安妮日記》交「日月潭」連載。安妮是猶太女孩，父母為逃避納粹迫害，藏在荷蘭阿姆斯特丹城外一家工廠的密室內，安妮從那天起寫日記。那年她十三歲，她寫了兩年，然後全家被人出賣，荷蘭納粹將他們送回德國集中營。安妮在大戰結束前得了斑疹傷寒，不治身死，她的日記留下來，安妮死後三年出版，立刻造成轟動。林克明是這本日記的第一個中文譯者。

他還經常供給影評，文筆見解都很出色。那時電影生意發達，凡是熱門的片子都有「五大」：大導演，大明星，大公司，大銀幕，還有一項是大廣告，影片商人肯花錢宣傳，但是也常常挾廣告影響報社的新聞和影評，《公論報》的廣告少，受到的干擾也少，那些影評獨立而獨到，確是副刊版面上可以稱述的一欄。後來知道影評多半出自林夫人婉如女士手筆。

編輯部還有黃己辛先生、林伊祝先生，文筆極好，也幫了我的忙。

我大概編到一九五五年，無力支持，提出辭呈，報社請劉枋女士接任，以後我賣文買米，逐水草而居，漸行漸遠。劉枋晚年在「爾雅」出版文集《小蝴蝶與半袋麵》，書中有她自己寫的小傳，其中竟然未列主編《公論報》副刊，可以想見她這一段工作經驗的滋味。

一九五九年九月《公論報》忽傳停刊，不久復刊，但所有權易人。據說李氏請人增資，有錢的大股東反客為主，李公退出舞台。一九六六年李萬居先生逝世，我到靈堂鞠躬致敬，追憶舊緣，久久不能離去。李先生愛台灣，愛新聞事業，愛歷代名賢風骨，但辦報如操舟弄潮，怎一個愛字了得。許君武曾說，中國報業可以分作三個階段、三種型態：書生辦報、流氓辦報、企業家辦報。李先生的失敗象徵書生辦報的時代真正結束了。

難追難摹的張道藩

張道藩先生，台灣文藝界尊為道公，他是我文學路上的貴人，我一直想寫他，一直沒找到角度切入。我的回憶錄必須寫他，時至今日已無法拖延。

一九五〇年，我進中國廣播公司台灣廣播電台做資料員，他是公司的董事長，上下隔著五個層級，仍然可以知道他的故事。

台北市新公園（今名二二八紀念公園）東南角有一座三層樓房，那時是台灣廣播電台的台址，大門之內，左邊是董事長辦公室，右邊是總經理辦公室，我們出出進進都要經過他們的門外。有一天，詩人某某登門求見，我看見道公站在辦公室門口接待他。

這位詩人漂流來台，暫住高雄，那時台北沒幾個人知道他。這天他專程到台北尋訪老長官，不幸沒有找著，偏偏又在公共汽車上遇到扒手，僅有的一點錢、還有回程的車票都不見了。他舉目無親，陷入絕境，冒昧來找這位文藝運動的領導人，我看見道公從自己的口袋裡掏出鈔票來。

後來我和這位詩人有些來往，他說那時候他實在太窮，好像道公也不富裕，他看見道公掏出來的鈔票薄薄一疊，而且沒有大鈔。他說原以為道公會把他交給總務部門，下面用公款給他買一張票，沒想到道公從自己的口袋裡掏出鈔票來，「一張一張數給我」。我說道公辦私事向來不用公款，顯然把這件事當作他的私事，詩人聽了連聲嗟歎。

他說道公真了不起，不怕不識人，就怕人比人。他從高雄出發的時候沒有路費，拿著幾本詩集到某機關求售，局長把他交給科長，當著局長的面，科長連聲「是是」！可是科長回到自己的辦公室，拿起一疊卷宗來，說了一句：「你看看我有多忙！」低頭辦公，不再理他。他到另一個機關去求售，直接找一位科長，科長面南而坐，低頭看報，聽到賣書，立刻搬動籐椅，轉向東方，他跑到東邊去請求，科長又轉向西方，臉孔始終包在報紙裡，一言不發。

那時大家都窮，尤其是漂流來台的作家。黎中天住在汐止，褲子破洞不能出門。公車車票五角一張，司馬中原在追悼劉非烈的文章裡提到，劉非烈手裡握著四毛錢，跟在公車後頭趕路，呼吸車尾噴出來的黑煙。馮馮的自述，黃佑莉的《告別的年代》，都提到在路燈下讀書，燈泡昏黃，損害目力，馬路狹窄，汽車飛砂走石，弄得滿臉塵土。王藍沒有書桌，他伏在太太的縫紉機上寫成長篇小說《藍與黑》。

那時候誰瞧得起作家？也許只有張道公吧！向來黨政要人口中的「作家」是一個黑壓壓的畫面，是一個統計數字，張道公心中的「作家」卻是一個一個活人，他花許多時間閱讀報紙雜誌刊登的文藝作品，了解每個作家的專長和造詣。他到陋巷中訪問鍾雷，兩人在陋室之中一同朗誦鍾雷的新作，一時傳為美談。他帶著蔣碧微女士一同看台北舉行的每一場畫展，看台北演出的每一齣話劇，他們到後台去鼓勵導演和演員，大家握手照相。

道公之於作家，可謂「盡心焉耳矣」，他主持中華文藝獎金委員會的時候並不干預評審工作，但是常有人把落選的稿子再寄回文獎會，寫信向他抗議，他一定親自閱讀退稿，親自回信，他支持評審，但是安慰勉勵落選的作者。那時作家出書，喜歡找他作序，那些序文多半由葛賢寧代筆，但是道公一定閱讀原稿，把序文的要旨告訴代筆的人，如果道公認為作品有需要修改地方，他會坦率告訴那位作家。

黨政要人的應酬文字號稱「三不看」：第一是讀者不看，官樣文章，空洞虛偽，何必去看？第二是編者不看，文章到了報館編輯手上，達官貴人說官話，內容絕對安全，編者毫無風險，何必再看？最妙的是「作者」不看，祕書把文章寫好送給要人，這位祕書是稱職的，是可靠的，要人用不著再花精神核閱，立即簽字，這位名義上的作者根本沒看他發表的文章。道公不然，他一定看，有時候還要修改。

那些年，作家出了新書多半要寄一本給他，不管作家的聲望高低，他一定保存起來。另外有個人，地位在道公之下，大家也紛紛送書給他，有一年他搬進新居，書房很大，書架也擺好了，書在哪裡？他的太太說，當作廢紙送給造紙廠了！我忍不住說，夫人！為甚麼要讓書架空著呢，那些書如果擺在這裡，可以代表某公在文藝界的聲望，代表作家們對某公的尊敬啊。他的太太聽了很難為情。

道公在一九五〇年五月成立中國文藝協會之後，一九五二年三月出任立法院長之前，一定親自接聽作家的電話，即使是下班時間以後打到他的家中，他也不拒絕。依一般慣例，打電話給地位高的人，尤其是打到他的家中，接電話的人一定問清楚：你叫甚麼名字？你有甚麼事情？你等一會兒！五分鐘後再來回答：「他不在家！」打電話的人可以想像，他要找的人就在家中，一道門檻兒擋住了，心中好生難過。道公不用這種辦法過濾作家的電話。

那些年，官場中也有別人高唱文藝作家如何重要，那些人總是站在作家大會的講台上是一副面孔，走下講台立即換一副面孔，他到作家家中是一種腔調，作家到他辦公室裡聽見的是另一種腔調，道公對作家的態度很穩定，我沒看見有這些變化。

道公重視青年的文藝教育，他指出文藝最可貴者在創新，創新的希望在青年，會裡會外，千言萬語，直到最後歲月念念不忘。他有一篇遺著〈我對文藝工作的體認和期望〉，裡面有這樣一段話：

「為了整個文學的前途，文藝事業必須後繼有人。……不是要青年向我們看齊，照著已有的老樣子摹寫，而是要我們看青年人自己的想法和看法是否有新穎的獨特的地方，依循他們才性之所近來引導他們不斷進步，發展他們的創造力。」他批評「利用青年，收羅旗下，只論關係」，以致這些青年「張牙舞爪，胡作非為」。後面兩句話好像說得太多了，若有所指，造成誤會，他並不是一個巧於辭令的人。

「青年重要」，他最後這麼說，一九五〇年他受命主持文藝運動，一開始也這麼做。一九五〇年八月，文協和教育廳合辦暑期青年文藝研習會，十月，文協成立小組，義務為文藝青年批改習作，接任《中華日報》董事長，增闢中學生周刊，約作家五十人為中學生修改作品。他的工作團隊有無形的分工，關於青年文藝教育的工作，多半由趙友培教授分勞分憂，以上這些活動，趙友老參與的程度很深，叨天之幸，我趕上這班車，受惠無窮。此事還有許多後話。

道公特別對台灣本土的青年作者有期待，囑咐他的工作團隊多多留意，趙友老的態度最認真，他不但自己多次向文獎會推薦人選，他還惟恐自己涉獵不廣，常常要我向他推薦作品。那年代在「外省青年作者」群中，我算是勤讀「本省青年作品」的人，也找過十幾篇文章交上去。記得有一次趙公催我要答案，我說最近沒有發現甚麼好文章，那時我沒有政策眼光。我還說：「文獎會一年的經費只有二十一萬八千元，愛國獎券的第一特獎卻有二十萬元……」

我惋惜文獎會經費太少，但辭不達意，他立刻打斷我的話：「政府一年浪費多少錢！花這麼一點錢鼓勵作家，不要吝嗇！」談到文章好壞，他說：「現在寫得不好，將來會好，即使將來仍然不好，我們盡了心。」他這幾句話我至今記得，近年讀時賢的文章，他們論述五十年代的文藝運動，譴責主其事者沒有關懷台籍作家，我內心有祕密的慚愧。

青年小說家馮馮的成就，蒙張道公肯定而一舉成名。馮馮寫了一部自傳體小說《微曦》，長度超過一百萬字，起初，他把這部小說送到中央副刊，據形容，馮馮把稿子裝在麵粉口袋裡扛在肩上。中央副刊無法容納，勸他精簡成二十萬字，馮馮當然捨不得。

一九六四年四月，《微曦》由皇冠出版。嘉新水泥公司捐款成立文化基金會，設置文藝獎金，馮馮把《微曦》送去。馮馮出身軍旅，刻苦自修，臉上有「結緣肉」，風度甜美可親，引起董事長王雲五的關注。雲老特別請張道公負責審查《微曦》，那時道公六十八歲，連年抱病，仍然花了一星期時間，把這部超級長篇一個字一個字讀完，還寫了五千字的「概略」，以便思考衡量，他給《微曦》很高的評價，馮馮得到最高獎金。這一年，馮馮應該是二十七歲。

馮馮後來當選「十大傑出青年」。

最近讀到廖清秀在《文訊》發表的文章，記述他青年時期跟文協諸先進交往的情形，道公曾經摟著他的肩膀，勉勵他「年輕人好好的幹！」清秀兄可能忘掉另外一件更重要的事。

一九五四年，道公在他的《三民主義文藝論》單行本出版之前，邀請當時文藝界的「樞紐人物」，到中廣公司的大發音室座談，要求大家提出意見。他特別為年輕人留下兩個「見習名額」，一個是廖清秀，一個是我。這年我二十九歲，廖清秀應是二十七歲。

記得接連舉行了兩次座談，時間安排在上午，招待豐盛的午餐，然後散會。道公興致很高，來賓大都沉默寡言，只有名導演張英表示不同的意見，他反對以「三民主義」做「文藝」的冠號，道公微笑傾聽，沒有辯解。逢到冷場的時候，全仗虞君質起來製造話題，記得虞先生肯定「內容決定形式」，他說只因為中共主張「內容決定形式」，至理名言成了長期的禁忌，如今看見道公在《三民主義文藝論》裡正式提出「內容決定形式」，大家如歸故鄉！短短幾句話引起一片掌聲。《三民主義文藝論》裡引用了趙甌北的「戲為六絕句」，有一位來賓指出「戲為六絕句」這個題目好像不通，他問是否漏排了甚麼字，一語既出，四座皆驚。

名導演唐紹華說過一個故事，他後來寫在《文壇往事見證》裡。當年張道藩在南京創辦國立戲劇學校，中共派了一個青年來做學生，化名殷揚，南京衛戍司令部發現了殷揚的真實身分，派人逮捕，司令谷正倫喜歡殺人，要判殷揚死刑。那時道公已是中央要人，他和谷正倫又是貴州同鄉，親自到衛戍司令部把殷揚保出來，立即派唐紹華送殷揚坐津浦火車離開南京。

一九四九年上海失守，唐紹華沒能脫身，中共清理國民政府殘留的人員，上海市公安局長楊帆約唐紹華談話。唐紹華自料凶多吉少，不料楊帆竟是當年的殷揚！殷揚第一句話是「道公好嗎？」然後問唐紹華有甚麼打算，唐說想到北京看看，其實是想離開上海，這位新任的公安局長提醒他：「你何不帶著你拍的影片到香港去為人民賺些外匯呢？」其實是讓他逃出虎口。唐紹華當然選擇香港，公安局立即發給路條。

這個故事不但顯示張道公愛惜青年，更令人發現中共黨員也有人情味，可以列為內戰期間難得的故事之一。但是國民黨退到台灣「痛改前非」，案情一旦涉及「匪諜」，任何人不能援救，道公眼睜睜看著他的愛將虞君質坐了一年多的黑牢。

抗戰時期，張道藩主持文化運動，左右有三位得力助手，虞君質，李辰冬，趙友培。抗戰勝利，他帶著這三個人到平津京滬接收，大陸不守，這三個人跟著道公退到台北。虞君質曾為某一個申請進入台灣的人作保，那人受某一個「匪諜案」牽連，一九五〇年二月，治安當局連虞君質這個保證人也逮捕了。張道公有理說不清，專程上陽明山對蔣總統以身家性命力保，他得到的裁示是：「這些事情你不懂，你不要管。」

「這些事情你不懂」？甚麼意思？暗指當年縱放殷揚嗎？這件事情早已記錄在張道藩的檔案裡、蔣介石的腦子裡嗎？

虞案對張道藩的工作團隊是個迎頭而來的打擊，虞君質本名虞文，出獄後改以字行，張道公無法為他安排工作，趙友培創辦《中國語文》月刊，本想聘虞君質為總編輯，可是虞的名義僅能是總經理，另外虞君質也終身沒做中國文藝協會的理事。

台灣在五十年代號稱恐怖時期，政府對文藝作家百般猜疑，而作家多半以對現實政治離心為高，二者互為因果。道公實在不願意聽到某某作家被傳訊了，某某作家被拘捕了，他曾多次要求政府善待作家，委委婉婉見諸文字：

「……居高位而又懂得文藝重要的人，都能關心作家的生活，不要計較他們的小節，待之以朋友，愛之如兄弟，引導他們的趨向，發揮他們的天才，激勵他們的志氣，替國家社會多多效力。」

他也非常希望作家換一個眼光看現實政治，有時見諸文字：

「……在文藝的世界裡，能夠解脫現實的束縛，追求理想的自由，以智慧代替權力，以和諧消融矛盾，以喜樂化除痛苦，以博大的愛心寬容偏狹的憎恨。」

趙友培教授體會道公心意，默察當下需要，也寫了好幾篇文章向同文建言。他主要的意見是，中國作家曾經以政府為敵，現在中共政權又以作家為奴，雙方的關係極為不幸，他建議作家和政府彼此為友，做益友也做諍友。拳拳致意，語重心長。

趙公是「張道藩思想」熱心的演繹者，他在「小說組」授課的時候說，真正的作家藝術家一定反共，即使政治家不反共，他們也會反共，因為藝術的本質和中共俄共的思想行為相反。真正的藝術作品出自藝術家的良知，真正的藝術家以作品發揚人性，提升人生的境界，文藝表現夫妻之愛，手足之愛，親子之愛，人與人之間的同情寬恕互助，作家心裡想的、手中做的都和清算鬥爭傾軋陷害相反。作家未必一定喊著口號反共，真正的文藝作品一定和極權制度互相排斥，一定削弱專制政權，有文學一定有反共文學，有小說一定有反共小說，小說戲劇故事發展的過程有衝突，而結局則是和諧，作品中的親情愛情友情都是反共，作品中的溫馨甜美喜趣也是反共，這是從根本上反共，這才是可大可久的反共文藝。

趙公在黨部和政府召開的座談會上當著大人物的面一再進言，要求他們對文藝放心。後來中國廣播公司節目部升我做編撰科長，我把趙友培的廣義反共論告訴節目部主任邱楠，一九五七年中國廣播公司節目大革命，成為「最沒有黨性的黨營事業」，邱主任對董事會對中央黨部說明理由，他用的就是廣義反共論。

道公晚年多病，常恨自己對文藝貢獻太少，他說：「如果我能有張曉峰的一半就好了！」

他是指教育部長張其昀。政界稱張部長「無私無我，膽大妄為」，他藐視會計制度、都市計畫，對外募款不避嫌疑，屢建赫赫之功，道公在位的時候曾經喟然歎曰：「他是教育部長可以違法，我是立法院長怎能違法？」行年七十而知六十九年之非，到頭來竟有些「見賢思齊」了。我們不必拿他跟張曉峰比，我們可以拿他跟王昇比，化公主持軍中文藝運動，他擁有的社會資源，他從蔣介石總統那裡得到的支持，張道藩望塵莫及，「震央」雖在軍中，「震幅」及於整個文藝界，中華文獎會那一點子功業，無論是正面效用或負面影響，都被後來的論述者過分誇大了。

從根本上說，張道藩的文藝運動和王昇的文藝運動有分歧，在道公看來，藝術是「體」，是根幹，反共是「用」，是花果，政府要採集文藝花果，必須好好的種樹護林。他的《三民主義文藝論》就是先文藝而後三民主義，「文藝」是三民主義文藝的源頭活水，「三民主義文藝」是文藝江河裡的一條魚。他一再宣告：「文藝運動和文藝事業，都是為了文藝創作。」他所謂文藝創作，並未限定反共文藝或戰鬥文藝。

有幾件事可以窺見道公對文藝的理念。文獎會獎助廖清秀、鍾理和、李春榮，他和他的工作團隊關懷現代詩和現代畫，中國文藝協會成立十周年，頒發第一屆文藝獎章，這年我三十五歲，四個得獎人，楊念慈和我反共，張秀亞和施翠峰「與反共無關」，道公對現代主義，對鄉土文學，對軍中文藝運動，都未發一言。從軍事觀點看，這樣的文藝政策未免成本高，效益少，曠費時日，貽誤戎機，主其事者甚至有「假政治以濟文藝」的嫌疑。我總覺得兩位蔣總統對張道藩的工作並不滿意，道公撒的種子，至今也沒幾個人記得。

道公自恨做得太少，後來連他做的這一點點也是「此情可待成追憶」，他在文藝界留下的空隙無人填補。他堅持政府以誠待人，以心換心，然而以後的黨政長官呢？文藝團體集會，長官蒞臨致詞，台上空話連篇，台下作家耳語：「聽著噁心，想起來傷心，擺在那裡放心。」放心他不會因為重視文藝的效用而操控作家，他任你自生自滅。依政論家鄭學稼的說法，「他們拿作家文人當婊子，需要了，叫過來，使用一下，給幾個錢，不需要的時候，一看見你就討厭。」

一九五三年夏天，張道公忽然約我談話，希望我記錄他的口述自傳。他每星期抽出一個晚上來工作，我依照他的電話指示到中廣公司董事長辦公室恭候，他每月津貼我新台幣兩百元，「供給你的弟弟妹妹讀書」。這時他已出任立法院長，還在兼任中廣公司董事長，這件事立刻「震撼」了公司上下。

我依照他的指示，先編「道藩先生年譜」，又寫成「我與中國國民黨」一章。立法院院長難做，他漸漸患了失眠症，星期天我到他家中作記錄，那時他住在溫州街，靠近羅斯福路，日式房屋，後院很大。雖然是星期天，他還是有那麼多電話，立法院還是有那麼多事情來請示。他向立法院請假住台大醫院治療，我一度到他的病房工作，探病的黨政要人川流不息，我第一次近距離看見那些聲名顯赫的人。客人來了，我到護士的辦公櫃檯旁邊守候，客人走了，我再回去。來來去去折騰到深夜，他無法休息，我也無法寫出一個完整的段落。

那時我在中廣的「編撰」工作很多，供稿量、審稿量都是節目部第一，上級還常常指派臨時的額外的「公差」，依我的大頭兵思想，我伺候道公也是本職之外的又一額外服務而已，不能拒絕，也無須特別殷勤。也許是天公作梗，蕭鐵先生病了，他介紹我進新聞界，我替他編《公論報》副刊報答他。這時雖然我年輕力壯，我也難撐難熬，我寫廣播影評每天看一場電影，開始在電影院裡打瞌睡了，道公在病房裡會客的時候，我也常常在護士的辦公櫃檯旁邊打瞌睡了。無論如何，我把維持蕭鐵的職業擺在第一位，道公的差遣擺在最末，三十年後跟一位老同事話舊，他告訴我：「你把優先次序弄顛倒了！」他用譏笑的口吻說：「那時我們替你著急，每天看見你犯錯誤，每天也看見你義薄雲天！」

疲於奔命之餘，小特務對我加緊騷擾，我推斷，道公身邊出現新進，他們不放心。我的基本願望是「苟全性命於亂世，不求聞達於諸侯」，情勢的發展恰恰相反，再加上道公缺少文采，他口述的往事枯燥無味，我漸漸意興索然。向道公交稿的日期拉長了，我猜道公一定不滿意。他的失眠症越來越嚴重，我的記錄工作停頓了。我最大的收穫是，中廣管理眷屬宿舍的那個委員會趕緊撥給我一個居住單位，我能到台中去迎養父親，定居台北。

後來發覺道公搞口述自傳別有用意，這件事我沒替他做好，對他，對我，都是莫大遺憾。此中情由容後再表。

走進廣播事業的鼎盛繁榮

一九五〇年六月，韓戰爆發，以美國為首的聯軍成立「聯合國之音」電台，向中國進行心戰廣播，要求台北派遣專才支援，中國廣播公司台灣台節目負責人翁炳榮率領精英五人前往。

中廣的節目部門與工程部門長期失和，一九五一年三月，邱楠自香港來台北就任「節目總編導」，公司賦予他比翁炳榮更大的權責。接著成立「中國廣播公司節目委員會」，以總經理為主任委員，邱楠和台灣台台長姚善輝同為副主任委員，兩人的地位由隸屬變成平行，邱的排名且在姚之前。這年六月，台灣台名義撤銷，邱楠調中廣公司節目部主任，姚善輝調中廣公司工程部主任，即使在形式上節目也不再受姚的監督。中廣這一連串更張，徹底結束了工程師掛帥的歷史傳統，邱姚兩人也因此藏著很深的心結。

一九五二年，中國廣播公司人事大變動，總經理董顯光去做駐日大使，董事長張道藩去做立法院長，副總經理曾虛白代行總經理職權。邱楠入主節目部，出於曾虛白援引，曾總當權期間，邱並沒強勢作為，他穩重從容，由改進中廣的廣播劇切入。

中廣在「南京時代」（一九三五，那時叫中央廣播事業管理處）就有戲劇廣播的節目，張道藩曾親自寫了一個劇本叫《笙簫緣》加以提倡，中廣資料室藏有一套三十年代出版的《廣播周報》，留下一些草創期的史料。《笙簫緣》原劇失傳，從劇名看，這時已有意發揮廣播的特性，誘使聽眾依賴聽覺擴大想像，但當年的節目人員沒有好好發展。

五十年代，台灣戲劇運動沉寂，舞台劇沒落，電影還不普遍，電視更沒出現。看電影要離家出門，坐車買票，既費時間，又花金錢，廣播劇送到府上，可以說是免費的。（那時雖有收音機登記費，可以收聽任何一個節目，並非專對廣播劇而設。）經過邱楠的努力，坐在家裡欣賞這個借對話展現人生衝突的藝術形式，成為流行的家庭娛樂。

廣播劇的製作完全適合那個「克難」的時代，話劇演出要租場地，舞台要有布景，演員要有服裝，演出前還要貼海報、登廣告、花錢宣傳，大家玩不起。廣播劇這些開支都免了，它憑聽覺創造世界，雨傘張開旋轉，撒豆成聲，聽來就是萬馬奔騰，撕下香菸盒外面的玻璃紙，靠近麥克風，放在手心中輕摶，可以聽見烈火焚燒中房屋倒坍，一文不費，卻有電影中金元堆砌造成的氣氛。

邱楠在宣告他的「戲劇理論」之前，他先為「廣播劇」定名，表示廣播並非僅是傳送的工具，而是一種表現形式。他開始徵集專用的劇本，那時戲劇界有所謂劇本中心論，導演中心論，演員中心論，廣播劇以劇本為中心，劇本是全劇的靈魂，誠如貢敏所說，它是「一劇之本」。那是一九五一年，戲劇界輕視廣播，邱楠提高劇本的稿酬，我的薪水每月三百元，廣播劇的劇本費是四百元，劉非烈是最早投入中廣的劇作家，他那時失業，一個劇本可以維持一個月的生活。

如果劇本是「裡」，那麼演員是「表」，有裡無表如衣錦夜行。廣播具有演藝的性質，廣播員天生有表演才能，他們資深的帶領新進，演得有模有樣。一九五二年，邱楠聘崔小萍為導演，崔是國立戲劇專科學校的高材生，科班出身，她把廣播劇的演出提升到專業層次。中廣對外招考廣播劇演員，向由崔小萍主持，她訓練了許多新人，都是中廣的後起之秀，或者成了各公民營電台開辦廣播劇的骨幹。

邱主任為穩定稿源，特約趙之誠、朱白水、劉非烈、劉枋四人為基本編劇，這在當時是一件受人羨慕的事情。這麼小一件事也有遠因、近因、內因、外因，有一次節目部退了劉非烈的稿子，非烈講話爽直，他對邱主任說，台灣只有中廣一家需要廣播劇本，中廣退稿，這個劇本白寫了，寫一個劇本花多少精力時間！

又過了一些時候，小說家劉枋女士拿了董事長張道藩的名片來見邱楠，她先到編撰科找我，名片上寫的是：「茲介紹作家劉枋女士前來，請予接談為要。」劉枋的來意是希望進節目部工作，邱楠一見名片上「為要」二字，鄭重接待，當面聘請她作廣播劇團的基本編劇，每月供應一個劇本，編寫之前先把故事大綱送給他看，中廣保證不退稿，作家願意接受中廣的修改意見，直到劇本合用為止。邱主任受劉非烈啟發，這個主意在他心中醞釀，劉枋之來形同催生。

一九五三年，中廣成立廣播劇團，邱楠以節目部主任身分兼團長，節目部副主任匡文炳任副團長，音樂組長潘英傑任總幹事，分設國語演播組（組長張忠樞），方言演播組（組長陳小潭），聘劉枋、趙之誠、朱白水、劉非烈、姚加凌為編導（姚加凌也是國立劇專的畢業生，當時在節目部任職），崔小萍為導演。這一年，台灣的公營民營廣播電台推出聯播節目，中廣負責節目製作，邱楠把每周一次的廣播劇列入全國聯播，每逢星期天播出，我擔任全國聯播節目的編審，配合作業。那時的制度，編審負政治責任，導演負藝術責任。

廣播劇團招考演員，擴大演員的陣容，又邀請戲劇界人士座談，宣傳造勢，邱楠也曾親自編寫劇本《人獸之間》作為示範，這個劇本證明他確有戲劇修養。一個月可能有五個星期天，基本編劇劉非烈英年早逝（一九五八），朱白水進了台灣電視公司（一九六三），劇本需要擴大稿源，廣播劇團邀請戲劇界著名的人士「客串」，記得丁衣、宋項如、中江、趙琦彬、高前、姚鳳磐、徐意藍都曾助陣。趙之誠在戲劇圈人脈廣布，他替邱楠做了多少公共關係。大家但開風氣，廣播劇幾乎成為戲劇界的一個運動，一個電台，好像要開闢了這個節目，才算「大台」，人造形勢，趙之誠、崔小萍同為左右功臣。

中廣公司廣播劇的製作水準，可於一則軼事見之。節目部同事姚加凌寫了一個劇本，以當時的中國大陸為背景，其中有一場戲演出中共的公審大會。播出後立即接到各地反映，都說這場戲太逼真太恐怖了。中央黨部第四組（以前的宣傳部）提出糾正，認為這場戲擾亂了台灣的民心，治安機關也派員調查。單憑聲音能造成這樣的戲劇效果，真令人刮目相看。

那一段日子我記錄張道藩董事長的口述歷史，他在休息的時候問我，「姚加凌是一個甚麼樣的人」。我說姚加凌是南京國立劇專的學生，戲劇修養很好，他用鼻音「嗯」了一聲，命我恢復工作，以後再也沒提過口述史料以外的事情。我知道他對我的答案不滿意，可是我不知道錯在哪裡。後來終於明白，官位一旦居高臨下，所有的人都像孔雀開屏一樣把美好的一面展示給他看，他不必再聽人的優點和貢獻，他希望能知道遮蓋了些甚麼，粉飾了些甚麼，道公賢者，未能免俗。這件事我從未告訴姚加凌，即使告訴了他、他也不相信。因此所有的小報告隱善揚惡，千篇一律。

一九五四年五月，曾虛白辭職，六月，蔣介石總裁批准張道藩、董顯光的辭呈，派梁寒操來做董事長，魏景蒙來做總經理。一九五六年九月，邱楠赴美進修，一九五七年九月回國，他這才大展鴻圖。我很佩服邱主任，他捨棄了「新官上任三把火」的幼稚作風，他對人、對組織、對內外矛盾都摸清了，節目部的向心力也凝聚成形了，形勢也造成了，這才放手有為。我也羨慕曾虛老對他有充分的信任和默契，不責成他急功近利立竿見影。

十一月，邱楠宣布廣播節目的革命，他提出綜合節目明星制。

所謂綜合節目的意思是這樣：那時候廣播節目是「單元式」，例如我寫電影介紹，播音員單聲讀稿，我寫一種對話稿，討論新聞事件，播音員男女雙聲讀稿，我寫新書介紹，我搜集編輯世界趣聞，這是一個一個獨立的節目，自成單元。現在要做一個新型節目，時間長，內容豐富，把以上各個單元都包羅進去，電影介紹還加上電影插曲，新書介紹還加上作家訪問，各個小單元之間用音樂歌曲區隔，加上「片頭」音樂和「片尾」音樂，整個節目被樂韻歌聲充滿。

所謂明星制的意思是這樣：每個節目由一位播音員主持，他由頭到尾提領全局，他在各個小單元之間穿針引線、呼前喚後。他隨機發言，不再依賴編審的稿子，所有的小單元都在他的光環照耀之下，他的氣質性情形成節目的風格，以個人魅力吸引聽眾，他是這個節目的靈魂，也是中廣公司的代表。

主持人的背後有一個製作人，他企畫內容，物色作家，安排訪問對象，編列預算，辦理報銷，聯絡媒體擴大明星的聲望。明星不需要以本色面目示人，明星需要「化妝」，電影明星是化妝、燈光、布景、劇本、鏡頭運用、配角烘托的綜合效果，這是製作人的工作，他使節目主持人集眾家之長於一身，擴大他的優點。邱主任說，成功的傳播機構都盡力搜求培養各種各類直接表達的人才，使他們成為事業的主體，其他各種服務居於配合乃至從屬的地位。他用京戲的「班子」作比喻，他說節目主持人是前台的「角兒」，製作人是後台管事的，他強調「角兒」才是老闆，大家「靠他吃飯」。他自己以身作則，我手頭存有幾本中廣節目的宣傳畫冊，上面沒有他的照片。

但是有一條：製作人要對節目內容負政治責任。

邱楠的「綜合節目明星制」堪稱中國廣播事業史上之巨變，那年代治安當局時時來找麻煩，播音員又沒有獨立發言的訓練，在我看來風險很大。我建議先召集播音員講習，或者先選一個節目試辦，邱主任未置可否，他驟然宣布在國語廣播部分推出六個新節目，接著又在閩南語廣播部分推出兩個新節目，一鼓作氣，先聲奪人，那些軍營電台、省營電台、商營電台大吃一驚，急起直追，收音機內全面變聲。

我這才想到，倘若中廣先搞講習或試辦，各地「友台」一定聞風搶先，儘管他們的急就章潦草簡陋，到底在節目型態上佔了機先，那樣中廣的試辦和講習毫無意義，在很大的程度上，「綜合節目明星制」本是節目型態的革命，做得好不如做得早。

邱楠的新型節目趕在一九五七年十月三十一日推出，公司宣稱這是給蔣介石總統祝壽的賀禮。正聲廣播公司總經理夏曉華另有比擬，他說這是蘇聯發射第一顆人造衛星，按，一九五七年十月四日，蘇聯把世界上第一顆人造衛星 Sputnik 送入太空，圍繞地球運行，震驚西方世界，美國火速加緊太空發展，這種競爭既和平又有潛在的敵意，恰可形容中廣公司和民營電台的微妙關係。後來中共為促進生產推行「大躍進」，也使用了「放衛星」一詞。

邱楠的「第一顆人造衛星」，包括潘啟元主持《早晨的公園》，王玫主持《空中雜誌》，白茜如主持《午餐俱樂部》，白銀主持《快樂兒童》，丁秉燧主持《猜謎晚會》，單看節目名稱，可知節目走向由戰時轉入平時。其中《空中雜誌》以家庭婦女為對象，每天上午播出，每次兩小時，節目構想和素材的消耗量極大。邱主任派我兼任製作人，籌備時間只有一個星期，節目未經彩排、未經試聽、火急上檔，播出時我已兩夜未曾睡眠。

王玫是廣播奇才，她的聲音清脆響亮而又有潤澤，在那艱難的時代，聽來頭腦清醒、精神振作。那時國際新聞以中央社譯稿為主，那時的譯稿忠於英文原句的結構，往往形容詞、名詞、動詞、副詞連成一句，而且長句子裡套著小句子，播報時難度很高。惟有王玫能藉抑揚頓挫予以分解，聽來清楚明白。王玫播報新聞冷靜客觀，不帶個人情感，若是新聞性質不同，語調也有嚴肅、活潑、沉重等細微的分別，達到形式和內容的一致。我寫文章公開稱道她的天才，引起播音組某幾位同仁的不滿，她們當面問我：「照你這樣說，好像只有王玫一個人才配播報新聞！」

王玫缺少閱讀的習慣，知解的範圍狹窄，節目主持人面對各種程度、各種背景、各種性格的人說話，應該做到博洽通達，趣味廣泛，我在幕後盡量幫助。我替她寫每次節目的開場白和結束詞，訪問來賓的介紹詞，在節目內設計了許多小零碎，很短的對話，很短的電話訪問，很短的評論，很短的小故事，還有用對話的方式「演出」的小笑話（邱楠稱之為立體笑話）。這些小零件只有三分鐘，可以說開「短小輕薄」之先河，主持人於「三言五語」中顯示識見境界，於仰摘俯拾中見組織能力和擁有的社會資源。

這些做法立即為各電台參照使用，我必須不斷產生構想，維持新意。公司聘請程光蘅的夫人來做她的助理，貢獻很多，一度舉辦「電腦擇偶」造成高潮（那時並未引進電腦，只是在卡紙上打洞，手工操作）。節目推出後，王玫的社會聲望更高，這裡那裡有人請她開會演講，那些日子，聽眾來信也以她的節目最多。

那時候，幾個新型節目都貼近大眾生活，著重衛生保健、生活趣味、交通安全，鼓勵善行，安慰受挫折的人。潘啟元且不避繁瑣，每天早晨提醒出門上班的人檢點眼鏡、鑰匙、錢包、車票，若遇陰雨，還叮囑帶傘，那時並非每一個家庭都有鐘錶，潘啟元每十分鐘報時一次，這些似乎言不及義，卻大受聽眾稱道。節目內容生活化、私人化，廣播節目由治國平天下縮小為修身齊家，播音員由傳聲筒上升為社會工作者。

不久，中廣又在第一廣播推出三個國語節目，第二廣播推出四個閩南語節目。（第二顆人造衛星？）回想起來，邱楠這位改革家有膽有識。

先說有識。他看清楚「形式」的改變最能引發社會效應，旗袍永遠是旗袍，高衩低衩，有袖無袖，仕女們熱心追逐。聽眾對一人寫稿一人宣讀這種僵化的模式厭倦了，對許許多多的制式規格都厭倦了，「變」可以像酒一樣引起興奮。至於播音員的素質，他比誰都清楚，他只從外面延聘了一個丁秉燧，他任憑某人去談《紅樓夢》不知道有個高鶚，某人談子夜不知道有個零時，某人把「七日的第一日」解釋為星期一。他留美考察一年，大概聽說那句話：「你把孩子丟進水裡，他自己會游泳。」他一定聽說美國人怎樣詮釋杜威的實驗主義，你帶小偷半夜溜進住宅，把他藏在箱子裡，然後大聲喊醒事主，逼那小偷自己想辦法脫困。形勢逼人，人站在台上比坐在台下容易進步，節目主持人一時的語塞（吃螺絲）或用錯成語，聽眾反覺得他親切可愛。也許我們都喜歡常常犯錯的人，他喚起我們的優越感。

再說有膽。邱楠推動改革之前，播音員必須照著稿子說話，而稿子必須有主管審閱簽字。還記得有一次，警察廣播電台台長段承愈打電話來，他說某處大火，消防栓的水壓太低，消防車噴水救火，水柱無力升高，他希望各電台臨時插播，呼籲住戶暫時關好龍頭停止用水。值班播音員接到電話立即到編審組找人寫稿，編審都已下班回家，恰巧我從公園裡漫步歸來，好歹我是個副組長，稿子寫好也沒有再找人審核，及時播送出去。邱主任未經醞釀過渡，斷然把「話語權」釋出下放，確實擔著老大的干係。

那時廣播電台是特務們發展想像力的好地方，據說大戰期間，女明星前線勞軍，彈琴唱歌，間諜把密碼編成曲譜，借廣播電台輸送給敵人，我看過這個故事拍成的電影。日軍偷襲珍珠港，利用廣播電台的氣象報告傳達作戰命令。台灣發生「二二八」事變的時候，群眾佔領台灣廣播電台，號召起義，指揮行動，這才立成燎原之勢。到了六十年代，越南、寮國政變，起事者先控制廣播。

台灣省政府社會處的職員于非，曾在台灣台講「實用心理學」，後來當局發現他為中共工作，把他的廣播稿拿去尋找犯罪證據。崔小萍被捕後，當局也把她所導所演所寫的廣播劇檢查一遍，下令封存。中廣開辦阿拉伯語節目對中東廣播，據說那時台北只有回教的一位阿勻可以勝任，中廣請他自寫自播，根本無法審查內容，只好每次節目都錄音製成膠片存檔，以備治安機關檢視。我曾看見那堆滿半個房間的唱片。

我一直納悶，一個文人，一個節目部主任，他怎麼敢解除傳統的管制？當然他得到總經理魏景蒙全部的支持，我在節目中開辦「電話訪問」，王玫和對方的通話立即同步播出，有人向魏總進言：「如果有人在電話中喊一聲毛澤東萬歲，那怎麼辦！」魏公勃然回答：「那就殺我的頭！」魏公真是好長官，我聽到這一段內幕倒是嚇得住了手。倘若真的發生了那樣的意外，恐怕我的頭和邱主任的頭先要落地。總之，成功必須冒險。也許他們了解敵我情勢，認為台灣這時（一九五八年）已經穩住了，可以放鬆了，討論台灣言論尺度的人莫要放過這些跡象。

照中廣公司的職員名錄推算，邱楠自美國取經歸來的這年（一九五七），國語廣播員白茜如二十八歲，徐謙二十六歲，白銀二十六歲，趙雅君二十三歲，趙剛三十三歲，宏毅三十一歲，樂林二十七歲，崔小萍們的「領班組長」張忠樞也還三十五歲。閩南語廣播員劉美麗二十歲，楊曼華二十六歲，曾淑娟三十一歲，黃文柱二十九歲，他們的「領班組長」陳小潭也還三十三歲。（節目部主任邱楠也不過四十歲，總經理魏景蒙也不過五十一歲。）我這年三十二歲，節目部年輕化，一群活力充沛的人造成蓬勃的朝氣、輕快的節奏、層出不窮的創意。難免有人畫小圈圈，偶然也有人製造摩擦，或明或暗總會有人突顯忠貞，檢舉別人犯了政治性的錯誤，這些都在可以承受的範圍以內。檢舉者後來也遭人檢舉，業海茫茫，真教我悲喜兩難。天下事都在恩怨糾結、是非混沌中做成，要緊的是事情做成了。最難得的是魏先生邱先生從來沒搞過虛虛實實的統御之術，從未使用安全紀錄脅迫部下就範或懲罰向他挑戰權威的人（雖然魏總跟情報首腦有密切的往還）。在那年代，這是我們天大的運氣。

那時管理部門觀念保守，法規陳舊，他們在上，節目部門在下，「下院」的決議要「上院」通過才可以執行。這就像孩子發育快，衣服總是窄小，經常掙掉鈕釦。有一次公司的稽核組長約我談話，他說節目費的報支有弊端，我告訴他沒有弊端，至少我不知道弊端。他攤開報表，指出某些開支有悖常理，我告訴他，會計室知道應該付給木匠水泥工一天多少錢，並不清楚應該付給節目表演人員半小時多少錢。

恰巧那天有一條新聞，我抓起報紙指給他看。那時好來塢大明星馬龍．白蘭度祕密訂婚，未婚妻是法國某處一個漁家的女兒，全世界的電影人口都希望看看這位灰姑娘是何等樣人，媒體千方百計搜索，美國某大電視公司得到授權，灰姑娘對著鏡頭朝觀眾說一聲哈囉，時間十秒鐘，收費十萬美元。……他一聽發了呆，一九五八年的十萬美元，那可是個天價哪！

那些年，我們披著緊身馬甲，趿拉著小鞋，一路向前。

那時一架收音機大約新台幣三百元，相當一個少尉全月的薪水，一個中學教員大半個月的薪水。明星制節目掀起熱潮，大家節食縮衣聽廣播，台灣收音機的數目激增，依《重修台灣省通志》資料，一九五八年（明星制推出的這年）台灣人口超過一千萬人（號稱一千二百萬人）。依曹建《六年來廣播業務督導概述》，一九五九年（明星制推出的第二年），全省收音機登記的數目四十四萬四千八百四十九架，估計還有十萬架沒去登記。一千多萬人，五十多萬架收音機，平均大約每二十個人有一架收音機。

中央黨部的老黨工批評中廣公司是「最沒有黨性的黨營事業」，當黨性使群眾流失的時候，中廣向群眾的一端傾斜。那時沒有電視，收音機是家庭中的獨寵，一架收音機全家聽，鄰居也來聽，夏天晚上，全家門外乘涼，收音機擺出來，附近沒買收音機的住戶提著小板凳湊過來，大家排排坐，好像一個小戲院，由一九五二到一九六二年，台灣有「收聽廣播長大的一代」。然後是看報長大的一代，看電視長大的一代，上網長大的一代，一代一代塑出個別的人格特徵。

那時，廣播怎樣深入家庭，怎樣為青少年所喜愛，我曾以汐止中學的學生為抽樣作了一次問卷調查，然後寫成報導，登在《廣播雜誌》上。

我和王玫合作的時間不長，潘啟元進了台灣電視公司，宏毅接《早晨的公園》，我做過他的製作人。一九五八年金門砲戰發生，中廣的節目再塗上戰時色彩，開辦新節目《營地笙歌》由徐謙主持，白茜如的《午餐俱樂部》改名《九三俱樂部》，樂林的《彩虹島》改名《復興島》，我做過《復興島》的製作人。我最後一任製作人是趙雅君主持的《松柏村》，節目的對象是退除役的老兵，尊稱榮民。後來這幾任製作人都是主持人主動作為，我被動配合，因為他們駕輕就熟，獨立性提高了。

我們託魏公邱公的鴻福，這樣一直走出三峽，走入「波平兩岸闊，風正一帆懸」的六十年代，歲歲有驚無險。一九六八年，廣播劇團導演崔小萍被捕，一九七〇年，副總經理李荊蓀被捕，兩案都和節目沒有關係。「球在誰的手裡誰進球」，所有的節目主持人都成了家喻戶曉的偶像。大報副刊和文學雜誌開始出現討論廣播劇的論文，國立藝術專科學校、世界新聞專科學校開課講授廣播劇，中山文藝獎的戲劇獎增加「廣播劇本」，廣播劇成為獨立的劇種，邱主任的心願實現。

一九六一年，邱楠去做新聞局的主任祕書，後來升了副局長，一九六六年，魏總去做行政院新聞局長，那也是他們的黃金時代。

我執行邱楠的政策，自動寫了無數的文章，誇述節目主持人的優點和成就，大大提高了明星們的知名度。那年代，我對職業最忠誠，對命令最服從，對同事最配合，五十年後，我縷述他們的成就，紀念我的鴻濛歲月。

用今天的語言敘述，我是邱楠工作團隊中的一員，這個團隊完成了極其重要的任務。南京時代，黨營的廣播事業是汪洋中的一艘艦，遷台之初，它是一尾涸轍之魚，魏景蒙臨危受命，黨中央要他「中廣企業化」，說白了就是中廣公司要做廣告自己賺錢。廠商做廣告要看收聽率，邱楠創造了中廣的收聽率，魏總這才以他通天徹地的本領廣闢財源，這才為中廣打下以後數十年的基礎。

邱楠經歷了企業界人才的三個階段。他到差之初，很多人打聽「誰是邱楠？」後來他創造巔峰，很多大老說「我要是有個邱楠就好了！」然而俱往矣！壞壁無復見舊題，提起他，又聽見「誰是邱楠？」你得告訴對方「邱楠就是言曦」，他用筆名「言曦」寫了幾本散文，這才留下名字。劉枋、劉非烈能留下名字，靠他們寫了許多小說，趙之誠、朱白水留下名字，因為他們寫了許多話劇劇本。廣播仍然沒有受到它應得的重視，台灣，推而廣之中國，需要《廣播節目史》。

十年亂花

我從胡適面前走過

我對胡適沒有研究，我見過胡適，崇拜過胡適，學習過胡適，思考過胡適。

胡適一九四九年離開中國大陸，他去了美國。一九五二年十一月，他由美國回台灣講學，一九五四年二月，他回台灣參加國民大會，一九五八年四月，他回台北接任中央研究院院長，一九六二年二月去世。由一九五二到一九六二，這十年間他對台灣發生了極大的影響，台灣報紙對他的一言一動都當作重要新聞，台灣讀者閉上眼睛，都隨時可以看見他的一張笑臉。

寫作的人提起胡適，首先想到文學。胡適在台灣最重要的影響不在文學，在政治思想，他的精力時間幾乎都拿來宣揚民主自由。今天回想起來，胡先生對台灣文藝的發展好像不大關心。他是反共的，五十年代台灣興起反共文學，他沒說話。他是主張創作自由的，他去世前，現代文學已經初展，爭議已經出現，他也沒甚麼表示。他開創中國的白話新詩，他在台灣也不談詩。

胡先生的「忍」功了得！以他在新文學運動中的地位，他竟能排除眾聲喧譁的誘惑，抵抗新聞記者的挖掘。

回想起來，胡先生鼓吹言論自由，不遺餘力，文藝表現的自由就是言論自由的一部分。可是他從未這樣說過，那時候，我們也沒有這樣的觀念，我們總覺得他越來越跟文學不相干。

一九五二年，胡適第一次回到台灣，這是大新聞，很多人自動到飛機場歡迎他。我當時在廣播公司工作，也跟著採訪記者趕到松山機場，還參加了他舉行的記者招待會。那時都說他回來擔任政府的職務，也有人說他要組織政黨，新聞界對這兩件事興趣很大，他用太極拳應付過去。他說，當年新聞界用時人的名字做對聯，上聯是他的名字：「胡適胡適？」（你要到哪裡去？）下聯用浙江省政府祕書長的名字：「方還方還！」（我剛回來！）言外之意，我不過是回來一趟而已。

終於有人問他對文藝運動的看法，他很認真的說，「文藝運動要由大作家領導。」這是他第一次談到文藝，只有三言兩語，那時我是個文藝青年，心裡很納悶，政府正在搞反共文藝，大作家正是被領導的對象，我不懂他是甚麼意思。終於有一天我明白了，他的看法是文學史的看法，「江山代有才人出，管領風騷五百年」。從他的角度看，台灣文藝運動的領導人恐怕要數張愛玲了。

一九五八年，台北的中國文藝協會開大會，邀請胡適演講，胡先生講「人的文學」、「自由的文學」。演講有現場錄音，事後又記錄成文字，有一段話他是這樣說的：

「政府對文藝採取完全放任的態度，我們的文藝作家應該完全感覺到海闊天空，完全自由，我們的體裁，我們的作風，我們用的材料，種種都是自由的，我們只有完全自由這一個方向。」

「人的文學、不是非人的文學，要有人氣，要有點兒人味，因為人是個人。」

這番話倒沒引起任何爭議，不過也沒有發生多大影響。我倒是暗中納悶，當年左翼作家打造意識型態，幫助中共發展，結果如此如此，他是怎樣看待那一段歷史的呢？

在「人的文學」演講之前，他在文協有一次講話，他提到中共改造作家，他引用外國通訊社的報導，女作家丁玲「跪」在文協的地板上擦地板。「跪」字吐音很重，聲音也拉長，同時兩隻手做出擦地板的姿勢，表情很悲愴。他是一個很理性的人，我聽過他很多演講，只有這一次看見他這樣「柔情」。我想起他在北大授課的時候，走下講台，親手關上教室的一扇窗子，以免窗下的女同學著涼。

當時我也想到，作家擦地板乃是小事一樁，舉此一例說明人沒有尊嚴，他也太輕視勞動服務了，那些逼人投水上吊的花樣為甚麼不說呢？

在「人的文學」演講之後，胡適有一次講話，說起當年他提倡文學改良，陳獨秀把「改良」換成「革命」。他提到文學有生老病死，文言是死文學，白話是活文學。都是老生常談，可是胡先生不管說多少遍，大家還是愛聽，這是他的魅力，我沒見過第二個人能和他相比。那次演講，他特別提到他們對新文學創作「提倡有心、實行無力」，魯迅和周作人創作有成就，他稱讚了兩句。那時台灣無人敢公開說出魯迅的名字，而且魯迅當年罵人也沒饒了他，他「外舉不避仇」，我感受到他的風範。

一九五九年，中國廣播公司出《紅樓夢》，我跟胡先生有近距離的接觸。播送《紅樓夢》是曾虛白的構想，他做過中國廣播公司代總經理，他在任的時候，中國廣播公司條件不足，「拿不動」這個節目。一九五九年時機成熟，節目部主任邱楠著手實行，曾虛白雖然離開了中廣，答應擔任這個節目的顧問，全力支持。曾虛白的老太爺就是曾樸，《孽海花》的作者。曾先生和胡適熟識，他打電話給胡先生，請他擔任這個節目的顧問，然後節目部主任邱楠帶著我拜訪胡適，那時中廣還沒推行「製作人制度」，開辦新節目先由編審組作業，再送到導播組，我是承辦編審。

胡適答應擔任顧問，也同意邱主任提出的顧問名單：曾虛白，李辰冬（文學教授），李宗侗（清史專家），他提議增聘史學教授吳相湘。中廣在胡先生的主持下開了三次顧問會議，「胡適氣氛」名不虛傳，滿室如沐春風。胡先生很熱心，他在台灣很少實際參加文藝活動，這也許是惟一的一次。

第一次會議首先談到《紅樓夢》的版本，胡先生決定選用「程乙本」，乾隆五十七年程偉元刻印、高鶚修改過的本子，台北世界書局買得到，它的好處是語言比較淺顯通俗，用聽覺接受困難比較少。然後討論應該原本照播還是加以刪節？胡院長顯示了他的科學訓練、理性主義，他認為警頑仙子、太虛幻境可刪，女媧補天、頑石轉世必刪，寶玉失玉和尚送玉也沒有播出的必要，倒是色情「誨淫」的部分，他輕輕放過了。我在旁擔任記錄，暗中非常驚訝，他甚至說，《紅樓夢》有很多瑣碎冗長的記述都可以刪掉，只選有情節的章節播出。

會後立即到世界書局買書，我和導播崔小萍女士都得埋頭苦讀。然後我向邱主任請示，我問是否可以把賈寶玉初試雲雨情、賈天瑞正照風月鑑刪掉？那時「性」是廣播中的大忌，惟恐教壞了年輕人，他說可以。我問是否把大觀園對對聯。行酒令、作五言排律刪掉？那時文言也是廣播中的一忌，因為聽不明白，他說可以。至於胡先生指出的「迷信」呢，邱主任說不能刪。如果不刪，我擔心胡先生不高興，他再說一遍「不能刪」。

第二次顧問會議，我提出作業報告，胡聽了一時沒有反應，我心中很有歉意。邱問大家：有沒有不該刪、刪錯了的地方？大家默然，胡先生看了我一眼，很客氣的說：「刪掉的都是該刪的！刪掉的都是該刪的！」言外之意，還有沒刪掉的也該刪。一陣溫暖湧上我的心頭，他明白作業程序，我是個箭靶子，他不難為我。邱主任有準備，他說節目部按照胡先生的指示，選取《紅樓夢》的精采情節，另編二十個廣播劇，總算把場面應付過去。會後消息公布，我接到高陽的電話，他那時正在熱中跟《紅樓夢》有關的事，很想分擔「二十個廣播劇」的編劇。其實邱主任只是虛晃一槍，並未打算實行。

即使如此，朋友們對我膽敢到《紅樓夢》頭上動土還是一再諷刺，他們指著我說：「你是世界上權力最大的編輯。」

編審組還有一個計畫，請各位顧問對聽眾發表廣播演說，各人以不同的角度談談這部小說，其中有一個題目是「紅樓夢的藝術價值」，預定由李辰冬教授擔任。胡院長看到這個題目忽然提高了嗓門兒，他說《紅樓夢》哪有藝術價值！他的理由是，《紅樓夢》沒有Plot，他說他住院檢查身體健康的時候，朋友送他一本《基督山恩仇記》，這本小說有Plot，好看，那才有藝術價值。據說這是胡博士一貫的見解，可是我不知道，那天聽見了，更是驚詫莫名。《紅樓夢》沒有藝術價值？沒有Plot？字典上說Plot是「情節」，《紅樓夢》沒有「情節」？我再查別的字典，終於在梁實秋編的字典中查到，Plot既是情節，又是結構，還是「陰謀」。我後來知道Plot是西洋傳來的東西，中國沒有Plot，但是有章法布局，那就是中國的結構，《西遊記》、《鏡花緣》、《儒林外史》都沒有Plot，但是都有結構，兩者「不同」，但是不等於好壞。唉，這好像要批判胡適了，罪過！罪過！

然後《紅樓夢》由辦公室進入播音室，那就是崔導播總攬一切了。

選擇版本是編審大事，選派角色是演播大事，林黛玉一角最受矚目，白茜如和徐謙都是頭牌青衣，互不相讓，我認為白茜如聲音寬厚，可以反映薛寶釵的性情氣質，徐謙聲音尖亮，才是林黛玉的人選。最後由聽眾投票決定，選票印在《中廣通訊》上，這是節目部的宣傳刊物，對外發行。名角各有群眾，刊物搶購一空，統計兩人票數，白茜如演林黛玉，徐謙演薛寶釵。「粉絲」投票，各為其主，藝術的考慮當然拋在一旁，至於五大顧問，會也開過了，照片也拍過了，新聞也發過了，也就顧而不問了。

胡適畢竟是胡適，他對台灣的文學還是發生了影響，例如他到台灣以後，大家用白話寫應用文也彷彿成了風氣，他在這方面沒有言教，只有身教。他一九五二年回台灣的時候，台北的中國文藝協會擺隊迎接，扯起巨幅布條，上面寫的是「適之先生，我們熱烈的歡迎您！」那時候，事情一沾上胡適，大家就不好意思使用文言。我現在手邊還有作家、名記者楊蔚的結婚啟事，畫家、小說家王藍為他家老太太舉行追思禮拜的通知，作家劉枋、朱白水主催聯誼活動的公告，都是白話文。

胡適提倡白話絕不放棄任何機會，例如中國大陸掀起批判胡適的運動，胡適的兒子胡思杜站出來「大義滅親」，外國通訊社發出電報，說胡思杜「沒有緘默的自由」。在那種情況下，胡博士還有心情告訴中國記者，應該翻譯成「沒有不說話的自由」。

胡先生的《中國哲學史》，一九一九年出版，《白話文學史》，一九二八年出版，大家都盼望他有新的著述，他一步踏上台灣，就有新聞記者問他現在研究甚麼。他說他還在研究《水經注》，這部書他已研究了好多年，他引用一句美國人常說的話為自己解嘲：那句話，別人都譯成「老狗不學新技」，他口中說出來的是「老狗學不會新把戲」。

有一年胡適生日，文化界許多人到南港中央研究院給他祝壽，他親筆寫了一封道謝的信，影印了，寄信每一個來賓。這封信開頭第一句話就是「昨天小生日，驚動各位老朋友。」

中央研究院有一位工友，他的女兒讀師範，畢業了，希望能在台北近郊某小學教書，就近照顧家庭，這件事很難辦到，除非有大力人士介紹。這位工友寫簽呈要求院長幫忙，胡博士並不認識任何小學的校長，姑且照那工友的意思寫了介紹信，也是毛筆、親筆、大白話，那校長把信裝在鏡框裡，掛在辦公室的牆上。

用白話寫應用文，老教授毛子水也曾響應實行，我想他是讓內憂外患交迫中的胡適開心片刻。風氣所被，那些年報上常有「我倆情投意合」一類的結婚啟事，「我們的父親某某先生」一類的訃聞。我認為壽序、祭文、獎狀、賀詞、褒揚令等等「儀式語言」才是文言最後的陣地，白話文何時能攻陷這座堡壘，才算竟其全功。

胡適到各地演講，美國之音駐台北的單位都派人錄音，早期的丁秉燧常在現場拉線安置麥克風，後來丁進中廣公司主持猜謎晚會，才成為大明星。胡適的演講錄音大部分交給中廣節目部一份，節目部交給我聽一遍，我的任務是斟酌是否適合播出、或者摘一部分播出。我在工作中深受胡氏語言風格的薰陶，他使用排比、反覆、抑揚頓挫，常使我含英咀華，他有些話含蓄委婉，依然震撼人心，他明白流暢而有回味。我只能跟他學敘事說理，學不到抒情寫景，他畢竟只是廣義的文學家。

魏景蒙　一半是名士　一半是鬥士

一九五二年，中國廣播公司總經理董顯光去做駐日大使，董事長張道藩去做立法院長，他們照例請求辭去中廣的職務，蔣介石總裁到一九五四年六月才批准。這年我二十九歲，任中國廣播公司專業作家，職稱編撰。

國民政府行憲以後，停止每周一次的總理紀念周，改為每月一次的動員月會。董事長張道藩在動員月會告訴大家，他當初上任時曾和董顯光約定，董何時離開中廣，他也同時離開。

眾所周知，黨營事業的董事長和總經理，一定分別屬於兩個對立的派系。張道藩受陳果夫培植任用，屬於所謂ＣＣ，董顯光受蔣夫人信任，屬於所謂官邸派。抗戰時期，董顯光主管國際宣傳，常常怪罪ＣＣ掌握的廣播電台不肯配合，董是個老實人，他把當年的嫌隙寫在回憶錄裡。國民黨遷到台灣，ＣＣ失勢，董顯光「佔領」中廣，張道藩對他非常尊重，兩人沒有墜入「權力鬥爭」的俗套。

一九五四年六月，魏景蒙接任總經理，梁寒操接任董事長。梁氏黨國先進，長期追隨孫科，聲望很高。魏是董顯光的老部下，兩人「情同父子」，他和蔣經國也非常接近，常常參與機密，他的年齡和人事關係正好承先啟後，接過老人的棒子，為新生代做開路先鋒。梁魏之來，象徵黨營廣播事業的「CC時代」結束了。

中國廣播公司實行「總經理制」，魏景蒙當家負責，他面臨許多難題，第一，他必須提高員工待遇，可是中廣沒有錢。待遇低，士氣也低。前任總經理用他生澀的中國話慢吞吞的說過：「前線的士兵待遇更低！」新任董事長是詩人，書法家，三民主義理論家，他無力籌款，只能手書舊作〈驢德頌〉展示中廣同仁：

「木訥無言貌肅莊，一生服務為人忙，只知盡責無輕重，最恥言酬計短長。任意人憐情耿介，獻身世用志堅強，不尤不怨行吾素，力竭何妨死道旁！」

那時大家更願意閱讀的是，台灣省政府發行愛國獎券開獎，各報刊登中獎號碼，同仁眷屬常常省下菜錢，買個夢想，夢想連續破滅，我看見一位同仁的太太拿著一疊花花綠綠的廢紙，一面檢視一面拭淚。播音員王玫上簽呈借支薪水，會計室簽註意見，說是至少要兩個同仁擔保，王玫向董顯光申訴，董氏在簽呈上批示：可以由「我的」薪水中扣還，這樣王玫才紓解了燃眉之急。

第二個問題是，中廣設備老舊，發射電力不足，理論上收聽範圍的半徑多少公里，實際上大打折扣，即使在有效收聽的範圍內也聲音微弱，雜音很多。

工程部一再解釋，那是因為收音機的性能太差，或者天線沒有架好，或者附近有工廠干擾。可是到魏景蒙上任的時候，台灣地區已有多家廣播電台，每天晚上八點鐘各台有個聯播節目，大台北地區收聽節目的人，往往把波段轉到警察廣播電台，那裡的聲音好。有一年，美國空軍交響樂團到台北演奏，那是托斯卡尼尼指揮過的樂團，名氣很大，中廣參加聯播，北部地區的聽眾多半把波段轉到空軍廣播電台，那裡的聲音好。

有一天，行政院長陳誠開了個大玩笑，他說中國廣播公司在搞甚麼？我家都聽不到聲音！魏總經理立刻「嚴肅對待」，他帶著工程師，工程師帶著工程員，工程員帶著電波測試器和架設天線的材料，一行人趕到陳公館去忙了半天，又把陳公館的收音機帶回來修護。陳府清廉，他家的收音機該報廢了，還在勉強使用。中廣不敢送他一架新機，只好把舊機裡面的線路和真空管全換了，再送回去。

那時對外遠距離廣播用短波，對內廣播用長波（後來改中波）。長波沿地面傳送，易受地形阻隔，所以台灣山地有多處死角，各地分台轉播台北總台的節目也很困難。依傳播理論，國家有責任把廣播節目送入每一戶家庭，依當時情勢，這是中廣的責任。

還有更緊急的情況。中共重視廣播宣傳，許多波段對台灣定向發射，台灣各地可以清晰收聽。國民政府對暗中收聽中共廣播立法重罰，常常聽說有人因此坐牢，不幸中共電台的那些波段和台灣電台的波段緊挨在一起，聽眾收音時「差之毫釐，失之千里」，實在不勝困擾。中廣公司工程部曾經派人環島測試，我看見他們繪製的圖表，紅線代表中共的廣播，藍線代表台灣的廣播，線長線短代表電力強弱，只見藍線又少又短，紅線又多又長，紅線簡直把藍線密密圍困了。

依專家的意見，最好的辦法是，中共有多少波段，台灣也有多少波段，一個對一個，同一時間在同一頻道上播音，這樣台灣的聽眾只能聽見台灣的節目，聽不到或聽不清中共的節目，中廣公司必須增加工程設備和節目人才。

「財政為庶政之母」，魏總經理必須開闢財源。中廣公司組織龐大，分為「對國內廣播」、「對大陸廣播」和「對海外廣播」三大部門，魏總接任時「對大陸廣播」剛剛獨立，尚有兩大部門百廢待興。對國內（也就是對國民政府治理的地區）又分國語廣播、方言廣播，對海外又以十餘種語言對華僑廣播，對外國人士廣播，任務如此繁重，而偌大公司像是一隻嗷嗷待哺的小雛。那時黨營事業的董事長用以酬庸元老，他不能和員工共患難，員工也不能和他共安樂，這位新上任的總經理才是四處奔波覓食的母雞。

起初，我們對魏景蒙這個名字等閒視之。聽說他英文極好，能在英美外交官群中說「黃色笑話」，不失雅趣，滿座哄堂。聽說他酒量好，整個晚上和美國記者拚酒，進退自如。聽說他善與人交，尤其擅長贏得紅粉知己。這些都是過人之處，但是憑這些條件來領導文化工作，並且要振衰起敝，怎麼夠？我們在大陸上都見過許多只有人事背景並無學養能力的首長，料想今日亦復如是？

他上任後我立刻發現不然。那時台灣各電台聯合辦了一份雜誌為廣播節目宣傳，匡文炳總編輯派我訪問魏總，向廣播界作一次文字介紹，我發現魏總中國文化的底子很厚，見解很高。例如他說：

教育不僅是辦學校，教育是增進人類的生活。

文藝是「國風」，也就是國家的風儀風度。

三十年來，中廣生於憂患，所經歷的不是戰爭就是國難，她能長得這樣大，不知度過多少難關，嘗過多少辛酸，以前歷任負責人的辛勞可以想見。

我一看，他為人好像挺忠厚嘛，談話誠懇樸實，既沒有官僚的含混空泛，也沒有新聞記者的油腔滑調。我當時就思索，他這番話還有誰能說得出來。

他坐上了那個位子，總會有人請他演講寫文章，他極其忙碌，能夠推辭的都推掉了。有一次他對我說，新上任的國立藝校校長鄧昌國找他，要他出席「音樂教育」座談會，他沒有空，但是必須有一份書面意見，囑我筆記下來派人送去。這是一個熱門話題，那時中樂西樂門戶之見很深，中廣節目部有個音樂組，下分國樂科和西樂科，彼此積不相容，西樂指揮王沛綸戲稱之為「中西大藥房」。魏總說：

中國音樂和西洋音樂的分野，不在樂器而在音樂的內涵。用提琴演奏〈二泉映月〉仍是中國音樂，用胡琴拉出〈藍色多瑙河〉仍是西洋音樂。（他用商量的語氣說，）中樂西樂都是寶貴的藝術人才，今後在音樂教育方面，是否可以強化兩者互通共濟之處、淡化兩者的歷史分歧？

後來鄧校長對我十分稱讚魏先生的高見。限於師資和教材，鄧校長那時能做到的很少，五十年後回頭看中國音樂的發展，大致符合魏先生的願望。

魏總有一份自辦的英文報紙，他進入中國廣播公司以後，同時具有報人和廣播事業主持人兩種身分，出國開會或考察的時間更多。有人說他開會是個藉口，實際上藉機會替政府辦一些外交部辦不到的事情，我們看到的是他遍訪世界各大博物館，拍遍了世界各地的名花異卉，涉獵有關著作，他的知識可以和專家對話。

新聞界元老卜少夫在香港辦旅遊雜誌，一定要他寫篇文章，他送去一篇以色列遊記，也是由我筆記而成。德國在希特勒當政的時候，據說殺害了六百萬猶太人，以色列立國以後，特地為死難的同胞修建了一座紀念館，以色列接待外賓，必定引導大家參觀這座紀念館。我永難忘記魏總怎樣描述他所見所感。

紀念館的位置在大衛王的陵墓之旁，彷彿「昭告列祖列宗在天之靈」。紀念館建在地下，使人想起「九泉之下」。館內光線幽暗，陰氣森森，你可以看見百萬以上死者的照片，沒留下照片的有遺物，眼鏡、鞋子、日記本，沒留下遺物的有紀錄片，堆積的裸屍，飢餓寒冷的集中營。館內還有用猶太人皮做成的鼓，猶太婦女的頭髮編織的手工藝品，當然還有集體殺人的毒氣設備。高潮是參觀者環立在受難者的公墓四周，這是一個象徵性的西式墳墓，墓面平鋪，大家俯首致哀，一個受過專門訓練的人朗讀祭文。魏總說，我們聽不懂他們的語言，從聲調節奏裡充分感受到那種不可化解的憤怒和仇恨，令他「毛骨悚然」！魏總作此描述的時候，他的語氣充滿了悲憫，我不覺為之肅然。

最後魏總很懇切的告訴我，以色列立國未久，需要鎔鑄國魂，他們要讓每個猶太人牢牢記住民族的仇恨，記住仇恨才會堅忍不拔，奮發圖強。但是！

「亡國之痛不可不記，亡國之恨不可永記。」

他對我清清楚楚連說兩遍，好像惟恐我忽略了，又好像在叮囑以色列的執政者似的。他這兩句話有智慧，我對魏公的認識又深一層。以後多年我一再引用詮釋他的這兩句話，至今無人反對，可是也未見有人贊同。

慢慢的，我聽說了一些事情。

一九五三年七月韓戰結束，下一步是遣送戰俘。中國志願軍（共軍）官兵被俘者二萬零七百三十九人，由中立國的部隊看管，聯軍首先送回傷病戰俘一千零三十二人，此外一萬九千七百零七人，依國際公約要按各個戰俘本人的志願送往他們指定的地區，於是北京和台北展開了對這一大群人的爭奪。

一九五四年一月，一萬四千零六十七位戰俘選擇了台灣，佔百分之七十以上。這是台灣的一大勝利，具有多種象徵意義，蔣介石總統十分高興，論功行賞，陳建中、魏景蒙、黎世芬由此出線。

據說魏景蒙精通滬語，又有口才，由他向蔣先生當面報告戰俘歸心的細節，蔣氏一再開懷大笑，「自一九四九年撤出大陸以後，蔣公從未這樣笑過」。魏景蒙除了出任中國廣播公司的新職，還得到一枚勛章，授勛一事，他要求政府不發新聞，他也從未拿出勛章向朋友展示，直到他逝世後，我們才知道他曾經得到這一份榮譽。

抗戰時期，世界各國的新聞記者齊集重慶，他們的新聞報導常常損害中國的國際印象。魏景蒙接待他們，替他們服務，常常和他們混在一起，適時提供資訊影響他們報導新聞的角度。他要適應這些洋記者的生活習慣，陪他們吃喝玩樂，台北《自立晚報》因此說他是「酒色之徒」，惹得他發了好大的脾氣。

實際上魏景蒙有他有自己的生活方式，他是為工作而生活的人，國際宣傳處的工作使他必須在自己的生活中附加某些東西，工作改變了，那些附加的東西可以去掉。以蔣總統考核幹部之密之嚴，應該知道魏景蒙有這一份修養，戰後那些跟魏景蒙有交情的美國記者，大都有相當的社會地位，可以幫助發展中華民國的對美關係，也有利於中廣公司爭取美援，蔣氏更該了然於胸。後來魏總奮鬥十年，成績斐然，可見蔣公知人善任。

魏總上任的時候，中國廣播公司和行政院有一張合約，中廣為政府做宣傳工作，行政院每年付給中廣一筆錢。魏總一面計算服務的成本，要求行政院增加補助，一面開辦商業廣告，把中廣當作民間企業來經營。這兩件事都很棘手，要政府出錢，立法院審查預算這一關是火焰山，許多立法委員有虐待狂，以折磨機關首長為樂。要做廣告，二十幾家民營廣播電台聯合反對，民營電台電力小，播音時間少，節目內容大半簡陋，他們擔心客戶被中廣搶走，無法生存。

那時，有些民營電台以一間發音室、一個播音員開播，有一家電台的天線臨時裝在門外的電線桿上。但是創辦人都大有來歷，這些老闆當年在黨、政、軍、特某一方面是個人物，他們來到台灣，退出公職，下了台仍是一條龍。那時台灣需要有許多小電台分布各地，抵制中共的廣播，中廣公司沒有力量辦到。那時廣播是敏感事業，必須由「自己人」經營，政府准許甚至鼓勵這些忠貞之士投入廣播，既滿足政策上的需要，也算是對老幹部的照顧。雖說這些人都是國民黨的資深黨員，應該以黨營的廣播事業為重，那也得以自己的事業順利發展為前提，他們鬥志昂揚，他們的聯合陣地後有依託，前有射界，火力凶猛。

攻守雙方都印了一本小冊子，這一邊說明你為甚麼不能做廣告，那一邊說明我為甚麼可以做廣告。那時法令規定，只有民營的廣播電台可以經營商業廣告，民營電台抓住這一條，力言中廣的身分是公營，中廣則說，國民政府行憲以後，中廣以民營公司登記，執照上載明可以經營商業廣告。這一邊指出，中廣的經費列入政府預算，中廣的員工也都參加了公務員保險，那一邊說，中廣和行政院的關係是依照合約為政府服務，政府依照合約付給報酬。我仔細看了雙方的白皮書，我想這是一個如何「解釋」的問題，能夠作出定論的是交通部，它是廣播事業的主管官署，但是最後本案呈請蔣介石總統裁奪，那年代，甚麼事情都要蔣公拍板，所以他老人家日理萬機。十年之中三次請示，蔣氏的批示前後不同，可見戰況之激烈。

魏景蒙屈以求伸，堅百忍以圖成，冒著敵人的砲火前進。起初，他從美國引進「公共關係」一詞，創立「公共關係學會」，反覆說中廣是替工商界做公共關係，與商業廣告有別。繼而他說，中廣只替公營事業做廣告，只替外國公司做廣告，民營同業的業務範圍向來只限於本地民營的工商業，彼此並無利害衝突。最後一個階段赤膊相見，國內國外公營民營概無禁忌，台灣經濟起飛，廣告資源充沛，中廣絕處逢生，日益壯大，各民營電台的發展倒也未受影響。然而十年辛苦不尋常，魏公雖然一向被人看做是生龍活虎，到底累了！

還記得有一天我接到魏總從外面打來的電話，教我坐在他的辦公室裡等候，他有東西要寫。我等到下班以後還不見他的影子，這才知道立法院審查中廣的經費預算，他和梁董事長都去列席答覆委員的詢問。這是他「最長的一日」，終於他回來了，他的神情可用風塵僕僕行色匆匆來形容。坐定以後，他先朝我放出一砲：

「鼎鈞啊，我告訴你甚麼叫做事，做事就是受氣，受他媽的有本領的人的氣！」

我愕然不知所對，靜候下文，誰料他沒有下文了。

後來承警察廣播電台記者盧毓恆兄見告，立法院審查預算的時候，有幾位立委跟民營電台關係深厚，這幾個人發言刁鑽刻薄，處處給魏景蒙穿小鞋。魏氏表現了驚人的韌性和圓融，也顯示有恃無恐，背後確有一座泰山，他站在那裡抵擋流矢暗箭，大勇若怯，泰山崩於前而色不變。繼而董事長梁寒操上台，梁寒老曾是訓政時期立法院的祕書長，委員中有許多朋友和後輩，大家給了他一個老面子，場中再無雜音。梁公神色自若，舉重若輕，確是經過大風大浪的人物。老帥出馬，一戰定江山，他為中廣公司的財務奠下基石，以後二十幾年，中廣與行政院多次換約，都在這個藍本上斟酌損益，順利進行。

做事就是受氣，受他媽的有本領的人的氣！後來回味這句話，他絕不是對我發牢騷，他有牢騷又怎肯對著我發出來？我肯做事，不能受氣，所謂任勞不任怨，在領導人看來是很大的缺點，魏公一時感觸，大概是對我有所教誨吧？可是我怎麼想？做事怎麼這樣難！怪不得世上有隱士。魏公啊，你用盡力氣從日本美國拉來許多廣告，他們從來沒在台灣的廣播電台做過廣告，你從國營、省營、黨營的事業公司拉來許多廣告，他們都是獨家生意，根本不必做廣告，你這是金剛化緣、軟中帶硬啊，張道公、董顯公根本不肯做，要做也做不到。中廣增強電力，改善轉播，推廣收音機，提高員工待遇和節目水準，花錢如流水，你可是一文佣金也沒賺啊！你為你自己辦的《英文中國日報》沒向他們拉過一個廣告啊！你住的房子室內牆壁的水泥剝落，你也不讓總務部裝修，你這是何必呢？何必呢？……我那時三十歲出頭，依然冥頑不靈，有負他的深心厚愛了！

除了外部矛盾以外，中廣還有「內部矛盾」，工程部和節目部長期失和。設立電台，首要條件當然是能夠把聲波電波發射出去，這時工程第一，這個條件具備之後，工程就要為節目所用，設立電台畢竟是為了傳播新聞、灌輸知識、提供娛樂、宣達政令，尤其到了戰爭時期，節目部必然變成電台的首席。今天有個名詞叫「磨合」，「新興」和「固有」相遇，總要經過磨合，那年代，中廣老店內部磨而未合，這邊說，沒有工程，你們的節目怎麼送得出去，那邊說，沒有節目，要你們的工程做甚麼！雙方在人事上摩擦，在工作上摩擦，在經費分配上摩擦。

想當初工程人員創業艱難，機件笨重，工地雨淋日曬，同樣十年寒窗，做的卻是粗工。翻山越嶺，架線設站，羊腸小道，斷橋激流，氣候惡劣，食物飲水匱乏，遠離家人，過非常的生活。抗戰時期，戰局天天變化，機器馱在驢背上，隨時架起天線播音，隨時拆下來輾轉遷移。日本空軍對重慶「疲勞轟炸」，重慶整天整月不能解除警報，日本對外宣傳「連重慶的青蛙都炸死了」，重慶國際電台的廣播照常發音。在他們看來，台北這些節目人員，坐在辦公室裡動筆動口，出去在馬路上跑幾圈，居然成了社會名流，名字照片登在報紙上，郵差經常送來飯館的請帖。工程員還得伺候他們！

中國廣播公司由陳果夫創辦，張道藩也由陳氏識拔培養，用外面流行的說法，大家都屬於ＣＣ一系。張道藩拍板定案的時代，他也作了一些對節目部有利的決定，工程部有感受，能接受。董事長換了梁寒操，總經理換了魏景蒙，人事變動象徵ＣＣ完全退出這塊老地盤，中央對梁是酬庸，對魏卻是責成他中興，新任總經理上了第一線。魏景蒙是新聞出身，工程人員把他看做是節目人員的代表，他作出一些決定，工程人員有感受，未必願意接受。魏總和工程部主任姚善輝時有齟齬，辦公室耳語頻傳。

面對企業化，廣告客戶計較收聽率，單是節目改革遠遠不夠。資深工程師出國考察提出計畫，魏景蒙奔走籌款訂購機器，工程人員跋山涉水，披星戴月，雙手老繭，一個月兩個月不能回家，結果還是有些地方難以向中央交代，總經理和工程部的關係緊張起來。

我記得有一次工程部主任姚善輝把魏總批過的公文「批回」總經理室，要魏總「多了解本公司業務少打官腔」，他們都用原子筆，魏總最後用毛筆來寫下「願共勉之」四個大字，再交收發送到工程部。我見過那份公文，才發現他寫一手很好的褚遂良。

魏總請了一位「外專」來做他的工程顧問，這人身材強壯，有中國血統，好像不通華語。他是一個高級義工，不支薪水也沒有車馬費，參與幾項重要的建設，工程部的人背後叫他洋鬼子。

據說這人認為中廣工程部暮氣已深，他建議中廣設置獎學金，保送優秀青年到美國去專攻廣播工程，學成歸來為中廣所用。他說四年以後，中廣工程部開始注入心血，八年以後，工程部水準提升，舊習氣也逐漸革除。魏總十一年後才離開中廣，沒有使用這個「趕盡殺絕」之計。記得有一次談到過年貼春聯，他低聲吟誦「忠厚傳家遠，詩書繼世長」，他描述這樣的對聯如何貼在滿布銅釘的大門上，語調充滿感情，彷彿從「陳腔濫調」中找到新意。

魏總自己到美國考察的時候，曾經問人家「如何解決工程節目兩部之間的分歧」，人家告訴他，這是早已過去的事了，現在的工作人員都不知道有這樣的問題存在。魏總回來，出席動員月會，報告考察心得，特別說到這一段，他說此行收穫很大，帶去的問題都找到答案，惟有這一項「如何解決工程節目兩部之間的分歧」他空手而歸。他慨歎咱們到底是後進國家！人所共知，魏總跟特務首長有千絲萬縷的關係，但是他從不把這種陰影罩在部下的頭上，所以沒人怕他。

工程節目之間還有一次重大的爭執。中廣公司本來有兩位副總經理，一位吳道一，統領工程部門，一位羅學濂，統領管理部門。董事會通過再增加一位副總經理主管節目部門，論人選當然是現任節目部主任邱楠，他推行綜合節目明星制，使中廣節目成為聽眾的首選。但是工程部堅決反對邱楠升遷，邱到任以後節目部門連續擴權，他不是一個手腕圓滑的行政人才，工程部深受刺激，那種情勢，那種環境，恐怕圓滑也沒有用，第三副總經理因此長期懸缺。魏總安排邱楠到行政院新聞局做主任祕書，不久升任副局長，既酬邱楠節目之功，又對工程讓了一子。

一九六五年七月黎世芬接任中廣總經理，立即調升節目部主任李荊蓀為副，大勢所趨，節目人員出任副總經理的時代終難無限遲延。

當然，工程部仍然有建樹，魏總離職的時候，董事會歷數他的貢獻，在他任內，發射機由十三座增加到五十八座，電力由二百四十瓩增加到七百五十八瓩，增設新竹、苗栗、宜蘭三座電台，板橋、民雄、八里三座機室，建成全省超短波轉播網。硬體建設才是成就的代表，節目部黯然失色。看這張成績單，知道那時政府還是很重視廣播，想當年抗日戰爭形勢惡劣的時候，蔣委員長在重慶說過，只要重慶有一座廣播電台他就能繼續指揮抗戰，……而今中廣怎樣了？青史成灰，中廣舊人當齊聲一誦「世間有為法，如露亦如電」。

魏總對中廣公司功同再造，可是突然傳諭免職，事先沒有預警，事後沒有安排，公司上下在心理上難以承受。那時台灣籌設第一家電視公司，由省政府和日本技術合作，日本通陶希聖負責進行，經過多次談判，難以達成協議。據說蔣先生聽了陶希聖的報告，當面傳諭：

「你們都是書生，還是找魏景蒙來！」魏先生出任台灣電視公司籌備委員會的主任委員，「聖眷正隆」，怎麼突然就免職了，免職後依然負責籌備台視成立，好像「聖眷未衰」？十五個月以後又突然起用他擔任新聞局長，怎麼回事？始終連個「謠言」也沒聽見，也許只好說是天威難測罷。

魏公籌備成立台視，請中廣工程部的姚善輝兼任工程顧問，台視開播以後繼續借重。中廣也一直準備辦電視，曾派姚善輝到美國進修考察，為期一年，成為台灣的一顆電視種子，但那時中廣沒有土壤。魏公不念舊惡，使公款培養的人才用之於公，姚善輝曾經對人表示「意外」。確實意外，細數廣播電視界人物，沒有第二個做得出來。

中廣同仁辦了一個盛大的晚會向魏總惜別，會中吳道一副總經理代表同仁向魏總贈送「感謝狀」，演出一連串的娛樂節目，但會場氣氛低沉，可以用「強顏歡笑」形容。最後白銀獨唱〈陽關三疊〉，高音激昂，洋溢不甘與無奈，大家再也按捺不住，但聞滿座啜泣之聲，魏公自己也流下眼淚。這樣的惜別晚會在中廣是空前，恐怕也是絕後。

後來跟魏先生最親近的人看到這本《文學江湖》，託人轉告，蔣介石總統要派魏景蒙出去做大使，魏堅決不幹，這才遭到罷黜。蔣公在魏先生的仕途上安排高潮低潮，符合他一貫的統馭之道，魏先生為何拒絕持節外放，就很難解釋了。

魏先生離開中廣以後，我跟他還有一次談話，他問：「你在中廣的情形怎麼樣？」節目部曾經要我做這個長那個長，我都沒答應，趁此機會作個解釋吧，我說：「我只能做作家，因為我沒有能力指揮別人工作。」他停頓片刻：「那真是一件很糟糕的事。」沒有再說甚麼。我本來想說，文學創作有風險，需要貴人庇護，請魏公做我的貴人。可是我也沒有再說甚麼。

方塊文章　畫地為牢

一九五八年、也就是民國四十七年一月，《徵信新聞》（《中國時報》的前身）給了我一張聘書，約我以撰述委員的名義寫「小方塊」，此事象徵我的五十年代結束，六十年代開始。

「小方塊」實際上是一種小專欄（報紙另有大專欄登在新聞版上）。言曦（邱楠）寫方塊的時候就力主改稱「短論專欄」，不稱專欄而稱小方塊，當然有輕視的意思。當年報界流行兩句話：「社論是報紙的眉毛，副刊是報紙的屁股。」社論只是裝點門面，難起作用，副刊的位置在報紙最後一版，讀者要翻到底才看得見。我說這兩句話得改一改，「社論是報紙的客廳，副刊是報紙的花園」。多年以後，邱氏的「專欄說」和我的「花園說」成立，改變了原來的用詞。

早在一九五二年，我迫於《公論報》蕭鐵老編的人情壓力，曾在台北《公論報》副刊寫過幾個月小方塊，算是台灣資歷很早的方塊作者之一。據說《徵信新聞》社社長余紀忠先生讀過那些文章，記得我的名字，一九五七年《徵信新聞》擴版為一大張半，成為台灣的大報之一，銳意經營，破格用人，他的「人間副刊」也開闢小方塊，由徐蔚忱老編出面約我和韓𤅢（韓道誠）共同撰寫，第二年正式聘用，這年我三十七歲。我並不喜歡投入這個「舞文弄墨惹是生非」的行當，好不容易擺脫了《公論報》，為何四年之後又到《徵信》來入列就位呢？

長話短說，我在中國廣播公司節目部門充當寫手六年多了，我對做「廣播作家」實在厭倦了，這是一種有限度的寫作，取材範圍有限制，修辭技巧有限制，思想深度有限制，篇幅長短有限制，形式結構有限制。廣播的特性形成這些限制，我為了彰顯媒體之長，必須安於文學之短，我在這方面是先驅，但是無法再有進步，很想罷手。我把身體力行的心得寫成一系列文章，先在劉恕主編的《空中雜誌》發表（一九六三），後由中廣出版，書名叫做《廣播寫作》，算是對中廣作出交代，打算歇手。當年有關廣播的一切理論都自外國引進，惟有如何用中文寫廣播稿只有反求諸己，這一門類的專著當時僅此一本。

我提出辭職，辭職不成，外面報紙有個兼職也好，我究竟是文字工作者，報紙才是文字工作者的夜總會。那時《徵信新聞》還很簡陋，我對他們的余紀忠社長是崇拜的，一九四六年我在瀋陽的時候，余氏以三十六歲的俊年，擔任東北保安長官部的政治部主任，官拜中將，他身材秀挺高拔，英風奕奕，領袖的氣質如一顆巨大的磁石。從某個角度看他的臉，使我們聯想到希特勒，正是我們那一群投筆從戎的小青年心目中的理想典型。（大戰期間，中國媒體稱希特勒為四大偉人之一，與蔣介石齊名，一九四六年他在國軍中間還保有英雄形象。）在那個把接收寫成「劫搜」的年代，他是清廉的，在那個殺氣沖天的年代，他是主張和平解決學潮的，他在瀋陽創辦《中蘇日報》，我也是忠實的讀者。他對我有致命的吸引力，台北見面，他雖然換穿西裝，依然骨格嶽峙，線條分明，一臉堅定自信，足以使任何倒在地上的人重新挺立，我一杯咖啡只喝了一口就成了他的俘虜。

不過我從未提過瀋陽的因緣，我知道當年他受東北行轅主任陳誠猜忌，處境危急，幸而朝中有人，中央直接下令調動了他的職務，他臨走也沒向陳誠辭行。陳誠大怒，放話指責他「擅離職守」，一時成為東北的大新聞。他不喜歡人家提到東北，他也不知道我曾是在瀋陽屢屢向他傾心注目的一個小兵。

「小方塊」的性質和中廣的節目大不相同，它的精神是批判，它的眼睛看缺點，可以說那時候它是站在中廣節目的對立面，對我來說這是一種平衡。

我在中廣那六年，感覺台灣如同一望無邊的荊棘叢，我置身其中，姿勢必須固定，如果隨便舉手投足，就可能受到傷害。那時有一段文人自嘲的話暗中流傳：「你心裡想的、最好別說出來，你口裡說的、最好別寫出來，如果你寫出來、最好別發表，如果發表了、你要立刻否認。」六年以後，好像這一片荊棘比較稀疏了，人人急於摸索自己能有多大空間，這些人活動筋骨，伸個懶腰，他們聚集的地方就是民營報紙，我決心參加探險，從此我這條小魚離開了張道公的龍門，游向江湖。

六十年代是台灣民營報紙成長壯大的時代，也是「小方塊」深入人心的時代，新聞版有不署名的方塊，副刊有具名的方塊，針砭社會病態，監督官吏作風，表揚十室忠信。幼時在家，母親常引《論語》上的兩句話教導我：「尊賢而容眾，嘉善而矜不能」，我把這兩句話約化為「鼓勵成功的人，安慰失敗的人」，當作我個人寫作的信條，同時「言在此而意在彼」，對另一些人的譴責批判寓於其中。那年代，每一個「逃」到台灣來的人可以說都是失敗的人，其中小士兵、小青年、小地主、小商人的景況「比失敗更失敗」，情緒鬱結，生活艱苦，有人自殺，有人殺人，社會上充滿戾氣，動魄驚心。我尤其願意和這些人談心，費了許多筆墨。

不約而同，我們都希望建立一個公平合理的生存環境，「草多可縛象，滴水竟穿石」，十年眾聲喧譁，聲動山河。我喜歡這樣的工作，每天伏案寫方塊是我最快樂的時候，我可以「想像」自己對社會作出了貢獻。

有時想到周作人一段話：寫文章時時擔心踩著老虎的尾巴。有一天忽然發覺，那個方框也許是自己畫地為牢，不過當面喊萬歲也未必高枕無憂，保密防諜的專家硬是心眼多，認為你用忠貞掩蓋甚麼，我想既然一樣如履薄冰，還是為社會大眾說話比較值得。

那時台北各報副刊寫方塊的人，《中央日報》有言曦（邱楠）、仲父（孫如陵），《新生報》有鳳兮（馮放民），《聯合報》有何凡（夏承楹），《中華日報》的副刊主編南郭（林適存）別出心裁，他的副刊方塊只有固定的欄名「筆陣」，沒有固定的作者，登壇招賢，廣納四方，我也經常參加。一九六四年十月，夏曉華創辦《台灣日報》，我在他的副刊上寫過半年方塊。李荊蓀在他創辦的《大華晚報》新聞版有個不署名的方塊，報社主辦選拔「中國小姐」，他這個董事長太忙了，約我替他寫過兩個月。

六十年代方塊陣營中有兩位特殊人物，一位李敖，一位柏楊（郭衣洞）。

李敖博學雄辯，報紙副刊本來載不動他的大塊文章，他的陣地在雜誌，可是夏曉華本事大，拉他在《台灣日報》的副刊上寫小專欄（一九六五），方塊跟他有緣。李敖的文章像胡適，視野廣闊，布陣從容，他也像魯迅一樣有凌厲的攻擊性。他學過邏輯，學過史學方法，學過語意學，裝備一新，武器比任何人多，忌諱比任何人少，訓練之師，奇正互用而奇多於正，所以屢建赫赫之功，他比傳統多走出一步。那時在台灣，你讀一個人的作品，往往想起他背後有另一個人，你讀李敖就沒有這種感覺，這也許是年輕的好處。

柏楊受《自立晚報》殊遇（一九六〇），字數篇數沒有限制，他的文章排成「邊欄」，一個題目可以連載幾個月，氣勢雄渾，「江河萬里，挾泥沙以俱下」。他本是小說家，首創以長篇小說的手筆寫雜文，塑造中心人物，組織邊緣情節，使「亂臣賊子懼」而有娛樂效果，他也比傳統多走出一步，六年之中，名滿天下。他的專欄登在副刊上，方塊中人向他「攀緣」，後來立法委員吳延環客串方塊，聯合方塊作家成立「方社」（一九六五），也曾邀請柏楊參加。

吳委員和大部分方塊作者甚少接觸，成立方社他委託鍾鼎文出面操辦。鍾氏為國大代表，《自立晚報》總主筆，《聯合報》「黑白集」的執筆人之一，他也是一位詩人。當時若論文藝界人士的肆應之才，鍾代表可推第一，大家都說他是總統府總務局長最佳人選，可惜懷才不遇。他找鳳兮和我兩人發起，理由是、我的筆名叫方以直，鳳兮的本名叫馮放民，兩人的名字中都有一個「方」字，當然，這是客氣，我們都辭謝了。

談到「方社」名稱的含義，我以為是「子貢方人」的意思。他強調這個「方」是方城之戲，也是吃飯的八仙桌，大家聚在一起吃喝一頓，飯後打麻將的人開牌，不打麻將的人回家，他的這兩點說明都在方社成立的新聞報導裡登出來。那時方社中人最好各人自掃門前雪，若有呼應串連必受當局猜忌，他的定義有智慧。後來方社的活動是大牌社員輪流作東，吃飯打牌，我以後很少參加。

吳延環是資深立委，清望很高，可見這時「小方塊」已非職業文人「低就」之所，漸漸成為名家大匠隱形息影略施小技的「高招」。由於方社成立，我才知道除了李荊蓀、耿修業、邱楠以外，吳延環、沈宗琳、胡健中、楊選堂、高陽、鍾鼎文、楊乃藩、王洪鈞、喻舲居，都染指成習，曹聖芬也寫過不署名的方塊（他沒有參加方社）。

《中國時報》曾有一位「何可歌」，方塊文章非常出色，只寫三篇，戛然而止，空勞大家引頸以待。誰也不知「何可歌」是何方神聖，我懷疑是詩人余光中的化名，單說「何可歌」三個字對音韻的敏感，三個字字形對「口」部的敏感，此形此音合起來，隱然遍身是口也難暢所欲言，如此才情閒情，除了「他」還有誰！多年以後，我見那三篇文章果然編入余氏的文集，他何以只寫三篇，或有內情，只有留待知者述說。

那時台灣雜文處處有中國大陸三十年代之流風遺韻，魯迅是大宗師，雖然魯迅連名字都是違禁品，他的風格和思想卻有繼承者大量繁殖，禁書無用，多少論客遺漏了這個有力的證據。周作人、陳西瀅、梁實秋另成一類，我在他們這一邊排隊，加上追慕培根、蒙田和愛默森。文風不同，取材的角度也不同，抑揚褒貶常有分歧，當年在大陸上這兩種文風互相排斥，來到台灣卻相忘於江湖。

小方塊太「小」了，容不下複雜龐大的題材，常常像玻璃杯中一杯淡酒，透明中浮起一粒鮮紅的櫻桃，讀者在櫻桃的吸引之下喝完這杯水酒。寫小方塊像胡宗南說過的一句名言：「集中兵力於一點而發揮之」，據說這句話出自胡將軍在黃埔軍校提出的學習心得，蔣校長大為欣賞，畢業成績名列第一。我在中廣寫稿時，常以胡氏兵法為作文方法，政治宣傳多用演繹法，宗教宣傳也是，例如「耶穌是救主」，預先設定，無須驗證，不可動搖，宣教士千言萬語把這個觀點散入萬事，排除一切例外。我把「集中兵力於一點而發揮之」當作演繹的過程來寫方塊，才想起演繹的過程可以千變萬化，「水無常形」。

那時我經過中廣六年的工作磨練，語體文上得了檯面，我幼時由私塾發蒙，後來略讀唐宋大家，喜歡清詩，成語典故文言句法也能自由運用。到台灣以後，涉獵西洋文學的中文譯本，也十分留心異邦的語風。說個比喻，我以白話為澱粉，文言為鈣質，歐化為維他命，長養我的寫作生命，副刊方寸之地成了我的練習簿。我固然為了要發表某種意見而寫，也為了要實驗某種技巧而寫，也常常為了練習某一布局、某一暗示、某一句法、某種旁敲側擊抑揚頓挫而寫。來寫方塊才可以充分追求「文無定法」，「情欲信辭欲巧」，「文學的語言高出日常生活的語言」。

那時報社規約，社論談大事，方塊談小事。大抵省政府以下為小事，行政院以上為大事，政務是大事，事務是小事，決策是大事，執行是小事。軍隊不要碰，特務不要碰，蔣總統和他的第一家庭不要碰。這種區分其實很模糊，批評地方有時就是批評中央，那時行政是「一條鞭」，批評執行有時就是批評決策，執行的流弊源自決策粗糙。

我「具體」評論小事，「抽象」評論大事，超出報社的規範。我不能談特務，但是可以談人權，特務不在乎，他們認為自己並未侵害人權。大官和高級將領的子弟耍流氓、充太保，我不能指名批判，但是可以談家風世澤，談「使父母不辱」，陳詞更為慷慨痛切。我不能批評獨裁，但是可以宣揚民主自由。新聞事件當前，是非之心人皆有之，讀者自可把具體事件「代入」我的抽象論述，對號找人，自作批判。抽象論述建立的是觀念，觀念一旦樹立，讀者可以「自動」是其所是、非其所非，無待我一一實指。

由於性之所近，我不知不覺談論文學，鼓勵作家，尤其是本省作家。我更時時提醒自己注意升斗小民的需要，尤其是學生、農人、小職員和一般市民。我借各種小事反覆申說大義，強者對待弱者要公平，能公始能平，能平社會始能祥和，人心始能團結，台灣始能長治久安，當年中國大陸「人心思平」，所以人心思變，終於變天，執政當局要有高度的反省。沒有人來干擾抽象議論，所有不點名的批判他們好像都認為與自己無關，但是讀者會從他們中間對號尋找關係人。

台灣進入六十年代以後，平民切身的痛苦已非來自高官，而是來自基層公務員，當局有圖治之心，但良法美意出門變質。我提出一個說法：「大官辦小事，小官辦大事。」大官不過簽字、演說、剪綵、出席酒會而已，小事一樁，小官的執行決定行政成敗，關係重大，我主張監督基層行政人員，不許他們「以技術害原則」。我要求執政者「為大於微、圖難於易」，不斷抉發技術性的小事主張改進，我的呼求常常立即生效，方塊作家的一枝筆，對這些人還可以勸善懲惡，激濁揚清。在這方面我和讀者互動，和官府互動，和社會工作者互動，我有許多資料，等到著手寫這本回憶錄的時候，才發現沒有篇幅可以容納。

那時陳誠在台灣統攬軍政大權，威風凜凜，他那時氣量狹窄，有軍人性格、無政治家風度，跡象顯示他並未忘記余將軍是怎樣離開瀋陽的。余氏立於危巖之下，膽大心細，使《徵信新聞》具有民營報紙的一切特色。他是有能耐的人，全力支持方塊，斜風細雨他都遮擋了，從來不讓作者知道他承受的壓力。他也從未鼓勵我們勇往直前，他洞悉人性，只要一直平安無事，作者自然越寫越大膽。

民營報紙靠廣告，拉廣告要憑銷路，開拓銷路就要爭取多數人。縣長只訂一份報，縣民也許能訂十萬份報，你得站在十萬人的立場上看問題，你得對那十萬人的處境感同身受，報紙用甚麼方式向這十萬人表態呢？小方塊！那年代小方塊對民營報紙的發展起了很大的作用，那時民營報紙競爭激烈，各地分社都派出推銷員挨家訪問，你為甚麼訂我們的報？哪一部分內容最吸引你？或者你為甚麼訂另外一家報紙？它有哪一部分內容最吸引你？一項一項作成紀錄回去統計，民營報紙爭取讀者，要靠小方塊和社會新聞。

那時政府對小方塊也很優容，五十年代的五花大綁慢慢鬆開，「反攻無望」已成定論，國民黨中央收其放心在台灣扎根，他必須把戰時當作平時看。一九六〇年蔣介石總統三度連任，他當選以後在國民大會發表演說，承諾台灣將要有「更多的民主，更多的自由」，在他所說的「更多」之中，包括民營報紙勃興，有這番因緣，小方塊始能在言論界算個角色。政府的善意也得到回報，在中國的行政系統中，一向「大官負責而不做事，小官做事而不負責」，所以基層官吏作風敗壞，中央鞭長莫及。小方塊照射死角，喚起小官的責任心，使他們檢束收斂，知所畏懼，幫了政府一個大忙。

說到「更多的民主、更多的自由」，新聞界有一段掌故可傳。蔣總統在國民大會作此宣示的時候，沒有新聞記者在場，散會時記者湧入，圍在胡適身旁打聽消息，胡適笑瞇瞇的說：「沒甚麼，沒甚麼。」事後一群記者到中央研究院找胡適聊天，胡院長轉述蔣公的宣告，責備記者失職，「這麼重要的消息你們居然漏掉了！」記者反過來怪胡適，那天國民大會散會的時候，我們也曾向胡先生請教，胡先生並沒有告訴我們啊！胡適說，我又不是國民大會的發言人，你們在會場採訪我怎麼能發布新聞，你們應該到我家裡去問我啊！彼此大笑。

可想而知，「更多的民主、更多的自由」第二天上了各報的頭版頭條，可想而知，各報社論一致擁護，合唱了一首讚美詩。蔣氏勉強三度連任，聲望稍稍下跌，現在又上揚許多。這是大事，我的小方塊沒寫，如果要寫，也只能說胡適在替蔣氏製造壓力，如果蔣氏只有六分誠意，此時也變成八分，這是典型的胡適模式，也是他和雷震的分野。蔣到底與毛不同，比較起來，他還算是個「言必信行必果」的人，據說他的重要文告發表之前，必定由幕僚作最後檢查，看看和以前的文告有沒有矛盾衝突的地方。「更多的民主、更多的自由」公開曝光，他的聲望提高，同時自制力也增加，權力無形縮小。此時雷震已經入獄，胡適並未成為「垂頭喪氣百無一用的老秀才」。當然，我這些話也只能留到今天才說。

更多的民主、更多的自由逐漸落實，我們寫方塊的人「春江水暖鴨先知」，更多的民主、更多的自由重點不在「多」字，重要的是那個「更」字，民營報紙步步拆籬笆，踩紅線，挖牆根，攙沙子，歲歲平安，民主牆如活動屏風，當官的一夜醒來，發現又得讓他三尺。一九七〇年雷震出獄，他看了幾份報紙雜誌，驚歎「我這十年牢白坐了！」咳，他怎麼這樣說呢，我當時告訴朋友，他這一句話讓蔣介石佔了上風，蔣的做法也許正是要證明「孔明枉做了英雄漢」。我總覺得雷先生的台詞應該是「我這十年牢沒有白坐！」這也是方塊思考，可是當時仍是「你嘴裡說的，最好不要寫下來」。

方塊文章畫地為牢，倒也沒有人因此坐牢，一九六八年柏楊被捕，一九七〇年李荊蓀被捕，一九七一年李敖被捕，那「牢」不是（或者說不完全是）自己畫成的。後來我教過書，編過雜誌和副刊，進過電視公司，業餘一直沒停止小方塊的寫作，寫到一九七八年九月我出國告一段落，算來是二十一年。方塊給了我自由也給了我局限，我因此被人稱為「方塊作家」，顯然含有譏諷之意，「畫地為牢」一詞對我倒也別有意義。

藝術洗禮　現代文學的潮流

台灣的「現代文學」由五十年代發端，到六十年代蔚為大觀，這件事對我有重要意義。台北是大城市，我又在新聞媒體工作，及時接觸到這個新潮流。依我個人的感受，畫家似乎是開路先鋒，一批被我們籠統稱之為「抽象畫」的作品陸續展現，我們看不出畫的是甚麼，畫家也不肯解釋他在畫甚麼。

寫實主義獨霸中國文壇幾十年，如今出現反叛，當時我的周圍一片迷惑驚詫的表情。我倒接受這樣的畫，我並沒有這方面的專業知識，幼年時期留下的一些記憶幫助了我。

抗戰中期，我十六、七歲的時候，一度住在家鄉的「進士第」裡讀書，進士第的房屋大半被日軍焚毀，殘存的牆壁上有煙燻火燎的痕跡。進士第的繼承人，一位飲酒賦詩的名士，曾經指著殘垣對賓客說：「你們說有人放火燒了我的房子，我看是有人在我家牆上畫了蓮花。」一位來賓即席得句：「廣廈經焚留斷壁，等閒指點繪蓮花。」

我老早就知道醫生對病人有「墨跡測驗」，他把墨水滴在紙上，把紙摺疊起來，壓平了、再打開，他問病人墨跡的形狀像甚麼東西，不同的病人有不同的答案。

我到台灣以後，中國廣播公司的創辦人陳果夫住在台中養病，他患了肺結核，退出一切活動。他寫過一篇短文〈抹布畫〉，他說每次用抹布擦桌子的時候，抹布留下的水痕油漬都是一幅畫。

對我而言，這是欣賞現代畫的基礎教育。

然後是現代詩。

都說詩人紀弦是台灣現代詩的先驅，誠然，他在一九五三年二月就創辦了《現代詩》季刊，三年後又組成「現代詩社」。對我而言，他的詩我們還能懂，他的詩論駁雜浮泛，他主張追求詩的純粹性，要求每一行詩、甚至每一個字都必須是純粹「詩的」而非「散文的」，他自己未能充分示範。他在文藝集會中跳到桌子上朗誦自己的新作，文壇驚為佳話，他有一些名句我們是笑著讀的。

他的確是春天第一隻燕子，只是許多人還聽不慣他的鳴聲。

然後瘂弦、管管、大荒、楊牧、余光中的詩大量出現，這時正是五十年代的末尾。前後左右，多少人皺起眉頭，抱怨現代詩「搞甚麼玩藝兒」。我倒能有限度的涵泳其中，早在我

十五、六歲的時候，我就喜歡舊約裡面一段經文：

不要等到日頭、光明、月亮、星宿變為黑暗，雨後雲彩反回／看守房屋的發顫，有力的屈身，推磨的稀少就止息，從窗戶往外看的都昏暗／街門關閉，推磨的響聲微小，雀鳥一叫，人就起來，唱歌的女子也都衰微。／人怕高處，路上有驚慌，杏樹開花，蚱蜢成為重擔，人所願的也都廢掉；因為人歸他永遠的家，弔喪的在街上往來。／銀鍊折斷，金罐破裂，瓶子在泉旁損壞，水輪在井口破爛，塵土仍歸於地（《舊約．傳道書》國語和合本譯文）

這段經文組織了許多意象，每個意象都很鮮明，可是合成以後究竟傳達甚麼訊息，連牧師也不清楚，查經或證道時有意無意避開這些章節。我不求甚解，反覆誦讀，如同進入未知之境探險，儘管表象割裂，深層卻有一種完整的渾然，我喜歡那種感覺。

我也想起小時候學過的兒歌：

「剁一剁二兩三拐／蚰子不吃螞蚱奶／螞蚱不吃蚰子肉／不多不少整十六」

「月亮走我也走／我給月亮打燒酒／燒酒辣買黃蠟／黃蠟苦買豆腐／豆腐薄買菱角／菱角尖尖上天／天又高好打刀／刀又快好切菜／菜又青好點燈／燈又亮好算帳／一算算到大天亮／桌上坐個大和尚」

我們在生活經驗中從未見過這些事物連結在一起，按理說我們應該早已把它丟棄了，為何能夠代代相傳、人人上口？它在我們童年的生活中留下歡樂，長大後留下回味，它再造了世界秩序，擴大我們的想像。

那時，人們對現代畫的責難，集中在「堆砌色彩線條而無物形」，大家對現代詩的責難，集中在「上一句和下一句沒有連結的意義」，因而拒絕接受。寫小方塊譁眾取寵，我也曾說現代詩像打翻了的鉛字架（一九五九年六月二十日《徵信新聞報》副刊），戲言無益，我必須學習。

那時口出怨言的人大半受過高等教育，進入社會以後就停止學習，新生事物使他們由先進變成後學，他們很難適應。我則是個邊做邊學的流浪青年，三人行「皆是」我師，我對現代文學作出自己的回應。

了解這些作品，要從讀它們的理論入手。那時候沒見過有系統的著述，大學也還沒有博士班、碩士班的研究生寫論文，也不知道可以到藝術系旁聽。多虧了幾位先覺者啟蒙，他們是張隆延，虞君質，顧獻樑，于還素，他們熱心為現代畫辯護，作出許多解說。也許是詩畫同源吧，他們的畫論也成了我了解現代詩的鑰匙。

我感覺現代藝術的理論和它產生的作品同樣晦澀，尤其是張隆延教授筆下，有人形容為「每一個字都認得，每一句話都不懂。」我戲言對他的文章要「先懂後看」，讀他文章不是入門修行，而是得道後反身觀照，只有他的及門弟子可以當面質疑請益，得到他的真傳，有人說他學亞理士多德。

這時洛夫、覃子豪、余光中都是新詩的發言人，對我而言，余光中長於啟蒙，他能把詩論用優美的散文表達出來，流暢顯豁，情趣盎然，有人說他像羅素。由他掛帥的現代詩論戰，議論縱橫，大破大立，從中國古典文學引來內力，化入西洋的外家功夫，試圖建立現代詩的正統地位。洛夫說詩也很雄辯，只是（那時候）晦澀一些。他們的詩論又是我接受現代小說的基礎。

現代藝術能在台灣開花結果，這幾位先驅者功勞很大。

那時，現代藝術最難忍受的窘境，還不是一般受眾排斥，而是情報治安單位心有疑猜，大大壓縮他們的空間。如所周知，中共一向以文藝為宣傳車，為筆隊伍，國民黨內有一批人把文藝當作「敵情」來研究，他們對文字圖畫保持高度的警覺。現代詩和現代畫興起，那些主管意識型態、審查文藝作品的人看在眼裡，這種詩、這種畫都是神祕的符碼，創作者究竟要傳達甚麼訊息？必須追究。在主管政治文宣的人看來，文藝界的這種風氣，等於取消了文藝作品奮發精神齊一心志的作用，政府拿甚麼來鼓舞民心士氣？這些作家畫家到底是甚麼意思？那時治安機關採取「有罪推定」，情勢頓覺嚴重。

畫家站在受逼迫的第一線，由於現代畫家拒絕解釋他的作品，也由於畫壇內部有老少新舊的派系之爭，情勢迅速惡化。那時「老畫家」幾乎等於傳統的國畫家和以寫實為主的西畫家，他們大多跟國民政府有歷史淵源，新畫派興起，影響他們的主導地位。治安機關對新畫有重大疑問，又從新畫家那裡得不到答案，轉而向老畫家請教，他們中間有人未能美言。現代畫「甚麼都不像」，同時又「甚麼都像」，有一位前輩看出秦松的畫中有「打倒蔣介石」的暗碼。名醫胡鑫麟診所外牆，頑皮青少年隨意塗鴉，情報員也看出「台獨」的標誌。

說來也是風聲鶴唳，台灣研究「敵情」的專家看大陸畫家的作品，從中找出「打倒毛澤東」五個字來，治安機關複製了、放大了這幅畫四處展示，那是一幅政策宣傳畫，地平線上一行勞動者（向工地）快步前進，地平線下散落滿地稻草，稻草有寬有窄，顏色有深有淺，把形狀相近者組織起來，那五個簡體字宛然在目。

海的那一邊也有異人別具隻眼，他們把一張新台幣放大六十倍，找出「央匪」兩個字，這兩個字隱藏在中山先生肖像的鈕釦上，鈔票上的圖案都是用極細的線條密密編成，線條有濃淡疏密，放大以後就顯出特殊的「筆畫」來。香港《大公報》刊出圖片，流入台北，我在中廣公司的記者手中從旁看了一眼。

聽說某畫家辭去美術系的系主任下鄉隱居了，學生去看他，他揮手趕出去。聽說美國邀請某畫家短期訪問，這位畫家抓住機會自我放逐了，再也不肯回來。聽說在最緊張的日子裡，雕塑家楊英風夫婦每夜穿得整整齊齊，坐在客廳裡等候逮捕。

那時張道藩先生雖然等於脫離了文藝運動，仍然對趙友培等人表示他的憂慮。友老說，現在流行講求「公共關係」，也就是爭取別人了解，以利自身發展，他建議文協出面為詩人和畫家做些公共關係。於是道公首肯，友老主持，總幹事朱白水操辦，文協連開幾場座談會，分別邀請余光中，林亨泰，席德進，虞君質，顧獻樑，劉國松，多位名家出席說法。我記得顧獻樑先生首先發言，情詞懇切，他指著牆上掛的一幅墨竹說，抗戰發生以前，南京「中國文藝社」的牆上掛著這樣的畫，今天台北「中國文藝協會」的牆上仍然掛著這樣的畫！他扼要介紹了當前的畫風畫派和畫學思想。

這些來賓從各個角度提出解釋，這樣的詩、這樣的畫出於世界潮流，有它的美學思想和哲學思想，這些思想與共產黨毫無關係，台灣這些詩人和畫家只是追求藝術的創新，沒有政治目的。資料顯示，座談一九六一年十二月開始，我記得每兩周舉行一次，好像一共七次，不發新聞，不作宣傳。

事後文協把紀錄整理出來，寄給中央黨部、教育部、新聞局還有警備總部，「敬供參考」。文協提出的這份紀錄很有分量，等於是國民黨元老、文藝運動領導人張道藩，為現代藝術家的辯護狀作了背書，後來當局對「現代」逐漸寬鬆，這份紀錄是起了作用的。

依我自己感受薰染的順序來說，然後就是現代小說了。

在我閱覽的範圍內，現代畫和現代詩都是先看見作品後看見論述，現代小說卻是先看見許多評介。起初有人介紹法國的「反小說」，接著有人介紹日本的「新潮小說」，同時有人提出新小說、變體小說或意識流小說，歸納起來，大家說的是同一事物。最後余光中統一命名為現代小說，然後又衍生出「現代散文」，「現代」一詞從此成了氣候。

那些對現代小說的初期的介紹很零碎，一鱗半爪散見於作家自己湊錢創辦的雜誌，大學的校園刊物，《中央日報》的副刊登過一些，算是很難得的了。那些雜誌多半壽命短促，作者的名字也很難記住，現在已無從列舉。

依照那時的說法，牛頓的物理學，達爾文的進化論，加上若干了不起的科技發明，使人類以為已經掌握了宇宙的秩序和大自然的法則，產生了極高的自信，這才產生唯物思想、專制政權、和寫實主義小說，小說才有那樣精確的描寫，那樣嚴謹的結構，那樣合理的情節，人物有那樣明顯的性格，作家們又自許如何如何冷靜客觀。

可是他們說，後來發現世事是荒謬的，漂亮的抽象名詞空無一物，人性是渾沌的，言行常受潛意識支配，生活是混亂的，事件和事件之間的邏輯關係只是前人一廂情願，所以小說的伏線高潮全是人為捏造，甚麼有頭有尾有衝突有解決，也難再表現人生啟發讀者。所以現代小說的結構呈現一種經過設計的混亂。

新內容需要新形式，新形式需要新語言，五四以來那種文從字順、清楚明白的「國語」不夠用了，寫實主義冷靜、準確、沉實的語言不合用了，常情常理常態既然遜位，語言中約定俗成的文法修辭豈容戀棧？詭異、曖昧、飄忽都成為選項，形式和內容這才可能渾然合一。

我有對現代畫、現代詩的初步了解，容易接受這種小說，再從這種小說對詩畫產生進一步的了解，他們同出一源，互為姐妹。我也悚然憬悟，我經歷了戰爭，戰爭確實使人生混亂無序、孤立無依，那處境實非言語所能訴說，嚴重威脅我的宗教信仰。然後我經歷了台灣一個又一個經濟計畫，工商業興起，價值觀改變，人際關係以昨日之非為今日之是，我時常要把人生理想和聖賢訓誨顛倒過來迎接，不管你想甚麼，反向思考就行了！我聽到沙特、喬伊斯的名字，見過卡繆、福克納和卡夫卡的中文譯本，大概知道他們說甚麼寫甚麼（三十年後我有一次文學大補，遍讀這幾位大師的中文譯本），我「四十而惑」，沒想到一時變局乃是出於普世主流，我受的教育遭遇無情的挑戰。

後來陸續讀到胡品清、楊耐冬、何欣、顏元叔各位教授對現代小說的論述，也讀到陳紹鵬、李英豪、葉維廉對現代詩的論述，他們的論文淵博嚴謹，也比較難吸收，但是我從報刊零星得到的概念和啟發，都可以在各家宏論中找到根據。

如果這是現代文學的基要信仰，那時我覺得羅門和洛夫的詩、七等生、聶華苓、隱地的小說，張曉風、張菱舲、林懷民的散文，都是它的化身。我主編《徵信新聞報》的「人間」副刊兩年半，曾在報館當局不以為然的氣氛中刊出七等生六個短篇，在「大報」副刊之中密度最高。隱地的現代感強烈，年紀雖輕，「感覺」和「表現」之間極少隔閡，他的幾個短篇深受文壇注目。我現在認為他寫出冷戰時期青年的苦悶，很有代表性，目前研究台灣文學的人似乎把「冷戰」這個大環境忽略了。隱地多才，除了短篇小說，七十年代寫散文，八十年代寫詩，九十年代寫長篇，創作生命悠長。

那年代，國民黨在香港發行《香港時報》，收容流亡的報人和政論家，進行反共宣傳。由於國內國外口徑不同，這份報紙不能內銷台灣，國民政府特許進口八百份，供指定的機構參考，我服務的中國廣播公司分到一份。這份報紙的社論充滿自由主義色彩，它的副刊是現代主義文學的園地，記得小說家劉以鬯常常發表一些今天可以稱之為「極短篇」的東西，我們一新耳目，後來的「荒謬」「變形」，劉氏已露端倪。

大部分小說似乎沒有基要派標榜的那樣孤絕，我記得水晶、大荒、季季有限度使用新手法，白先勇、蔡文甫、李喬、舒暢局部使用新手法，等到台大教授顏元叔以實驗的態度寫了一篇〈夏日是鳥的莊園〉，王文興出版代表作的《家變》，已是一九七三年。

台灣的現代小說好像是沿著「中道」發展的，台大教授夏濟安豎起《文學雜誌》的大纛，想把我們度到彼岸，他以彭歌的《落月》為第一艘船。余光中眼中的現代小說，不僅包羅陳映真、黃春明、白先勇，也延請寫實主義大家朱西甯、司馬中原入座。後來「現代小說的知音」齊邦媛教授更是表現了大愛，她的《千年之淚》一書遍覽一百五十八本創作，西西、李昂、東方白、王禎和、施叔青、陳若曦、張系國、蕭麗虹、蘇偉貞一一相許。這幾位批評家（尤其是齊教授）使「現代小說」離開基要派的窄門險徑，匯聚為高峰大潮。

我有一個說法：台灣的文學在五十年代是黨部掛帥，六十年代是學院掛帥（七十年代鄉土掛帥，八十年代市場掛帥），現代文學既出，黨部驚愕觀望，大學教授拍板定調，尤其是台灣大學的教授，尤其是英美大學的教授。夏濟安、夏志清這弟兄倆，一語褒貶定作家榮辱，我有機會見證理論可以領導創作。兩位夏教授都大量閱讀台灣出版的文學書刊，稱揚被眾人忽略了的好作品，鼓勵有潛力的新作家，他們為姜貴和張愛玲定下文學地位，助台大外文系湧出現代小說的主流。

那時作家和讀者喜新厭舊的風氣形成，你只要說某人某篇文章寫得很「新」，作者就非常高興，讀者就要找來看看，至於「新」的定義和標準是甚麼，他們並不深究。文學刊物向以「名家」為號召，這時許多讀者打開雜誌先看目錄，如果看到陌生的名字，他才掏出錢來。五十年代追隨政府的忠貞老將次第「淡出」，文學期刊報紙副刊都汲汲發掘新人，當然多半沒有成功，「成功」者向來屬於少數。

寫實主義主題先行，思想掛帥，「現代主義」以技巧為第一，後來周芬伶教授稱之為奇技淫巧。寫實主義者追求預期的社會效應，「一切藝術都是宣傳」，現代主義的手法卻是隱喻、多義、不求甚解，「篇終接混茫」。在台灣，六十年代的現代主義結束了三十年代的寫實主義，國民黨一向追求文藝要走出三十年代的左翼陰影，現在實現了，可是他們沒有料到，陰影之外的土地雖廣，國民黨的文藝政策卻無法耕種。

從另一個角度看，文藝的工具性和戰鬥力依然潛在，這些性能只有在強力的組織之中可以發揮，於是軍中文藝運動大興。

現代文學理論細膩，直指文心。我在「小說組」受教的時候，聽見過「文學是用文字表現意象」，聽見過「藝術最大的奧祕是隱藏」，聽見有人用玩笑的口吻說，「文藝技巧不夠的地方用口號補充」，聽見有人激昂的說，世上有「只有形式沒有思想」的藝術，沒有「只有思想沒有形式」的藝術。我聽見了，但是沒弄明白。

受現代主義啟發，我才「發現」形式美，「內容決定形式」但不能決定形式美，形式也決定內容，或者說選擇內容、組合內容。我這才明白現代小說為甚麼是一則「寓言」，藝術豈止橫看成嶺、側看成峰，它是圓形的魔鏡，讀者可以從三百六十個角度發現不同的內涵，是了是了，敬謹受教。我後來請人刻了一方圖章「學萬言禪」，小說也是一種禪，不過它千言萬語。

中國文學史寫到一九五〇年，不幸變成文學迫害史，文學創作幾乎中斷，台灣以現代主義延續香火，很像中國的秦朝，「詩既亡」，文脈和南方的楚辭連接。這是五十年代決定「學西洋」的意外收穫，也是最大收穫，文學的傳統延長，文化的遺產增加，從長遠看得大於失。可以說，我這才知道究竟怎樣做個作家。

再以後，就是現代散文了。五十年代我是作家中的「寫手」，小說、劇本、評論、雜感都有僱主，但是我的志趣在文學性的散文。那時散文的藝術性似乎很低，沒有人專門研究散文，書店裡有小說作法、新詩作法，找不到散文作法，文學史對散文也沒專列一章。「散文是失敗的詩，未完成的小說」？真的是這樣嗎？也好，有詩就有想像有節奏，有小說就有事件有象徵，偶爾加上一點戲劇性，就有張力有奇峰，三者可以增加散文的高度廣度和深度，如果這是「廢墟」，我就用滿地散落的棄材做出一點甚麼來。

如果「詩」是最「現代」的文體，那麼「散文」最「不」現代，要寫現代散文，最好以詩之長濟散文之短，這個心願使我為現代詩的忠實讀者。我曾對余光中對瘂弦說：「寫散文要向你們詩人取經。」我編《徵信新聞報》副刊的時候，央請現代詩人提供散文，詩人愕然，以為這是對「詩」的輕侮。我趕緊解釋，社長吩咐「不登新詩」，為了使副刊讀者也能受到現代詩的薰染，我不得已而求其次，我認為詩可以用散文的形式偷渡，詩人的散文也是詩，就是詩的先修班。

我得到余光中教授最大的支持，他以美國講學的生活經驗寫出一系列散文，交給「人間副刊」發表。他的語言，把歐化（翻譯）古化（文言）土化（方言）三者鎔鑄為新的合金，句法伸縮疏密間貫以奔放的文氣，前所未見，講意象講節奏，也似乎開來多於繼往。管管寫詩，往往連行如散文，我可以當作散文刊出，他也源源供稿，毫不遲疑。他的散文詩處處有奇思妙想，兼有童話神話和「科幻」的趣味，篇幅「小而美」，天然與副刊的需要配合。洛夫寫過一篇，深沉如冬夜無月，別有意境，但僅此一篇。

後世應該有人記得余氏在文學語言方面的建樹，他譏彈五四以來的白話文是「清湯掛麵」，他要「下五四的半旗」，「剪掉散文的辮子」。他和「國語派」開過一次筆戰。依我個人的感覺，余氏的主張符合時代精神，語言革命，應天順人。五十年代，有一個筆名「愛德樂佛」的作家，早就使用「古怪」的語言寫了一本小說，後來我們的朋友吳引漱（筆名水束文），他寫了一本小說，修辭方法自創一格，兩個人都受到文壇大老的嚴厲抨擊，作品銷聲匿跡。他們失敗了，革新的要求也許更強烈，余氏的實驗起初也有坎坷，有些人看來，「星空非常希臘」也是古怪。他終於成功了，成功、因為有很多人模仿，失敗、因為無人模仿，「多數模仿」是檢驗「少數創造」的標準。台灣的文學語言至余光中而一變，經張愛玲而再變，他們都很成功。

那時，張菱舲也給「人間副刊」寫了不少散文，既現代又唯美，堪稱「別裁」。那時余光中的語言影響很多青年作家，她是其中之一，她的第一本作品《紫浪》中常見「余派」風格，但也非余派二字所能局限，她有敏感女子才有的觸覺。她喜歡音樂，試看她的名字，菱舲，玲玲，粼粼，聲效顯著，她的散文有節奏感，不斷在迴環往返中變化，她寫的《下午的書房》，頓挫分明，恍如一首敲打樂。

現在我讀到張瑞芬教授的文章，她評論張菱舲後期的作品，說她「長篇詩情散文，兼而有小說的趣味。」「迷宮的布局，『意象』文字高度重疊，形成了囈語般循環往復，如迴旋曲一樣的特殊結構。」「溯象徵主義與唯美主義的小溪而上，造成和弦、重唱的節奏律動效果。」是了是了！回想「現代」當年，萬里伏脈，多少才人。

受現代文學洗禮，我寫散文逐漸由雜感、議論偏向詠歎和隱喻，瘂弦首先發覺異狀，他說：「你的散文中有『事件』，寫下去！也許寫出新東西。」也有人提出質疑：「你寫的究竟是詩還是散文？」我自知不足，一律稱之為散文，就像毛姆稱自己的小說是故事。多年以來，有些作品編進各地出版的短篇小說選，有些作品登上「散文詩」學術討論會的論文。九歌編文學大系，「散文卷」和「小說卷」看中了我同一篇作品，彼此「爭奪」（小說卷序文中的用詞）。詩人翺翺對我說過：「分類的問題，就讓那些文體專家去傷腦筋吧。」

當年，現在，我都時常思索畫家高更的四句話：「為藝術而藝術，為甚麼不？為人生而藝術，為甚麼不？為快樂而藝術，為甚麼不？有甚麼關係呢？只要是藝術！」

霓虹燈下的讀者

一九五七年某日，台北市馬路旁邊出現一座大型的霓虹廣告，商家在中華路旁邊進入「西門町」的地方架設了一面「牆」，布滿各色燈管，中華路是一條大街，「西門町」是商業中心，夜晚雨後，燈光把滿街照成彩霞。對我而言，這也許是台灣第一個商用的戶外霓虹燈吧？乍見之下，我的第一個念頭是：這得耗費多少瓦電！那時一般家庭每個房間只有一盞四十支光的燈泡，每個開關旁邊都貼著「隨手關燈」。

對我而言，這一片霓虹是一個劃時代的訊號。想那一九五〇年六月，韓戰爆發，第二天美國派出第七艦隊，以「協防」名義使「台灣海峽中立化」。一九五三年七月，韓戰和談成功，兩岸長期對峙之局已成。一九五三年九月，台灣開始第一個經濟建設計畫。國民政府駐聯合國大使蔣廷黻回台北述職，他在三軍球場對三千聽眾演說：「這個國家曾經由軍人管理，由學人管理，都沒有管好，現在讓商人試試吧。」建設台灣優於收復大陸，政策大轉彎，總統、行政院長、經濟部長都沒露過口風，蔣大使算是替他們升起「重商」的燈球。國民黨拋棄計畫經濟，比「彼岸」提前三十年。

一九五七年，台灣的第二期經濟建設計畫正在進行，經濟每年以平均百分之十七的速度成長，市面一年比一年增添視覺變化。台灣別稱綠島，四季長青，植物以綠色為主，喜歡攝影的人都說顏色單調，美中不足。市政府沿路安全島上種植紅色杜鵑花。進入六十年代，連人行道也鋪紅磚，夏天走在上面，體驗紅塵滾滾，地磚印滿外圓內方的圖形，步步生錢，為後來的「台灣錢淹腳目」設下伏筆。

露出朽木模樣的電線桿，次第換成鋼筋水泥澆灌，高大英挺，上面的燈型也設計一新，光芒雪白，改造了夜景。

再到後來，新建的公寓安裝朱紅大門，大飯店採宮殿式紅椽碧瓦，「壓克力」出現，商店的招牌用工業技術製作，一眼望去，長街儼如懸燈結綵，加上紅色計程車滿街流動，布成一片燦爛。

第三期經濟建設計畫是一九六一年開始的，「經濟起飛」的口號也是此時提出來的。社會進步首先反映在女人的臉上，經濟繁榮、文化發達必然產生美女，台北街頭多麗人，豔陽天，柏油路，蹬著高跟鞋的女孩比她們的姐姐姑姑當年漂亮，布料紡織染色進步，人要衣裝，家庭講究營養，飲食造人，只見血色豔麗，明眸皓齒，玉腿修長，上面再也沒有蚊蟲叮咬的創痕，「紅豆冰棒」一詞從此消失。

以前常見老翁坐地修理木屐，現在妙齡女郎擺設攤位修補玻璃絲襪，不時有摩托車呼嘯而過，後座妙齡女郎的長髮隨風揚起。「隨手關燈」的字樣不見，商家推行「分期付款」，勸人「先享受」，報紙刊出學者的新說：「節儉是落後地區的道德。」

社會繁榮也反映在服務業上。小吃店的廁所改稱洗手間，再改稱化妝室，門牆油漆得光潔悅目。商店晉級為百貨公司，理髮店晉級為理髮廳，中南部農村的少女一批一批湧進大城謀職，她們知道自己要的是甚麼，知道應該怎樣做，她們做店員，你買東西方便多了，她們做理髮師，你理髮也舒服多了。想當年洗頭的時候，水溫忽冷忽熱，如同得了瘧疾，刮臉之前，熱毛巾突然蒙住口鼻，燙得你幾乎窒息，如果顧客有心臟病，這就是謀殺。說時遲、那時快，好像一夕之間這些俱成陳跡，處處給你新的待遇。

我初到台灣的時候很難看到冷氣，曾幾何時，沒裝冷氣的計程車無人乘坐，沒有冷氣的商店無人光顧，飯店一定有冷氣，吃飯喝茶不再汗流浹背，還可以聽到音樂，高級飯店還聘請歌女現場駐唱，給你下酒。

想那些我蹉跎的歲月！青天白日下，國旗鮮豔，永不褪色，大禮堂內國父遺像臉上卻爬滿小蟲。我身高一米八五，人家端詳我，不再說「你可以當排頭兵，扛機槍」，而是說「你這身材不會跳舞，簡直暴殄天物」。青年戰鬥訓練變成娛樂，防空洞供男女幽會，逃家的孩子也在此藏身，年輕的小說家隱地，把他大門外的防空洞加以裝修，成為有史以來別出心裁的書房，文壇一景。「國貨公司」充斥法國酒、美國菸、英國衣料，漫畫家問「這是哪國的貨？」中廣公司打破創建以來的傳統，播送流行歌曲，節目部儲備廣播劇的音效資料，從軍中錄來各種號音，希望我能一一註明用途，我已大半不能分辨。

長話短說，台灣十年生聚，大眾開始追求舒適，社會也急急忙忙提供舒適。那時所謂舒適，不過是「人生的意義就是甩掉皮靴躺在床上」，那麼枕戈待旦就免談了，「痲將不離手，小吃不離口」，也沒有多大罪惡，那麼臥薪嘗膽去他的吧！讀者大眾面對文學作品，他有星期六的心理，不是星期一的心理，他是進戲院的心理，不是進課堂的心理，他是放假的心理，不是加班的心理，是穿便服的心理，不是穿禮服的心理，是準備約會情人，不是準備拜訪教授。個人主義、享樂主義、現實主義也都是大勢所趨，潮流比人強，那麼「先天下之憂而憂，後天下之樂而樂」就埋在線裝書裡吧！

讀者的口味發生無情的改變，我們曾經信奉古典主義時期一位大師的主張，文學要「給讀者以知識，給讀者以教訓，給讀者以娛樂」，現在他們只要娛樂。他們不再願意「聽戰敗的故事，作戰勝的夢」，分擔歷史的壓力，也不欣賞那些半醉不醒的喃喃囈語，顛倒常情，人生怎麼會是這個樣子，如果人生確實如此，他們也要逃避。

小說組的學長張雲家，為了辦文藝函授學校，向政府申請登記，公文批下來，把文藝列入「娛樂事業」，我們大驚稱怪。查問之後，得知這是美國的職業分類，台灣搬過來照用。我們頓時有一落千丈之感，「經國之大業，不朽之盛事」，原是是一個馬戲團。（我寫這篇文章的時候，發現中國大陸上有幾家報紙，乾脆把文學副刊附加在娛樂版之內了！）

以前，中國的小說人人懂，大家可以有不同層次的「懂」，現代主義「基要派」的小說難懂，你讀了、全懂或者全不懂，你得照著批評家的規格去懂，大家所「懂」者相同。這樣，現代主義的文學作家就站在文學金字塔的尖端，成了少數，他們很自負的、很愉快的脫離了大眾。

文評家和文學史家特別看重這些人，文學藝術永遠需要創新，創新不惜冒進，別人跟不上來。創新「可能」失敗，但守舊「必然」失敗，創新失敗還可以給後人留下啟發，留下借鏡，成為文學園地的綠肥，所以有遠見的人都會站在他們一邊。這樣的作品恐怕也只有對現在的作家有意義，或者對將來的讀者有意義了。

也有一些作家，他們的人數稍稍多一些，他們本來也有那種銳敏，也有那種才氣，現代主義大潮湧現時，他們也曾初試啼聲，受人器重，他們左手牽住的是白日飛昇的仙人，右手握緊的是貪戀凡塵的眾生，究竟跟大多數文學人口難割難捨，進兩步退一步，終於鬆開了左手。這些作家居於金字塔的中層，他們從兩邊得到一些，也都從兩邊失去一些，文評家希望這些中堅份子「先普及文學、後提高讀者」，看來普及有功，提高有限。

還有一些作家，明快果決，豎起通俗文學的旗幟。「但願文章中天下」，通俗就是通俗，「俗」而能「通」，也非泛泛可以做到。我愛文學，我愛銷路，我愛群眾，有何不可？那些把文學標尺磨成一把利刃向我割席示威的人，恐怕是因為沒吃到葡萄，那一束叫做文藝批評的鮮花算甚麼，那幾行叫做文學史的墓誌銘算甚麼，這是甚麼年頭了，君不聞「錢在說話人在聽」！六十年代，這些作品是文學人口的速食，報紙雜誌爭相延攬，書市場為之一片火紅，達官貴人富商大賈，這才對「文學」一詞有些新的印象，這是金字塔的基層。

我不舉例，我並非在寫文學史，我想說，文學人口的割裂分化，從那時就開始了，六十年代，我們每一個人都要選邊站，

我是在中間插隊落戶的，我一直緊緊拉住兩邊，直到雙手痠麻，同時放開。市場機制一旦自動執行，也許只有「偉大的作家」可以改變，但當代並無那樣的作家，或者時代已不復出現那樣的作家，於是狹義的文學屬於小眾，山高月小（我首先使用「小眾」一詞，後來學

者又由日本引進「分眾」）。廣義的文學民有民享，江河日下。到了「後現代」，「文學作品」對讀者大眾的神經還有多大交感互動？也幸虧大眾還有電視劇可看，有網路可讀，文學因緣藕斷絲連，文學史家睜大眼睛等待轉機。

大眾由求舒適進而求逸樂，求生理刺激，色情讀物也昌盛一時。色情讀物一稱黃色書刊，「黃色」一詞來自西風，十九世紀美國出現低級趣味的報紙，用黃色紙張印刷，被稱為黃色新聞，延伸出黃色歌曲、黃色小說。

據我耳目所及，五十年代有一位貴婦人小試出版事業，她從美國的冷戰經費中拿到一筆錢，辦了一份周刊，參與反共宣傳。這份周刊篇幅不多，沒有封面，也不裝訂，外形彷彿一份小報，用今天的話來說，它是消費式的讀物，鎖定爭取一般小市民。貴夫人對這等事不甚了了，信任她在香港物色的主編，主編引進香港的「一毫子小說」（花一毛港幣可以在地攤上買到的小冊子），每期刊載一個短篇做頭條文章。

這個短篇不算很短，佔據四分之三的篇幅，一次刊完。故事情節公式化，中共的女間諜以色相引誘國民黨的男間諜，幾番風雨，男性英雄以床上功夫征服了女性敵手，於是女間諜交出工作機密，中共的情報網瓦解。別小看了這個模式，張愛玲的小說〈色戒〉，李安拍出來的電影《色戒》，無非如此，張愛玲寫得含蓄，李安拍得精緻，貴夫人那份周刊哪裡能比？

那些作者文筆粗劣，情節醜惡，即使《十日談》、《洛麗泰》、《金瓶梅》、《查泰萊夫人的情人》的作者一一復生，也無法為他辯護。那些作者對情報工作也毫無認識，所謂「任務」，幼稚簡單，「反共宣傳」徒然誘引低級原始的慾念，恐怕還只限於對低級的原始人。

貴夫人興趣廣泛，她的周刊匆匆收場，市場的潛力仍在。那時有十幾家內幕雜誌，以報導政壇內幕為號召，政壇當然有內幕，可是他們怎能知道，即使知道了又怎敢公布，所謂內幕只有一個聳動的標題，真正的生存之道還是要繼續開採「黃礦」，當作「賣點」。這些雜誌每期都有黃色故事，寫的是升斗小民淫亂荒唐，這些作者比較用功，能把《素女經》、《天地陰陽交歡大樂賦》之類的性典譯成白話，拿來描寫人物的動作，發表以後，陸續印成小冊子，交給報攤半公開發售。那時大家稱這些東西為黃色讀物，沒得玷辱了「小說」二字。

黃色讀物漸漸滲入青少年的閱讀範圍，進入學校。未經報導的消息說，有一天，某一所著名的女子中學突然集合學生檢查書包，發現半數學生是帶著那種小冊子來上課的，這件事引起教育界人士的憂慮。

那幾年下班以後，我常獨自坐在新公園的長椅上冥想，遠處有穿著校服背著書包的女生走進，四顧無人，坐下來看書，看完了，四顧無人，隨手丟進路邊的垃圾筒裡。她走後我悄悄去撿起書本察看，不出所料，正是那種小冊子。

那時沒有民意調查，只能如此如此，略見一斑。

那個「惡名昭彰」的文化清潔運動「除三害」，就是在這樣的情境中出現的。某天早晨，我打開《中央日報》，赫然有中國文藝協會的宣言，說是文化界有「赤色的毒，黃色的害，黑色的罪」，必須掃除。宣言由全體會員署名，我也在內，事實上文協總幹事照名冊抄錄，沒有通知我們。

當時我想，中共辦這等事，也要開個大會舉手表決，有個形式，走個過場，想不到文協看得透做得出，乾脆都省了。我當時想，以後也許還有個甚麼樣的運動，我也不知不覺成了發起人，心中立時發生反感，怪不得當年梁實秋、錢歌川拒絕參加文協！雖然我也認為黃色有害，卻始終未寫一字，未發一言。

事後知道，這件事由國民黨中央黨部幕後主動，「赤色的毒」、「黃色的害」都無須解釋，所謂「黑色的罪」，指的是某些「文化人」以揭發陰私勒索錢財。其時「赤色」全被警備司令部壓制，「黑色」代表性很小，主要目標是對付黃色，文協作業時並稱三害，借重歷史人物的光環引人注目。

依中央黨部作業人員估量，「黃色」確已成為社會大患，除害符合大眾意願，赤色黃色相提並論，出自蔣介石的《民生主義育樂兩篇補述》，那年代蔣總統說話也是一句抵八千句。

想不到運動出門，輿論界齊聲反對，《自由中國》雜誌一字千金，《聯合報》也有它的權威地位，中廣公司是黨營事業，節目部主任邱楠也公開說，除三害運動沒有法律根據，報刊可以向法院提出控訴。蔣介石到底不是毛澤東，輿論一片叫停，演出頓失精采。

反對的理由是維護言論自由。我當時很難理解，民營大報為何要把色情書寫的自由、新聞報導的自由、批評時政的自由綁在一起，後來弄明白了，民營報紙正發展「社會新聞」，開拓銷路，社會新聞採登社會上發生的犯罪案件和色情事故，前者如搶劫、殺人、強姦、貪汙，後者如通姦、亂倫、婚變、戀愛糾紛，在在和讀者的七情六慾相應。軍國大事的消息平板空洞，好像與自己並不相干。社會新聞的記者大都有文學天才，擅長捕捉細節，也擅長加入想像把事件放大。文協「掃黃」，等於向社會新聞的正當性挑戰。

文協的領導人張道藩支持除三害，他對新聞界發表公開談話，其中有這樣幾句：「假如有一天，不幸報紙也成為黃色新聞的大本營，人手一份，甚至我們將來有了電視，更變成黃色文化的放映機，深入每一個家庭，這個問題就不堪設想了！」這話打擊面太大了，簡直把報紙列為假想敵嘛，道公到底是書生，不知道「拉攏明天的敵人，打擊今天的敵人」，結果引起報界更大的疑慮。

當時新聞界給這個運動定了性，今天的研究論文據以給這個運動定了罪。

在我看來，這個運動失敗了，依舊依舊，黃肥藍瘦。主持《自由青年》半月刊的呂天行是雜誌界的名人，他借用三個人的名字說明情況，這三個人跟雜誌報紙沒有關係，呂天行把名字抽離本尊，僅僅使用文字表面的意思，牽強附會，聊博一笑。第一位台大知名的教授黃得時（黃色得天時，雜誌內容色情當令），第二位台北市長黃啟瑞（雜誌創刊靠黃色一炮而紅，打開銷路），第三位曾任軍法局長的新聞人物包啟黃（打開雜誌看，包你是黃色的）！由於三位黃先生的知名度很高，呂天行的妙語成了當時文化界熱門的談話資料。

經此一役，黨中央看清張道藩對社會實在沒有甚麼影響力，文協不堪大用，據我記憶，自此以後，道公專心做他的立法院長，對文化工作再也沒有聲音，文協也「躲進小樓成一統」去了。（後來連「小一統」的局面也出現嚴重危機。）

除三害旨在貫徹總統的意志，卻任由文協孤軍深入，片甲無回，哪像新聞界反對出版法修正案，陳誠放話擺平，立法院反對電力加價，黨團運作擺平？這又是為甚麼？

天威難測，予忖度之，種種跡象顯示，蔣公高下在心，政府畫下了紅線，領袖的英明偉大，第一家庭的尊嚴，反共國策的道德基礎，軍隊特務的「聖雄」形象，絕對禁止碰觸，同時也讓出空間，允許官吏有些貪汙，人民生活有些腐化，工商有些為富不仁，輿論如同花匠，可以修枝剪葉，這樣可以人給人民的精神苦悶留下出路，所以天不滅黃。

現代小說作家要釋放潛意識，選用題材有「性解放」的傾向，卡繆寫的《異鄉人》，男主角聽到他的母親死了，他的反應是去和女朋友做愛，一時奉為經典。某一天，我和幾位小說作家聊天，有這樣一段話：

——內戰期間，華北某地的一個小夥子被國軍抓去當兵，輾轉來到台灣，當年他十幾歲，現在三十多歲了。如果有一天他回到故鄉探望老母，老人家的雙眼已經瞎了，他們母子怎樣相見？

——盲聾作家海倫．凱勒拜訪美國總統艾森豪，她用手仔細摸了艾森豪的臉。

——好！就讓母親用觸覺認識兒子，這個題材要怎樣處理才算「現代」？

——她摸遍兒子全身，如果連生殖器也摸了，那就很現代！

於是引發一場大笑。

那時，小說對「性」仍是點到為止，我問一位小說作家，現代小說是文學中的異味，你們為甚麼沒把「性」當作大菜端上來？他說黃色讀物氾濫，我們不蹚這渾水。

可是「天下萬事皆有定時」，到了彌賽亞應該出生的時候，你就是把全城的嬰兒都殺了、也抵擋不住。一九六二年九月，著名的女作家郭良蕙出版了她的長篇小說《心鎖》，書中對性愛的描寫「自五四以來最露骨大膽」。一九六三年一月，內政部下令查禁，四月，中國文藝協會和青年寫作協會開除她的會籍，郭良蕙的聲望陡增，《心鎖》盜印本的銷路也一倍又一倍增加，禁書無用，這又是一個例證。

《心鎖》的寫作技巧並無多少突破，取材卻非常前衛。據我所知，《心鎖》先由《徵信新聞》（《中國時報》前身）副刊連載，老編徐蔚忱已對原稿略作刪節，書店出版時，郭女士又在剪報的文本上有幾處割愛，可是出版後仍然引起軒然大波！可見她創作時領先的程度。

文協開除郭良蕙，由前輩大作家謝冰瑩在理事會上提出。文協未設理事長，會務由常務理事輪值，那天晚上輪到趙友培主持會議，他非常謹慎，依照議事規則處理這個提案，自己完全中立。提案人認為郭良蕙長得漂亮，服裝款式新穎，注重化妝，長髮垂到腰部，在社交圈內活躍，既跳舞又演電影，引起流言蜚語。當時社會純樸，她以這樣一個形象，寫出這樣一本小說，社會觀感很壞，人人戴上有色眼鏡看男女作家，嚴重妨害文協的聲譽，應該把她排除到會外。謝老前輩言詞激烈，態度堅定，說服了其他理事，通過提案。那時張道藩常常不能到文協開會，他定下口頭公約，缺席的理事對會議通過的議案，事後只能同意，不得反對。他和陳紀瀅都覺得對郭良蕙無須這樣激烈，也都在「公約」的約束下默認了。

青年寫作協會開除郭良蕙，出於鳳兮堅持。他說青少年看內幕雜誌，老師可以沒收，可以處罰，《心鎖》出版後，它是文學，學生書包裡有「文學」老師不知怎麼辦。青少年看內幕雜誌，偷偷摸摸，怕人發現，「文學」可以大方方的閱讀，男生可以大大方方把它介紹給女生，少男少女無異服下催情劑，一切過程都縮短了，此風絕不可長，青年寫作協會的宗旨是維護青少年的身心健康，不能有這樣的會員。

開除定案，各報登出消息。那時大家認為文協、青協都是代表官方，無論做甚麼事大家都冷淡對待。強烈的反彈來自香港，大部分刊物禁止入境，所見二三，持論不外是創作自由之類。獨有一家七彩畫報（《中外畫刊》？）在文藝版刊出一篇文章，它說文藝社團不去保護作家，反而順從政府的好惡打壓會員，這是「世上最無恥的行為」！對我而言，這是一個嶄新的角度，我把這篇文章拿給友培先生看，他默然無語。

後來友老告訴我，他已向道藩先生進言，文協和政府的關係，可以由相輔相成調整為「相異相生」，文協專門協助作家創作發表，給作家營造有利的環境，作家被捕，文協作保，作家坐牢，文協送飯，作家挨罵，文協勸架，作家遭謗，文協調查真相後澄清。政府的願望無非是文藝步步向前向上，文協也是，彼此著力點不同，效果卻能相加，道公聽了十分贊成。道公晚年在口述回憶錄時表示，文協唱「紅臉」，警總唱「黑臉」，殊途可以同歸，不過他已沒有機會實行。

想當年國民黨還有「迷信」，以為風氣風俗可以由一二人轉移，可以挽狂瀾於既倒，錯錯錯！莫莫莫！文藝工作逆水行舟的事，黨部好像從此不做了！

郭良蕙的反應又是如何呢，據說她十分沮喪，「冷對千夫指」畢竟很難，八十年代《心鎖》解禁，新聞記者造訪，她才正式說出感受。一九六五年我接編《徵信新聞》人間副刊，刊載她心鎖事件後的第一個長篇《青草青青》，內容很「清潔」，我去信讚許她寫得好，一面心中暗想，她好像並沒有意識到她在文學發展中的角色。

台灣文藝界曾經有人討論，作家創作究竟應該「做得早」，還是「做得好」？做得早、開風氣，做得好、集大成，都可以在文學史上留下名字。做得早是馬背上的皇上，做得好是龍椅上的皇上，馬背上到底風險大，風霜多。《心鎖》一出，台灣的「色情讀物」晉級為「色情文學」，八十年代，色情文學又晉級為「情色文學」，大勢所趨，人心所向，郭良蕙是先驅，也是先烈，她做得早，未能做得更好。

小說當然可以寫「性」，小說表現人生，「性」是人類生活的一部分，而且是很重要的一部分。但是今天文學有商品的性格，作家寫性，究竟是出於商業動機、還是藝術要求？如果兩者都有，孰輕孰重？社會付出成本，回收的是甚麼？這個問題到現在也沒有解決。世上有些問題也許永遠不能解決，最後不了了之，色情情色，是否也到了這個「無是無非，亦是亦非」的境界？

那時色情大軍之中沒有一兵一卒是台灣人。曾經讀到陳秀美教授的論文摘要，他說色情文學是「外省作家的第二個出身」。那麼第一個出身是甚麼？反共文學嗎？思想起來，好不令人汗顏。

可是「天下萬事皆有定時」，八十年代前後，本省作家後生可畏，藝高與膽大成正比，寫「性」更細膩淋漓，也得到更大的聲譽，學者改稱「情色小說」，一字顛倒，亮出藝術護照，作品介紹見之於《紐約時報》的書評，《大英百科全書》寫入每年一本的「別冊」，天下地上，再無貶詞。這也是「外省播種本省豐收」嗎？不知是減少了，還是增加了外省作家的罪業？

我能為文藝青年做甚麼

一九五二年，趙友培教授成立「中國語文學會」，創辦《中國語文月刊》，我有了為中學生效勞的機會。

既然有了中國文藝協會（一九五〇），為甚麼又成立中國語文學會呢？文協成立時，趙友培負責所有事務性工作，並連續多屆擔任常務理事。文協是綜合性「全國性」的組織，包容了不同背景、不同動機、不同行為風格的文藝名流，張道藩又不親會務，缺乏強勢領導，個人空有理想，很難有所作為。

趙友培教授認為語文教育是文藝事業的根本，無論文藝創作，文藝批評，文藝欣賞，都得先有某種程度的語文修養，推行語文教育的主場在中小學校，中小學校可視為文藝事業的外郭，他鼓勵學生「從生活中學習語文」，「閱讀教學就是把文字還原為生活，寫作教學就是把生活改換為文字」，這就把國語國文的功課和文學作品接通了源頭。從外郭播種扎根，既可為文藝的發展作十年百年的大計，也避開文協的人事派系困擾。

趙教授進一步擴大其說：國文也是歷史地理的根本，語文程度若是低於標準，怎麼能看得懂記得住史地課文，而且那時考試有「發揮題」，要用敘述或議論寫出答案。語文程度甚至也是學好數學重要條件，數學有「應用題」，學生根據文字敘述的情況進行演算。友老在台灣省立師範學院（師範大學前身）教書，他的理念得到當時師範學院劉真院長的支持，劉院長有個口號：「師範第一，國語文為先。」於是師範學院成為中國語文學會的推手，中國語文學會又是《中國語文月刊》的搖籃。

那時台灣的漢語漢文水準偏低，市政府修路，「警示牌」上寫著「工程中禁行」（日文直譯），我在公共汽車站候車，常見空車駛過，車窗上寫著「車內無人」（英文直譯），候車的人頓足大罵，既然車內無人，為何不停車載客。市政府對中華文藝函授學校行文，把「娛樂」寫成「誤樂」。政府推行「毋忘在莒」運動，用戰國時期田單收復失地的故事，勉勵上下一心爭取反共勝利，公文輾轉下達到鄉鎮，已是一份油印文件，「莒」字模糊不清，許多鄉鎮長不知出典，到里民大會去宣揚「毋忘在營」，勸青年踴躍從軍。

曾經聽一個學生家長講他自己的故事。他的女兒讀初中，每星期要寫一篇周記，有一天女兒不聽話，他一怒之下出手就打，女兒在周記中寫了一句：「今天父親對我非禮。」級任導師的批語：「家醜不可外揚！」這位家長發現了，衝進學校向校長大吼大叫：「狗屁不通！你們都狗屁不通！」他揚言要向教育廳投訴，校長一面敬菸點火，一面勸他：「不可外揚！不可外揚！」

那時劉真院長講過一則軼聞：學生作文把「落伍」寫成「落五」，老師改作文把「落五」改成「落武」，於是「學生落伍一半，老師全部落伍」！一位教師說，他以「我的母親」為題，全班學生作文只有一個學生寫得通順，他以這篇作文為例，對全班學生講述作文方法，然後讓全班學生再寫一次「我的母親」。那篇用作為範例的作文開頭說「我的媽媽姓劉」，班上有一半學生開頭也寫「我的媽媽姓劉」。我的妹妹在師範學院讀書，晚上到私立中學的初中夜間部兼課，發現新生之中有十幾個學生還寫不出自己的名字（他們已經小學畢業）。

於是有一個故事流傳：縣政府的督學到某中學視察，他問一個學生：「阿房宮是誰燒掉的？」這個學生連忙回答：「不是我！」督學把他測試的結果告訴校長，校長連忙說：「本校一向注重學生的品德，他們不說謊話。」督學回去寫報告，強調文史教育重要，縣長批示：「阿房宮既然重要，可以撥款給他們另蓋一個。」

這個小故事用文學手法反映兩個現象，除了國文程度低落，還有人口增加，政府對教育大量投資，學校紛紛蓋教室、蓋實驗室、蓋圖書室、蓋大禮堂。敝族尊長一然先生做過幾任小學校長，他曾經很幽默的說：「做三年立法委員可以當律師，做三年校長可以當土木工程師，因為他會蓋房子。」一然先生辦學認真，多方設法提高學生的語文程度。學校蓋房子，他不收回扣，不吃花酒。他體形魁梧，氣宇軒昂，駐軍侵佔學校的操場，被他威風凜凜的趕走。他從來不向教育科長送禮，也不用上等酒席接待督學，他常說：「他們隨時可以趕我走，我無所謂，那是台灣的損失。」

中國語文學會成立以後，按照會章定期開理事會和會員大會，每次會議都有許多提案，所有的提案、決議和建議，分送教育部、教育廳、僑務委員會參考，內容切中時弊而又切實可行，他們馬上採納。以我的感覺，每年會員大會以後，政府在教育方面總要做一些小事情，或者研討一兩件大事情。

《中國語文月刊》創刊以後按時出版，從未脫期，內容針對中學小學語文教師教學的需要作出設計，並且表揚優秀的老師，培養學生文藝欣賞的能力，提供中學生發表的園地，成立「中國語文通訊研究部」解答語文教師的疑難，出版活頁文選，滿足特別喜愛文學的青年。

六十年代之初我一度擔任月刊主編，七十年代初期月刊財務困難，一度由張席珍、胡兆奇（季薇）和我三人合編，不支薪水。我針對中學生的需要設計了十個專欄，也用本名和筆名寫了無數零碎文章，用零碎短文活潑版面，增加趣味，引發議題，把胸中的鮮花撕成花瓣揮灑散落。

靠學會和月刊的因緣，我親近多位專家學者：何容，毛子水，梁實秋，程發軔，丁治磐，劉真，王星舟，齊鐵恨，王壽康，張希文，朱介凡，葉溯中。這些宿儒都參與月刊和學會的工作，談吐之間，隻字片語，都是經師。

我也做了一件完整的工作。我為中學生寫了一本書，推廣趙友培教授的創作「六要」：觀察，想像，體驗，選擇，組合，表現。我相信他們接受了這一套方法，定能解決「寫甚麼、怎麼寫」的問題，「作文」成為他們喜歡的課程，由作文有趣發現人生可愛。那時考試，作文成績佔國文成績的百分之五十，我希望對他們的升學考試也加一把勁兒。

為了讀者容易接受，我決定仿照《愛的教育》的模式。我需要觀察他們的生活，體會他們的想法，從中發現素材，我也需要他們參加我的實驗，充實或改進我所作的設計，那時候，我對作文教學的想法幾乎是一種革命，受正統的國文教學排斥，感謝育達商業職業學校給我空間和時間。這一系列文章在《中國語文月刊》發表之後，由何本良的益智書局出版單行本，叫做《文路》（一九六二）。

在這段期間，《自由青年》雜誌主編呂天行找我，要我寫文章給青年朋友談讀書、談寫作。我說當初我在大陸上讀書的時候，這一類文章都是朱光潛、葉聖陶、夏丏尊、茅盾撰寫，今天怎麼會輪到我？他說出一番道理來。

他說，大師級的學者只能初一十五請過來膜拜一下，雜誌的內容不能長期倚靠他們，他們只肯教自己的學生，有些老教授還把學生分成「磕頭的弟子」和「沒磕頭的弟子」，兩者差別對待，他們不能照顧社會青年。

他說，編雜誌要規畫內容，約稿時免不了要定題目、定內容、定字數、定交稿的時間，大師級的學者沒法配合。大師的「學術語言」有一定風格，沒有受過治學訓練的人很難吸收消化。《自由青年》是社會刊物，沒有他們作文章不行，他們的文章多了也不行。

呂大主編決定從青年作家裡面找「大師的學生」寫文章，這等人既然是作家，語言風格通俗曉暢，能夠適應編輯檯上技術性的要求，既然是大師的學生，總會洩漏、複述、引證平時所學，對大師的學問見解作第二手傳播，如此這般正合他的需要。那時《自由青年》從旬刊改成半月刊，對外擴大發行，他把目標鎖定了我。

《自由青年》是國民黨中央黨部第五組創辦的刊物，本為旬刊（一九五〇），後改半月刊（一九五一），聘呂天行為副社長兼主編。呂和主其事者並無淵源，只因他獨力創辦的《當代青年》雜誌風格清新，得第五組主任張寶樹賞識延攬。他到任後力爭編輯自主權，雜誌由封面到封底毫無黨的「氣味」，舉例來說，每年三月二十九日「青年節」，蔣介石總裁照例發表文告，各報刊都以顯著地位刊出，黨辦的《自由青年》雜誌卻一字不見，雜誌對文告的內容也沒有任何文章詮釋響應，「道一風同」的年代，呂天行創造了奇蹟。他的態度很明確，「我隨時可以辭職不幹」，他的頂頭上司張寶樹有道家風度，宰相器量，一直包容呂天行的「文人習氣」，呂天行也不負所託，把《自由青年》辦成當時青年喜愛的刊物，替國民黨爭取了多少好感。

他對我的期望既然是做大師和青年的中介，我建議製作一連串人物訪問，他欣然同意。他開出受訪人名單，台灣大學文學院長沈剛伯順序第一，沈教授的聲望似乎高過校長，他的頭髮硬挺如翅，不肯伏貼在頭上，號稱台大校園一景。他不肯接受訪問，仍然在家中接待了我們，他很懇切的對呂天行說，你寫一個人，無論文章寫得多麼用心，被寫的人看了總是覺得沒寫好，如果別人寫你，你也一定不滿意。他望了我一眼：「所以我向來不願意被人家寫，也從來不寫別人。」訪問雖然無成，他的這幾句話卻是我寶貴的收穫。

後來我和沈先生還有多次接觸，我的弟弟成了他晚年十分喜歡的學生。一九六五年我編「人間副刊」的時候，也是沈老師一句話，於梨華慷慨拿出《又見棕櫚、又見棕櫚》。以後陸續訪問了多位名教授，記得有陳大齊、曾約農、沙學浚、熊公哲、王雲五各位先生。我小時候讀過曾國藩家書，管理過商務版的百科全書，照著中國輿圖學社的地圖學習地理，對各位前輩大師仰慕多年，蒙他們接談，引為大幸。

後來知道，呂天行在要求對方接受訪問時告訴他們，我是執筆替張道藩寫回憶錄的人，這正是我極力避諱的說法，心中大起反感。還有我那時好高鶩遠，希望我的訪問記寫出他們最新的見解最近的研究，他們多半拿出舊日的著作來教我摘抄，影響我的工作熱情，以致訪問沒有繼續下去。

王雲老自學成功，他是我們失學青年的神話，也是國民政府留給我們的精神出口。他是一個可愛的老人，我在訪問記裡大大的讚美他，句句出自肺腑。他也很勉勵我，他向我透露早晨起床很早，六點鐘出門散步，特許我在六點以前可以打電話給他，我從電話裡得到他許多教誨。

雲老經營台北的商務印書館，半夜三更親自帶著警察到郊區抓盜印現行犯，我從報上看見消息大吃一驚，連忙到商務去看他，他是多大的年紀多大的官啊！怎麼可以輕身冒險。他淡淡的說：「我是出版家，出版事業千秋，政府職位一時。」

我接編人間副刊之初，希望能得到他一篇文章，他很懇切的告訴我，編刊物不能靠老人，要靠年輕人和職業作家。他說他願意為人間副刊寫一篇文章，但是不要限定時間，也不必催他。後來人間副刊的性質風格和當初的構想有異，幸虧他的文章始終沒來。

論青年偶像，首選應該是胡適和羅家倫，呂天行沒有把這兩個人規畫在內，察言觀色，中央黨部似乎在降低這兩個人對青年的影響。

呂天行是那個年代有名的編輯，論專業精神、工作熱情，文化界人士每每拿他和《文星》的蕭孟能相提並論。我和他合作甚久，進入六十年代以後，我的自信心增加，寫作更勤。後來他到政大教書去了，我在寫了許多許多人物訪問、讀書報告、寫作技巧、生活雜感之後，對《自由青年》有些興盡而止了。

報紙雜誌上的文章多為應時之作，我在呂大主編任內做了一件比較「永恆」的事情。也許是科舉時代「策論」的遺風，那時升學考試的作文題都是議論，對大部分中學生來說，議論比記事抒情困難，有些考生只能在考卷上寫下一句話。我把這一句話找來細看，這一句話寫出事實，說出感覺，沒有作成「判斷」。我把問題找出來了，我想老師教他們寫議論文，可以從改善這一句話入手，這一句話不再是記敘或描繪，而是表示「意見」。我們看抒情看真假深淺，看議論看是非對錯，有一個「判斷」的句子，議論文就有了「核」，經過培養，它可以長出枝葉花果，這個過程可以分階訓練，就像數學訓練一樣。

為了實驗我想出來的學習程序，我特別到台北汐止中學教了一年國文。我使學生終於找到「意見」，能夠產生「意見」是一次躍升，這就是俗語所說的開了竅，然後再教他們發揮意見。實驗期間我在《自由青年》開了一個專欄叫做「講理」體例仿照夏丏尊的《文心》，專講議論文的寫法，這是我和夏老最貼近的一次。後來出版單行本（一九六三），居然暢銷一時。

我在這本書裡加入了社會背景。它的影響大，數不清的反映由各校國文教師而來，都說他們的學生打通了思路。在我的心目中，《文路》培養感性，《講理》培養理性，那時台灣漸漸顯出它是一個缺乏理性的社會，我很擔憂，我列舉社會上流行的偏見，一一列為作文的大忌，我自己期許，《講理》並非僅僅教人作文而已。

一九五七年，劉真院長出任台灣省教育廳長。他本是立法委員，「立委」和國大代表、監察委員都是「國會議員」，國府撤退到台灣無法改選，他們一直連任，民間稱為「萬年國會」。他們養尊處優，享有特任官的待遇和福利，劉真先生捨棄「金飯碗」，甘願擔任待遇菲薄、任期無定、上級管束、民代掣肘的教育行政，當然有他的抱負，他做了多項劃時代的興革，為了輔助語文教學，他大大的使用了中國語文學會。

劉廳長仿照美國政府的做法，教育廳和民間學術團體簽約，政府出經費，民間出人才，共同去做一件事。他使全省的中學小學加入中國語文學會做團體會員，交納會費，享受各項服務，包括贈閱月刊，學會有了固定的財源。他又補助學會新台幣一百五十萬元，學會用這筆錢買了一棟房子，有了固定的會所。月刊這才走出篳路藍縷的階段。大有作為。趙友培教授實際主持會務，他勇於任事，果然不負劉廳長所託，履行合約，事事落實。拿中國語文學會和中國文藝協會比較，學會是「春秋謹嚴」，協會是「左氏浮誇」。有了中國語文學會，有了劉真，趙友培這才盡其所能，如其所願，他並且改換了治學範圍，成為一位文字學家。

那時，許多人說現代人沒有時間看冗長的東西了，長篇小說是「看守倉庫的人所讀的書」。青年朋友都想寫短篇，從技巧方面說，短篇比長篇更難，我雖然沒寫出「好看」的小說，但是閱讀甚勤，揣摩甚久，我和小說的關係，近似鑑賞家和美術的關係，琴師和「角兒」的關係。我在《中國語文月刊》上寫了一連串「短篇小說解析」，每期轉載一個短篇，逐段加上註解，說明作者的匠心所在和讀者的趣味所繫。短篇小說的形式變化無窮，探究起來也趣味無窮，讀者反應熱烈，可是因為版權問題，沒能成書。

中國語文學會和教育廳合作期間，學會接受委託，輔導中學小學的國語國文教學。這是一件勞苦繁重的工作，先是由王壽康、趙友培兩位教授擔任，他們自一九五七年十二月到一九五九年一月，在教育廳督學的陪同下，看遍全省所有的中等學校（包括職業學校）和一部分小學，王教授中途病倒，何容教授接替。他們旁聽教師講課，看學生的作文簿，讀學生辦的壁報，對師生演說。重頭戲是邀集國語文教師座談，討論怎樣改進教學，解答教學時遭遇到的難題。他們等於是一座活動的國語文教師進修班。

環島輔導行程漫長，節目緊湊，往往夜晚下榻旅社，第二天早晨投入工作，沿途不但車馬勞頓，而且有時在山路和泥路上步行。那時許多學校沒有冷氣，座談時問答熱烈，揮汗如雨。許多學校沒有擴音器，或者擴音器突然損壞，演講要憑自己一股中氣、一副好嗓子。舊日的同事、學生還有慕名者接踵探訪，晚上也難好好的休息。一九五八年十月一日黎明，王壽康教授忽然不能說話，經醫生診治恢復，這大概就是「小中風」，也叫假中風，這是「中風」的前奏或警告，他提前結束輔導，回台北休養，「真中風」還是接著來了！一病臥床十六年。

王壽康先生是一個談吐幽默的大漢，那時台北街頭常有基督徒勸行人信教，壽老告訴他們「我信國語教」！他一生提倡標準語音，是台北《國語日報》的創辦人之一，常常勤奮工作，忘了休息，有人問他累不累，他說：「有興趣的事不累，沒興趣的事不做！」他曾說：「我做學生的時候，學生怕老師，我做老師的時候，老師怕學生。我當兒子的時候，兒子怕老子，我做老子的時候，老子怕兒子。我做老百姓的時候，老百姓怕軍人，我做軍人的時候，軍人怕老百姓。」幾件具體的小事透露世局變遷，富有喜劇趣味。我們都愛聽他談天，疾病到底是甚麼東西？竟教一位益人益世的演說家從此失去語言能力！我反覆玩味成語，「天道難知」！

一九六二年，劉真廳長辭職，任期五年有餘。文教界一片詫異之聲，他的政績何其多、而任期何其短也？依我體察，他下台早正因為做事太多，那年代國民黨確實勵精圖治，但是有個奇怪的現象，誰做事太多誰倒楣（與此平行的現象是，哪一首歌太流行哪一首查禁），例證甚多，不便列舉。這個有趣的現象，有待熟悉帝王心理、統馭藝術的人為我們鉤沉照明。後來劉先生常用兩句話勉勵我寫作：「文章千古事，做官一陣風！」此中語意或許我們不能盡解。

就教育史的角度看，劉真廳長是個振衰起弊的人物，曰衰曰弊，要從內戰潰敗大陸不守說起。想當年多少黨政人士，冒死追隨政府來到台灣，總得有個地方吃一碗飯，倉促之間盡量向教育界安插，你是外省人，總可以教國文吧！教科書裡的文章你都念過。你做過機構的首長，去做小學校長吧！校長無須簽到簽退，「至少還有個工友打洗臉水」，勉強維持「首長」的生活方式。政治忠貞並非專業優秀，加上政府財政困難，待遇很低，對教師「待之如牛馬，所望有過於聖賢」！（鳳兮的話。）積習積弊，層層疊疊。劉廳長夙興夜寐，僕僕於台中台北之間，一步一步造勢解結，我讀他在中央研究院出版的口述歷史，只見到犖犖大者，像環島輔導國語文教育，他就隻字未提。

廳長換新，中國語文學會和教育廳合作的項目一一期滿，《中國語文月刊》的經費逐漸捉襟見肘。趙友培是創辦人，面臨歷史斷續的壓力，他是發行人，面臨刊物品質和風格的壓力，他是社長，面臨「一天開門七件事」的壓力，他用盡心力，沒有停止對教師服務的項目，沒有剋扣作者的稿費，沒有減少月刊的頁數期數，每期出版後照樣寄給全省中學小學。他的兩頰更瘦，兩眼也更明亮，也許這就是「燃燒自己」的形象吧？他的工作團隊也無一人退出。

一九六二年，台灣第一家電視公司開播，一九六九年，台灣第二家電視公司開播，一九七一年，第三家電視公司開播，台灣進入電視時代，教育除了「語言思考」又增加「映象思考」的要求。中國語文學會一向「推廣兒童文學」，獎勵過多位作家，順應時代向外開展，聯合文藝或教育團體，每年舉辦新時代兒童創作展覽，參展作品以圖畫和作文共同呈現內容，低年級看圖作文，高年級看文作圖。學會財力拮据，沒有高額的獎金，以評審委員的成就聲望和隆重的發獎典禮提高那一張獎狀的分量，「獎」畢竟以物質意義為輕，學校和學生都以得獎為極大的光榮，我出國的時候（一九七八）辦到第九屆。

一九七八年以前，我全程參與學會和月刊的工作團隊，這樣切切實實「為大於微」的人民團體很少很少，秉持初衷不沾紅塵的私營刊物，也只有這一家能持久。一九九二年趙友培出國依親養病，把學會和月刊都交給「守護神」劉真，賴劉先生的聲望永續，我寫這篇文章的時候，《中國語文月刊》已出版了六百期，邁入第五十一年。

特務的隱性困擾

五十年代，台灣號稱恐怖時期，特務用「老鷹撲小雞」的方式工作。後來說不清由哪一年開始，就算是六十年代吧，特務改為「鴨子划水」，雖然仍在戒嚴的威權之下，氣氛輕鬆了許多，應該說這是一大改進。

以我的感受而論，那些識字很少的工友司機，每天只看黃色新聞和武俠小說的辦事員，大嗓門的轉業老兵，好像都停止活動。很好很好，他們十年辛苦不尋常，也該休息了，靠他們做眼線，都是老花眼，近視眼，青光眼。咱們這些釜底游魚不怕看，只怕你看走了眼，不怕聽，只怕你聽錯了調子。

我說過，「特務是世界上最辛苦的公務員」，他們十年不眠不休，該掌握的資料，該了解的情況，該布建的網絡，應該都有了成就。一位特務仁兄對我說過，「你有幾根骨頭我們都數過好幾遍了！」很好很好，骨骼的數目和位置不會改變，以後還要再摸再數嗎，你們去多摸幾圈麻將吧。

六十年代，我仍是中國廣播公司的職員，我的工作中心卻轉移到《徵信新聞報》（今日《中國時報》的前身），我在台北市大理街那一排暑氣蒸騰的台式老屋裡遊走的時間多，坐在公園路裝了冷氣的那棟小洋房裡的時間少。發行人兼社長余紀忠先生顯現強人的風格，報社裡當然有安全人員，但是沒有「安全室」的牌子，更沒有聽說誰接到安全室的條子：「請來本室一談」，搜抽屜拆信件盤問來客，絕對沒有發生過。據說余先生堅持新聞文化工作要排除情治人員的公開活動，他堅持要用另一種方式，他居然說服了那些治安首腦。在這方面，他的報社算是一片乾淨土（眼不見為淨）。在余老闆的父權陰影下，每天員工上班無聲走進，埋頭工作，下班悄悄離開，氣氛清冷，沒有人高談闊論，沒有口舌是非，沒有朋黨圈子，也沒有特務發酵所需要的溫度。

孔子曰：「惟女子與小人為難養也，近之則不遜，遠之則怨。」看註解，「小人」指的是老百姓，特務一客氣，人民大眾就有些「放肆」。朋友見面彼此相戲，把「小心！匪諜就在你身邊！」改成「間諜就在你身邊！」一字之差，指涉換位，彼此大笑。官場盛傳「識時務者為俊傑，時務有三，黨務、洋務、特務。」親友久別重逢問候一番，「混得不錯啊，你通了特務啦！」市井流言：「台北市十個女人中有一個娼妓，五個男人中有一個是特務。」

五人一同喝茶，一人指著自己說：「我知道我不是特務，那麼你們四人中間必有一個特務。」（事實上其中還真有特務呢！）特別膽大的人扮演五分鐘的英雄，當著眾人對單位裡的安全人員說：「老兄，別讓我們不安全！」

眼見小細胞的鋒芒盡掩，反應遲鈍，看上去很像白金漢宮大門口的衛兵，姿勢筆挺，色彩鮮明，任由頑童戲弄。當然，你說過甚麼，他們會記下來、報上去，但是也沒有甚麼「立即的危險」，我們這些在副刊上寫「小方塊」的人也就忘其所以，見縫插針。

其實「世界上最辛苦的公務員」並沒有整天睡覺，陽剛陰柔，二氣同源，你在做，我在看，「善有善報，惡有惡報，如若不報，時辰未到。」他們培養細菌，（製造瘟疫？）我們玩世不恭，（以身試法？）雙方都是在冒險。

跡象顯示，一切調查工作仍然在暗中進行，只是深藏不露。我在文星書店出版《人生觀察》，校對時把「共匪」一律改成「中共」，校樣寄回去，書店一直沒有收到。史學教授黎東方對我說，他演講的時候使用了幾次「中共」，幾次「共匪」，講演中有沒有引用「總統蔣公」說的話，引用了幾次，聽眾中間都有人記錄。

中廣為退役軍人開辦了一個節目，派我擔任製作人。我讀書發現左輪手槍是一個退役軍人發明的，第一把左輪是用木頭刻成的。對退役軍人來說，這豈非很好的話題？節目播出後，警備總部馬上派員訪問節目主持人，把播稿拿回去研究。中山堂公演京戲，招待國民大會的代表，警察出動管制交通，有一行人問警察為甚麼不許通行，回答是「代表要看戲」，那個人立刻反問：「看戲怎麼還要別人代表？我們自己可以看啊！」我覺得此人有趣，寫進我的小專欄，立刻有人檢舉我「煽惑群眾直接行動」。這一切都不聲不響夾在檔案裡，像駕駛執照違規記點那樣慢慢累積，有一天會惡貫滿盈。

士兵戰鬥結束後才感到恐懼，但是無法停止下一次戰鬥，恐懼暗中沉澱，累積，腐蝕心靈，結成病灶。那年代，我的「安全」和「志趣」不能兩全，許多人跟我一樣。

我接編「人間」副刊，家中裝了電話，有人告訴我一些常識。接電話的時候，如果電話的聲音突然低下去，那表示有人正在竊聽，他們打開了錄音機。又有一個人告訴我，夜間零時左右，如果你的電話「叮」的響了一聲，那表示他們對你進行長期監聽，每二十四小時更換錄音帶。如此說來，對我、對「他們」，電話都是一種方便，同時也都添了麻煩，他們的麻煩比我的麻煩要多一些。

一九九〇年，我已經出國在外了，有一次為了構想故事情節，我寫信到台北問一位朋友，屍體埋葬以後先從哪個部位腐爛，五十年後大概還能剩下甚麼樣的殘骸，他有這方面的知識。他沒有回信，居然有人去問那位朋友，某某人是否寫了一封信給你，內容如何如何，那位朋友說，國外來信我從不放在心上，從來也不保存，我不記得有這樣一封信。

恐懼像活火山，常受外面的因素誘發。我讀卡夫卡的〈審判〉覺得恐懼，他說「被告所犯法條」鑄在鐵板上、烙在被告的身上，字跡模糊，無人可以辨識，可是鐵板貼上皮膚，被告自己明白。恐怖啊！這種恐怖，看見老鼠就叫起來的人怎能理解。我讀瘂弦的詩：「玉蜀黍在月光下露齒而笑」，恐怖啊，我看見劊子手的牙齒。〈路加福音〉十七章：「當那一夜，兩個人在床上，要取去一個，撇下一個。兩個女人一同推磨，取去一個，留下一個。兩個人在田裡……」我看見恐怖的大逮捕之夜！

我幾乎不能真正欣賞一首詩。「飛來雙鷺落寒汀，秋水無痕玉鏡清，疏寥黃蘆宜掩映，河邊危立太分明」。是啊，別讓特務看見你。「寂寂花時閉院門，美人相並立瓊軒，合情欲說宮中事，鸚鵡前頭不敢言」。是啊，別讓特務聽見你。「餘悸」不是那麼容易消失的，高僧如印順大師，他曾經受過調查，到了晚年，他在回憶錄裡還沒有「放下」。

一九六八年，中國廣播公司王牌導播崔小萍被捕判刑，出獄後發表獄中日記，她說審判官授意她把中廣節目部要員王大空、趙之誠拖下水，對曾任節目部主任的邱楠也有很多疑問，她斷然拒絕合作。（好樣兒的！）看樣子冥冥之中「他們」正在結構大獄，如果王大空、趙之誠被捕，向上發展就輪到已經調升新聞局副局長的邱楠，王、趙、崔三人都是邱楠一路拔擢的得力幹部，四人合起來可以做一篇文章，情治部門有重要人士討厭邱楠。嗚呼噫嘻，邱先生還在那裡盡忠報國，一心想回中廣公司當總經理。

繼崔小萍被捕之後，中廣的副總經理李荊蓀也被捕了！中廣自寇世遠、王玫、胡閬仙先後涉案，十餘年欲雨還陰，崔案李案連聲霹靂，我近在咫尺，真是「迅雷不及掩耳」。

治安當局對崔李兩案沒有正式公布詳情，於是流言四竄，情節離奇。崔小萍的《獄中日記》說，官方主要的「證據」是，情報人員弄到一張中共戲劇工作人員的名單，上面有個「崔小萍」，雖然未載年齡、籍貫、出生日期，辦案人員卻認定是她。《日記》中載有名律師替她寫的一張辯護狀，一一推翻了起訴書上的假設，從法律觀點看，她確實冤枉。一張辯護狀收費十萬元，崔小萍認為太高，我倒覺得完全值得。

《聯合報》曾以極大篇幅摘要發表她的《獄中日記》，同時以一角之地刊出記者的獨家報導，它說有一年崔小萍到菲律賓講學，無意中與留在大陸上的一個親人相見，那年代大陸居民出國難如登天，此人或許有官方身分，崔回到台北沒有向政府報告，依大法官解釋視同「通匪」。很奇怪，當局起訴的罪狀中沒有這「最重要」的一條。

社會大眾（或者治安當局？）為崔小萍編造間諜故事，把中廣著名的節目主持人趙剛設定為男主角，並且說崔案偵破，得力於趙剛「臥底」。我和趙剛共事多年，他和崔是很好的朋友，沒錯，可是正因為如此也受到牽連，崔案發生，他既為悠悠眾口所苦，也受到嚴格的調查，中廣公司要他提前退休，台灣電視公司本來要請他工作，也斷了線索。他一度拍攝紀錄片為業，後來完全退出媒體，也離開了台北，息交絕遊，七十年代的種種熱鬧，他只能暗中旁觀。他實在也是一個受害人。

李荊蓀案更是一言難盡。一九七〇年十二月十日早晨，調查局派員駕臨李府，客客氣氣請李先生到辦公室一談，據說李氏神態從容，說了一句「你們終於來了」，他似乎早有預感。

李荊蓀被捕一事，美聯社從台北發出電訊，新聞導言第一句是：「文質彬彬，語言溫和堅定，在新聞界備受尊敬的李荊蓀」，我對李荊公的認識也是如此，他對我一向偏愛，我在心情苦悶的時候常到他的辦公室裡閒談，據說他被捕的時候，調查人員從他的桌子上取走了呂思勉的《中國通史》，呂是持唯物觀點的歷史家，可以當作李荊蓀思想汙染的證據。那一套上下兩冊《中國通史》，就是他教我去找來的。

他被捕之前，我有一次奇遇。

是日也晴日高照，暖風習習，我和一位作家到南京東路「摩天大樓」的頂層吃蒙古烤肉。歸來途中，天氣很好，新社區新拓寬的人行道也清潔安靜，兩人安步當車，邊走邊談，縱論古今小說。他忽然止步停留，問我：「李荊蓀被捕了是吧？」說完了、睜大眼睛盯住我的臉。

我覺得太滑稽了，笑出聲來：「你的消息太不靈通了，被捕的是崔小萍，李荊蓀怎麼會被捕？」

第二天，李副總沒來上班，第三天依然找不到他，第四天早晨，中廣總經理黎世芬預料李荊蓀難以全身而退，隱瞞無益，透過左右親信間接公布。據轉述，黎總連聲長歎「這個人完了！一個人才，可惜了！」說著說著流下淚來，左右深為黎總的情義所動。

我聽到消息失聲大哭，跑到新聞局去找「馮大爺」詢問，馮氏曾任中廣公司公共關係部主任，他是李的好朋友。馮大爺對我說：「不要打聽他的事情，不要談論他的事情，不要到他家裡去，不要打電話給李太太。」語氣凌厲，顯示案情十分嚴重。

李被捕後，馬星野，周至柔，黃少谷各位大老願意聯名作保，商之於新聞局長魏景蒙，魏表示「等一等」。第二天行政院開院會，院長蔣經國主持，會後魏局長上前低聲報告：「昨天調查局逮捕了李荊蓀。」魏局長當然知道蔣經國用不著他來報告，他只是要看看院長的反應，據說蔣「面無表情，口無答語」，好像沒有聽見。魏氏回到新聞局，立即打電話通知各位大老，告訴他們不能作保。

我納悶的是，跟我一同吃烤肉的那位作家，怎麼能在前一天向我提出預告？他的表情為甚麼那樣奇怪？我只能有一種解釋，他是特務，他奉命刺探我和李荊公「同心」到何種程度，看我當時是否驚惶失措，歸來後是否舉止失常。天可見憐，他攻我個措手不及，我反而因此心中無猜，作出幼稚坦率的回應，輕輕鬆鬆過了這一關。

沒過多久，調查局沈之岳局長約我談話。他的手法細膩，第一步，他約了新聞界十幾位中堅份子見面溝通，我也應邀而往。那天沈局長談笑風生，解釋外界對調查局的誤解，他說調查局不是死牢，絕不用刑逼供，調查局也不是黑店，進來工作的人可以辭職脫離。那天溝通的效果很好。第二步，他約我和「新聞聯絡室」的人一同談話，「調查局是否可以對社會大眾宣傳自己的業務？」他說調查局沒這麼做過，人人覺得這地方很神祕，他考慮如何向社會展示這個機構，改變大眾固定的印象。

第三步，就是約我單獨對談了。他主動提起李荊蓀，單刀直入：「你看中廣公司內部還有沒有問題？」我的回答是：「李荊蓀先生是上司，是黨國培養出來的領導人，只有他考察我，我沒辦法考察他，只有他懷疑我，我不能懷疑他，我實在不知道有沒有問題。」他沉吟一下，又問我：「你看我們的工作有甚麼地方需要改進？」我趕緊說，這是非常專門的工作，外人不能隨便說長道短。他說「好」，起身送客。我也不知道應對是否得體，沈先生門檻高，不容易一步越過，還有後續發展。

當局處理李荊蓀案手法翻新，四處搜集新聞文化界的反應，重視批評。五十年代捕捉雜音是為了打盡同黨，李案傾聽異議，動機似乎不同，大家都說對李荊蓀要公開審判（以前都是祕密審判），後來審判果然公開。開庭那天，有位老作家表示關心，約我同去旁聽，我斷然拒絕，我有理由相信他也是特務。

這位老作家大大有名，我欽佩他，時常約他吃飯喝茶。有一年他向我訴苦，他說現在受人陷害，他是反共的，那麼陷害他的一定是共產黨，他要向特務機構求助。我提醒他：「你知道特務是甚麼樣的人嗎，你如果到他的傘底下避雨，你就得一輩子為他打傘。」後來他興致勃勃的對我說，某某機構接受了他的投訴，願意進行調查。我默然無語，從此對他敬而遠之。

公審之後，那老作家向我轉述旁聽時所見所聞。他說李荊蓀的「精氣神」都好，反應敏捷，堅決否認有罪。他說最後有一個例行的節目，李太太上台補充辯護，她言詞流暢，聲音響亮，表情誠懇，真是一位賢內助。他透露，「聽說」李荊蓀供出十幾個有問題的人，小有功勞，判刑可能從輕。他一面說一面看我的臉，我知道他真的「打傘」去了！天下的特務都一樣，他們在工作的時候有第三隻眼。

誰是特務，都是這樣慢慢發現的。不過也有弄錯的時候。

有一位作家問我：「你看台灣的前途怎麼樣？咱們的反共文學這樣寫下去，到底是活路還是絕路?」這種問題只有一個標準答案,怎麼明知故問,莫非他是一個特務,打算引蛇出洞?我立即告訴他,台灣前途光明,蔣總統必能光復大陸。後來局面變化,冷戰結束,美蘇和解,台北和北京眉來眼去,終於兩岸交流,「統一」的論說出現。那位作家向我抱怨:「你為甚麼勸我寫反共文學?現在共產黨要來了!我思來想去,你大概是個特務。」我說我還以為你是特務呢,如果我是特務,一定換一個答案,趁此機會引你入罪,怎會輕饒了你?

公審儘管公審,李荊公還是落了個無期徒刑,論輕重標準,一九七一年的無期徒刑,等於一九五幾年的死刑,幸而無期徒刑有機會大赦減刑,後來改成十五年。案情逐漸明朗,我漸漸知道調查局先逮捕了一位報人,搜出一張幾人合拍的照片,其中有李荊蓀。被捕的人為了自救,供出這是他們在福建工作的時候所拍,照片中的某人某人都是中共的地下黨員。依照台灣那時的法律,凡是在大陸上和中共人員有過接觸的人,都要向政府辦理「自清」,否則視同「繼續聯絡中」,李荊蓀隱瞞了這段往還。辦案人員大喜過望,他們早就奉命查辦李氏,苦於無從下手,有了這張照片,他們就有了突破的缺口。

李荊蓀治事剛正,新聞界有許多軼聞流傳。一九四八年《中央日報》遷至台北,李氏擔任總編輯,情報機關為了跟布建在大陸上的工作人員聯絡,打算在《中央日報》開闢「家庭版」,由情報人員主編,文稿中暗藏密碼,李荊蓀極力反對。後來情報機關提出要求,他們派到海外的工作人員，用《中央日報》特派員的名義掩護，李荊蓀又極力反對。兩案都在《中央日報》內部未能通過。

一九六八年（？），「中國廣播事業協會」發出公文，轉達警察廣播電台建議，要求各電台每天播送警察學校校歌。李荊蓀突然發了脾氣，他只是副總經理，居然作了如下的批示：「中華民國並非警察國家，該台此一要求可稱狂妄……俟台灣成為警察國家時再議！」語氣果斷，開頭並沒有個「擬」字，一幅怒不可遏的神情躍然紙上。

李荊蓀使蔣經國「怒不可遏」的文章，也許是他在《大華晚報》「星期專欄」中的寥寥數行，他批評剛剛上任的經濟部次長，他說此人本是省政府三級機構的主管，怎麼可以一躍而為中央部會的首長，這一下子他所有的上司都變成了部下，行政倫理何在！那時蔣經國求治心切，破格用人，只是這位新貴次長的夫人是浙江小同鄉，做得一手家鄉小菜，蔣經國是個沒有家庭溫暖的人，難免時常應邀前往吃個午飯，聽聽鄉音，人民大眾不喜歡簡單的故事，難免添加情節，《大華晚報》公開質疑，無異添薪助燃。那正是蔣經國愛惜羽毛培養聲望的時候！

以我感受，李荊公並非有美國背景的自由主義者，也不是有中共思想的左傾報人，他只是完全接受了新聞教父馬星野從美國密蘇里新聞學院帶回來的那一套，又未能像馬老師那般圓熟。在荊公看來，新聞獨立、言論自由是普世價值，不因美國而存在，不因台灣而消失。只是我覺得他對蔣經國和情報機構的憎惡，超過了一個新聞工作者的必需的程度。

台灣夏天雷雨多，常常殛死在田裡工作的農人，當局派人研究，發現他們戴的斗笠由邊緣向中心編成，最後用一根鐵絲鎖住尖頂，外表看不出來，電流一旦找到它，「爆炸」就發生了。也有人在穿褲子的時候「中招」，褲口拉鍊是金屬做的。到了一九九九年十一月，英國還有兩位女子，胸罩內襯有鋼絲，因而一死一傷。

那年代，我們這些由中國大陸奔向台灣的人，「斗笠」裡都有一根鐵絲，雷電在我們頭頂上反覆搜索，李荊公在福建拍的那張照片就是他的「鋼絲」。依當時警備總部發布的案例，一個女子被中共幹部強姦了，都算是「與匪接觸」，都要登記自首，我們這些經過抗戰和內戰的人，都從魚龍混雜中走來，哪個能冰清玉潔？每當警總雷厲風行，雷聲隆隆，我都覺得頭皮發麻。

我也戴著斗笠下田，笠頂也藏著鋼絲。譬如說，一九四九年華北戰役，我做過解放軍的俘虜，很好的題目，他們隨時可以作文章。

還有一件事。幼獅廣播電台台長物色寫作高手，邀請某一位作家進電台工作，但是台長說：「你找人寫一封介紹信。」找誰呢？「隨便誰都可以。」王鼎鈞行不行？「行。」這位作家朋友來找我，我很詫異，那時給幼獅寫介紹信要有一張大臉，我的臉小，何況跟這位台長也沒有交情。可是我跟這位作家是朋友，順水人情，我又怎麼推辭？信是寫了，人也到差了，有一天忽然爆料，這位作家在家鄉參加過中共的兒童團，雖然那時他只有十歲，也終於快快離開幼獅。我知道治安當局會調閱他的人事檔案，看到那封介紹信，這也是我的一根鋼絲。

五十年代之末，台灣出現霍亂。當時台灣省衛生處長許子秋主持防治，他與世界衛生組織密切合作，發現病例立刻公開發布新聞，患者送入醫院，與外界隔絕，家屬就醫檢查，看有沒有受到傳染，住宅內外消毒，多少天內禁止外人進入。如果患者最近到那家館子吃過飯，衛生局要去檢查那家館子，如果患者最近到那家旅館看過朋友，衛生局要去檢查那家旅館，衛生人員進入患者的四鄰檢查廁所，也檢查附近的公廁。如果發現有人咳嗽發燒，也要強制送進醫院檢查。如此這般追蹤過濾，「斬草鋤根」，「除惡務盡」。患者死亡，家人不能領屍，衛生局辦理火化。「世衛」宣布台灣是疫區，警報解除以前，台灣的水果不能出口，台灣的遊客也不受歡迎。

那一次我深刻領悟，中國大陸是警總眼中的「疫區」，我們都是由疫區來的「帶菌人」，必須密切控管。在警總眼中，每捉到一個「匪諜」，就是發現了一宗霍亂病例，他的朋友同學親戚甚至家人都可能是帶菌人，或者就是下一個病號。就像衛生局對付霍亂一樣，他們也要「斬草鋤根」，「除惡務盡」。由局部推全面，由表面推內層，由一時推歷史。對疑似病例，也要寧枉勿縱。衛生局對霍亂疫區來的人，隔離察看為期十四天，警總對我們從「政治疫區」來的人，隔離察看一生，而且及於子女。

那時我們還有一個致命傷叫「五人聯保」，每個人都得去找四個人，互相保證思想正確行為合法，一人有罪，四人連坐。也就是說，其中如有一人涉案被捕，理論上辦案人員可以再捕其餘四人，而這四個人又各有自己的「五人聯保」，理論上辦案人員可以再捕十六人。到底牽連多少人，全看他們的「需要」。理論上像我這樣的人，說不定就在下一個小時、下一個星期五、或者下一個月，「落得一身罪衣罪裙」。

所以塵埃尚未落地。有一天，董事長梁寒操先生找我談話，他指出我最近發表的兩篇文章觀點謬誤，我唯唯。他忽然說，荊蓀嗎，我們都覺得他不錯，可惜他沒有自首。他說人非聖賢，孰能無過，快去自首啊！自首就沒事了。他說廣東官話，我裝做沒有聽懂。必須交代，梁公一向對我很好，我結婚、他是證婚人，我得到「中山文藝獎」、有他一票，公司一度要調我去做台南廣播電台台長，他很支持（我推辭了）。他一向不食人間煙火，何以忽然這樣深入下界？何等人對他說了何等事？我只知道，我的江湖扁舟已是到此為止，應該做退休的打算了。

省籍情結　拆不完的籬笆

名詞越來越精緻，「省籍情結」本來叫「地域觀念」，當然後勝於前。

我到台灣以後，時時刻刻提醒自己要在當地交朋友，這是我多年流浪之後、反躬自省之時、得到的「智慧」。

可是在技術上我是無能的，只有在文章裡面做一些不著邊際的努力。

那時台灣流行「吃拜拜」，每年到了一定的節日（多半在七月中元節），家家大擺筵席，客人越多越有面子，有時候連第一次見面的初交也邀過去，十桌二十桌流水席擺在門外路旁，真有「千里搭長棚」的氣勢。

那時候，基督教某些教派反對吃拜拜，認為那是異教祭祀使用的食物。我總是勸他們，主耶穌常常在貪官汙吏家中吃飯，你只要舉行謝飯禱告，食物就潔淨了。他們說，牧師不是這樣講的。我說牧師只要教友，不要朋友，我們既要教友也要朋友。牧師高風亮節，信徒捐錢供養，我們深入濁世，自己辛苦謀生，需要合作關係，同事來請你，你打了他的左臉，難道以後他會再讓你打右臉？教會收到鈔票，牧師豈能保證上面從來沒沾惡人的指紋？只要進了教會的捐款箱，祝謝了，也就潔淨了。

非教徒另有理由。一個同事對前來邀請的人說：「你們的菜很難吃！」可想而知，對方的臉色難看，多年以後，我知道這句話傷害了他，他永遠不肯原諒。那時台灣的烹飪水準低於「中原文化」，一般食物多用蒸煮，像炒爆之類的「高級技術」難得一見，但是從「中原文化」裡出來的人，無論上館子還是下廚房，豈能永遠沒有蒸煮的東西？大家都是稀飯饅頭養大的！本地人請客，即使他的菜真正難吃，我們也要吃，而且要多吃！

大約是一九五五年以前吧，報紙遷就台灣同胞的閱讀能力，發展漫畫，一部分作品向台灣社會取材。漫畫家為台灣婦女造型，大臉盤，兩腮橫肉，門牙「爆」到唇外，小腿大腿一般粗，赤著腳穿木拖板，大趾又粗又長，高高翹起。那時「上班族」進了辦公室先喝茶看報，「外省人」欣賞這些漫畫，又說又笑，引起本省籍的同事的反感。我一看情形不妙，寫信到報館建議改善，可是漫畫仍然是那個樣子。我的收穫是因此結識報界的資深編輯童常。

說著說著來到六十年代，童常先生主編《新生報》副刊，經常定出專題徵稿，用心鼓勵「第一次投稿」的新手，文章技巧樸素而生活經驗真切，他可以說是最早提倡「全民書寫」

的人，《新生報》因此增加了許多訂戶。可是他忽然被捕，居然判了死刑，耳語傳播他為中共工作，他的「全民書寫」也成了罪狀，也有人找我問長問短。當初看漫畫管閒事，後來居然有這樣的發展，使我想起那四隻著名的猴子：不說、不聽、不問、不看。

有一次，我和小說家王藍閒談（那時他還不是「果老」），我說咱們「外省作家」寫的散文小說常常提到台灣的「下女」，也就是女傭，在作家筆下，「下女」又自私又偷懶，別家多出一點錢她馬上跳槽，原來的僱主對她很好也沒用，她說走就走，一天不肯多留。我說，「十步之內必有芳草」這句話還算不算數？「下女」難道沒一個正面人物？王藍一言未發，後來寫了一個短篇，裡面的「下女」有同情心，能為僱主設想，不計自身得失。大家手筆，從容委婉。那年代以我所見，僅此一篇。

「下女為甚麼對僱主沒有感情？」有人提出這樣的問題，他們懷想大陸時代的忠僕，終身跟定一個主人。我忍不住寫了一篇文章間接回答，以我理解，當年大陸上有很多人家沒有飯吃，這批人可以稱為「飢餓群」，他們依傍殷商富戶安身，今生今世不作二想。現在台灣沒有這樣的「飢餓群」，女人的自主權比較大，所以計較待遇，挑剔工作，不合則去，她們有獨立精神。

王藍的小說和我的雜感都沒有發生影響，大概那些人也都是「不聽不看」的。

話到此處，我想起當年台北市公共汽車的車掌小姐，也就是隨車售票的服務員，二次大戰結束後台灣重建，她們是彎過腰流過汗的。我看到一本書叫做《福爾摩沙的女兒們》，記載當年女性職場的奮鬥精神，作者忘記寫「女車掌」，我該在這裡補上一筆。

我在未到台灣之前（一九四七），就對台北市的「女車掌」有深刻的印象，《大公報》登過一篇通訊介紹她們。那位記者描述，每天早晨，這些十幾歲的女孩，穿著制服，掛著售票袋，挺著胸膛，紅著面頰，大步走上工作崗位。這個形象終於新鮮活躍的顯現在眼前。《大公報》說，台灣女子職業發達，「車掌」全是女孩，她們每到一站大聲報告這一站的名稱，聲音清脆悅耳。有一個男孩考取了這個工作，第一天出勤，第一次呼報站名，滿車乘客聽了大笑。男孩整天不敢再開口，第二天就辭職不幹了。

等我來到台灣（一九四九），車掌仍然清一色女性，她們已不報站名，她們已經和乘客有了對立的情緒，主要原因是人口增加，乘客擁擠，「沙丁魚罐頭」的比喻就是那時候在台灣開始流行的。

資料顯示，一九四六年台灣人口六百一十萬，一九五〇年激增為七百四十五萬，其中絕大部分是從中國大陸逃出撤出的「外省人」，今天稱為「新住民」，把地域因素轉移為歷史因素。一九五〇年以後，新住民繼續增加，這些人多半先奔大都市尋找生存的機會，到處搭木板屋，擺地攤，也到處擠公共汽車。

那時台灣人口的出生率很高，六十年代，蔣夢麟說「一年增加一個高雄市」，那時高雄是台灣第二大都市，居民三十萬人。方豪神父寫過一篇雜文，把「同舟共濟」改成同舟共「擠」。六十年代結束時，台灣的總人口到達一千二百九十八萬九千一百二十六人。

那時台北市的公車班次少，乘客不守秩序，車子到站，大家一擁齊上，猶如「搶灘」。上車以後，男女擠在一起，馬路坑洞多，車身顛簸，乘客身體抖動，稱為「擠舞」。公車的設備差，車門壞了還沒有裝好，暫且用一根鐵鍊攔住門口，照常出動，乘客擠得車掌沒有容身之地，她一隻腳踏在車門之內，一隻腳懸空在車門之外，身體倚在那根鐵鍊上隨車飛行，遠望好像是雜技表演。

那時規定，車子到站載客時，車掌要先下車，站在地上收票，最後尾隨乘客上車。有一次乘客爆滿，把車掌的位置佔據了，把司機的視線也擋住了，車掌無法上車而乘客催促開車，把車掌甩在車後追趕喊叫。

那時有人用台灣話形容一般新住民，說他們「只有路、沒有屋」，意思是奔走四方，流離失所，沒有恆產恆業，也就沒有「根」。我看那時多少新住民風漂水漂，身不由己，既沒有活路也沒有死路。公車班次少，沒有候車亭，烈日煎熬加上風塵撲面，這些乘客的心情怎麼好得了。

學者說，你把動物（猴子或老鼠）密集的關在一起，這些動物就會彼此仇視，互相攻擊，那時公車管理處每天重複做著同樣的試驗，車掌是首要受害人。

話雖這麼說，新住民到底是尋活路來的，那就該憑修養過日子，廣結善緣。可是他們經常和車掌發生爭吵，態度凶狠醜惡，好像有深仇大恨，我常看見小姑娘的臉上掛著淚痕。「適者生存」嘛，小姑娘總不能永遠天真爛漫，經過歷練，她們也發明了一些技倆捉弄乘客，也用自己的母語罵外鄉人，也會長出尖牙利齒。我曾遇見如下有代表性的場面：一個胖太太，一面和車掌對罵一面下車，她一隻腳已經落地，一隻腳踩在車上，就那麼停住了，她使車子不能開動，延長作戰的時間。這一方用台語，那一方用「官話」，雙方顯然都能聽懂對手說甚麼，所以你來我去沒個完。

依公車處規定，車中發生重大爭執時，司機要把車停在路邊等待解決。這時車上的「新住民」責備車掌耽誤大家的時間，他們從沒想過主持公道或排難解紛。

有些男人品德很差，他上車下車故意擦撞小姑娘的身體，小姑娘剪票收票，兩手忙碌，無暇防衛，《中央日報》在一條新聞裡說，車掌小姐應該披掛「銅盔鐵甲」。下車的時候車掌要收票根，無聊男子把票根揉成綠豆大的紙團放在手心中間，小姑娘伸手來抓，他就把手心凹下去讓她抓不起來，一而再再而三，讓小姑娘的指尖「挖」他的手心。也有人趁機會塞一張小紙條給她，上面寫一句調戲的話。

有一個男乘客沒在爭吵中佔到上風，下車後越想越氣，他攔了一部出租汽車追上前去，狠狠的打了那車掌一個耳光。

直到一九六六年，台北市公車管理處訓練車掌「示範服務」，還要求她們「罵不還口、打不還手」。一九六七年春節假期，警察消防人員醫生和護士格外辛勤，輿論讚美慰問，我在我的文章裡提醒一句：莫忘了還有車掌，她們是「最受委屈的人」，一片恭喜發財聲中，只有她們還有機會聽到「她媽的」。

我今天費這一片筆墨重提這一段「被遺忘的歷史」，也重提我幾篇「被遺忘的文章」。

那時許多文章譏諷車掌有「晚娘面孔」，要求車掌在服務時面帶微笑，我立即反問：你到稅務局、區公所、電話公司辦事的時候，他們可曾對你微笑？你的董事長、總經理可曾對你微笑？車掌一個月拿多少薪水？公車處長、台北市長、行政院長一個月拿多少薪水？他們都不笑，車掌為甚麼一定要笑？車掌板起面孔尚且遭到調戲，倘若微笑那還得了？

我又說，台灣女子就業的比例高，這是一個可喜的現象。車掌工作很辛苦，她們都有敬業的精神，外來的人應該體認這是優點，應該想到外來的人家產蕩盡，子女都要投入職場，要欣賞憐惜這些車掌，她們和你我的子女同類。

我又說，她們的年紀都還小，隨車服務可能是她的第一個工作，社會應該善待她們，如同善待幼苗。多少乘客都是國破家亡負傷含恨之人，心中的喜怒哀樂不能發而中節，對公車的不滿、對時勢的不滿轉嫁到小女孩的頭上，這些小女孩怎能理解？她們的心受了傷害，怎樣為外省人塑造形象？將來為人婦為人母，怎樣影響她們的丈夫和孩子？我們的子孫在他們的子孫面前怎樣立足？

那些經驗「遍身是口也說不完」，然而這只是一半經驗，還有另外一半。

我說過，我曾經希望和本省的小說家廖清秀做朋友，我們一同參加文協小說組（一九五一）。廖在小說組結束以後，很少再和同學師長來往，偶爾聚餐，他從未參加，我也不知他住在哪裡，信件一律由他的工作單位轉交。

廖清秀和陳火泉、鍾理和、鍾肇政、施翠峰、李榮春合辦的《文友通訊》，提出作品切磋砥礪，我很嚮慕，很想向他借來一讀，我想寫篇文章稱讚他們。兩次情商，他都沒有答應，後來我受挫折感支配說錯了話，我對他說，《文友通訊》的模式很好，可以公開展示出來給許多青年作家做榜樣，何必怕別人看見？警備總部如果想弄一份，他們很容易辦到，不如乾脆按期寄一份給他們，也寄到文協、作協、婦協。我想我失言了。

又過了一些日子，聽說《文友通訊》自動停止了！不禁為之愕然。

後來有評論家說，廖清秀結識了幾個外省人，得到協助和援引，所以能在文壇立足，其中提到我的名字。我想我應該替他剖白，我對廖清秀毫無幫助，恰恰相反，我編「人間副刊」的時候一再退過他的稿子。那時老闆要求人情味和趣味性，清秀兄走的是嚴肅文學的路子，我處理稿件壓力很大，彈性很小。他為人厚道，從未因此責怪我。我退稿時必定附一短信，說明緣由，後來有人亮出一疊信件，證明外省編輯打壓本省作家，他沒有。

廖清秀有他的立場。台灣慶祝光復十周年的時候，中廣公司要做一連串訪問節目，請各行各業有成就的人士現身，文學方面預定是廖清秀。我問他：你到中廣來接受訪問好不好？他說好啊，甚麼時候？我說光復節那天播出，他一臉愕然：「為甚麼在這一天？」我也怔住了；「為甚麼不能在這一天？」不待對方回應，他馬上知道我的答案，我也馬上知道他的答案，（台灣本土人士管「光復節」叫「降伏節」，光復、降伏兩詞在台語中同音。）彼此互相報之以默然。他為人厚道，至今寫文章公開感念他和趙友培、葛賢寧的因緣，但是也請「台灣意識」掛帥的人了解，他並未喪失立場。

一九六五到一九六七年，我編《徵信新聞報》「人間副刊」，盡可能採用本省籍作家的文章，有一些掌故可記。

我說過，中央副刊高速度處理來稿，立即刊用或立即退還，曾使我身受其惠，所以我編副刊也照著做。我退稿時寫一短信，說明理由，希望他理解我有局限。最近我讀到名作家蔡詩萍的談話，他回憶早年的投稿經驗，稱讚我的回信。

一樣米養百樣人。我退了一位本省作家的稿子，他立刻又寄回來，我以為助理遺漏了，親手再退，誰知第三天再度收到，我退稿時寫了信，來稿別無隻字片語，我知道這叫反彈。思量許久，我把這篇文章替他轉投到另一家副刊去，那一家報紙的老闆不管副刊的事，主編取稿比較寬鬆。後來知道，這篇稿子原是「另一家副刊」的主編當作熱番薯拋給我的。

那時人間副刊版面小，方塊專欄、長篇連載、名畫家沈鎧畫的插圖和他設計的「刊頭」，都是固定的內容，我每天只能發一篇兩千五百字的「頭題」。有一位本省作家常從國外寄文章來，寫得很好，但是每篇三千字，這多出來的五百字怎麼辦，砍掉了、心疼，第二天續登、文章斷了氣，為了容納他的文章，我有時砍掉他五百字，有時抽下自己寫的方塊。我不斷寫信請他別再超出兩千五百字，他照樣寄三千字的稿子來，不作任何討論，我們這樣一直遙遙相對到「最後」。

順便提一件七十年代發生的事。名詩人瘂弦去美國進修，我到幼獅文化公司替他看家，他臨走在《幼獅月刊》策畫了一個專輯，回顧台灣十年來文學藝術的發展，他請一位本省籍的學者寫台灣的平劇。我一看稿子，他對軍中劇團一字未提，就史料來說，國軍文藝運動推展平劇很有成效，就政治敏感來說，青年救國團辦的刊物怎可「掩沒」總政治部的貢獻？我請他增加一段，他也是一字未添、一言不發，原稿再寄回來。你猜我怎麼辦？

我十分佩服黃春明的小說，他寫實、但是有靈氣。他曾在中廣公司台南電台工作，雖然難得見面，總算是同事，有時在明星咖啡館不期而遇，還可以交談幾分鐘，不像某某人某某人見了我們一臉戒備之色。

有一天晚上，我和黃春明一同從某處出來，兩人都願意步行。我們走了很久也談了很久，馬路很靜，只有我倆的聲音，那是我和「本省作家」最接近的一次。我談到文學創作和雜文有別，創作自有天地，無需和國民黨爭空間。我說你寫詩寫小說是飛鳥，我寫雜文是爬蟲，我的處境比你艱難。我說坐牢對作家的聲望可能有幫助，對提高作品的境界並無幫助，反而可能汙染作家的心靈。我認為國民政府對本省人比較寬鬆，對外省人比較嚴厲，我希望有人能作出統計，台灣一共有多少外省人，有多少本省人，至今有多少本省人、外省人涉案被捕，各佔人口數的百分之幾。

能作中夜長談，可以算是有交情了吧，可是我一直談，他一直默不作聲，沒有回響，沒有交流，沒有質疑，又好像談不上交情。無論如何這是良好的開始，可是不幸的事接著發生了。

我向他邀稿，他寄來一篇寓言體的小說，一群無頭蒼蠅聚在一起開會。那時正值國民大會的會期，每天都有大幅新聞報導，大會的中心任務是改選總統，這時候我如果刊出「無頭蒼蠅」的故事，對我會怎樣？對黃春明會怎樣？對《徵信新聞報》又會怎樣？我跟黃春明商量，可否把小說壓下來，兩三個月以後國大新聞冷卻了再登，他說那就算了吧！國大會期未完，〈無頭蒼蠅〉在另一家副刊出現，人家不怕，登出來以後也平安無事，人家那位主編是蔣經國的人，能擔當。可是黃春明對我會有甚麼看法？再和他打交道就難了，思想起來，好不憾煞人也。

我很佩服鍾肇政的小說，以音樂作比喻，我覺得鍾肇政似巴哈，黃春明似莫札特。鍾肇政表示只寫長篇，不寫短篇，「人間副刊」的長篇連載和方塊專欄都由余社長親自安排，談到長篇，他那時心目中只有「四大名旦」：張愛玲，聶華玲，於梨華，瓊瑤。我請張愛玲寫稿，久久無成，他很失望，我對長篇幾乎已經沒有發言權。

我也曾想來一次擅權專斷，先把鍾肇政的長篇推出來再說，又恐怕這個連載叫好不叫座，遭老闆「腰斬」。那時做老闆創業艱難，他處處想在員工前頭，事事做在員工前頭，我們跟在後面大跑小跑，上氣不接下氣，他英明果斷，朝令夕改，突然來個急煞車，大家人仰馬翻。我接編之前他連斬五個長篇，包括天王星趙滋蕃在內，有人形容前任老編面如土色。我只連載了黃娟寫的〈愛莎崗的女孩〉，那是一個中篇，大約一個多月就登完了，老闆可以容忍。

我只有邀請小說家寫短篇，姜貴的許多短篇都是我催生的，後來應鳳凰編入《姜貴短篇小說集》。我大膽採用了七等生的六個短篇，他的語言個人特色強烈，號稱「有字天書」，意象繁複，造境詭奇，我很佩服。後來我看到他的年表，他某一年在某些刊物發表了哪些作品都有記載，不知為甚麼漏列了「《徵信新聞報》人間副刊」的名字。

我登過李喬、季季、葉榮鍾、林懷民、林獻章的文章，都是用心約來，那時「人間副刊」的公信力還很弱，本省籍作家已經有了挑剔媒體的實力。我請本土資深作家葉榮鍾賜稿，他慷慨大方，合作過一段時間。他寫散文一面記敘一面議論，其中總有認知上的差距，那是一九六五年，意識型態陰影未散，後來他的稿子就斷了。

我很懷念鍾鐵民，他是台灣現代「文聖」鍾理和先生的公子，那時他年輕，一見之下我有「故人之子」的感動。他的身材略有畸形，但神態泰然，完全沒有自卑感，也沒有利用缺點製造優勢，很文靜，文章細緻，有些放不開，和我相同。他後來好像退出了文壇。

我是否可以說「台灣人」的個性倔強？我個人的主觀經驗如此。我參觀李茂宗的陶藝後寫過感想，我說楊逵的玫瑰壓不扁，李茂宗手中的陶土可以鍊鋼鐵，成岩石，作皮革，他把陶土的物質功能發揮到極高。他又超脫陶土的「殊相」，賦予生命力不屈不撓無懼無悔的「共相」，其精神境界表現了普遍的台灣性格。

在台灣交朋友很難。還記得我到《公論報》工作的時候，遇見一位日本來的台灣僑領，他是李萬居社長的朋友，居然有興致找我聊天，他講的話我聞所未聞。

他問我為甚麼不去讀書，我說我是大家庭的長子，必須工作賺錢，他說：「中國的孝道埋沒了很多年輕人。」他問我對台灣有甚麼看法，我說：感謝上帝，地球上有個台灣。「你信基督教嗎？」我說我十四歲受洗，現在信仰並不虔誠。他點點頭：「有適當的距離比較好。」

最後我問他怎樣看「外省人」，他毫不客氣：「你們外省人將來都會得精神病。」為甚麼？「你們再也回不了老家。」古今中外一生漂流在外的人很多啊？他說那不一樣，他們如果決心回去就可以回去，你們想回去但是不許回去。他說了一個比喻：「我們可以一整天坐在這裡，如果有人拿了槍站在門口，不准我們出去，我們一分鐘也難熬。」

他還說，鄭成功到了晚年，他帶來的子弟兵都生了嚴重的懷鄉病，他下令禁止再談反清復明，違令者以擾亂軍心治罪。

這些年，我越想這位僑領越「神」，他大概是在一九五四年說出這些話來，那時候，他（他們？）就把我（我們？）看「衰」了？

到了八十年代，台灣解除戒嚴，開放大陸探親，「新住民」回到原居地，只見到哭哭啼啼要錢，只聽到對反革命家屬和海外關係的怨恨。還鄉的人一生血汗，傾囊也不足以彌補。有一位「新住民」作家以善與人交著稱，他聽到「舊居民」的朋友譏諷：你們不是整天懷鄉嗎，你們不是念念要尋根嗎，現在滋味如何？他說這哪裡像朋友？朋友怎會等著看你的笑話？他說他在台灣三十年很失敗，並沒有交到朋友。

我結交的「舊住民」很少，吳氏圖書公司的創辦人吳登川很夠朋友，那是我出國以後的事了。

張道藩的生前身後是是非非

一九六八年六月十二日下午十時，張道藩先生逝世，享年七十二歲。

我在回想六十年代生命痕跡的時候，從《文訊》月刊上讀到一位年輕學者的文章，他說張道藩的文藝工作受到軍方抵制（大意如此）。從來沒人談過這些是是非非，他怎麼會知道？

國民政府是一九四九年十二月遷到台北的，一九五〇年，張道藩奉命成立中國文藝協會，領導文藝工作，配合國策，反共抗俄。

那時台灣守軍面臨物質上和精神上的種種困難，一九五一年，國軍展開「克難運動」，激勵士氣，各軍以競賽的方式選拔「克難英雄」，到台北接受表揚。

政府接待克難英雄，規格很高，蔣介石總統親自召見，行政院長陳誠設宴款待，總政治部發動社會各界舉行盛大的歡迎會，一連多天都是報紙上的頭條新聞。

中國文藝協會沒有趕上形勢。

總政治部通知中國文藝協會，前線官兵愛讀文學作品，心目中有很多偶像，請知名的作家都參加歡宴，「每位英雄旁邊坐一位作家」。那時候誰是前線官兵的文學偶像呢？總政治部沒說，可是我們都知道，張秀亞、徐鍾珮、潘琦君、鍾梅音，還有羅蘭，都是女性作家。

張道藩親自出席了這次宴會，趙友培還作一首〈克難英雄頌〉當場朗誦。可是在總政治部看來，文協會員怎麼來得這麼少？女作家尤其「該來的都沒來」！「每位英雄旁邊坐一位作家」，構想大為遜色。何況作家向來不守時，「七點鐘開會，八點鐘到齊」，距離軍中的期待太遠了。總政治部一位副主任在場主持，他發了脾氣，說話很重，完全沒給張道藩留一點面子。

文協會員的行動跟軍隊的期待有距離，政工長官待人接物也跟文協的期待有距離，文協對總幹事沒有深入動員作了檢討，總政治部呢？有沒有對這位副主任的作風提出糾正？如果有，我不會知道，可是如果有，以後某些事情應該不會發生。

幾個月後，總政治部成立「中國美術家協會」，正是那位副主任兼任會長，他把中國文藝協會美術委員會的成員都拉過去，我看到這個會自己編印的會史，坦然承認「中國美術協會原為中國文藝協會下之美術委員會，一九五一年擴大改組為中國美術協會。」美術委員會可以發展為中國美術家協會，音樂委員會也可以發展為中國音樂家協會，文學電影舞蹈都可以比照辦理，文協的結局豈不是五馬分屍？

在文協諸公看來，「文協」隨時可以解散，也可以易主，只消總裁一句話。黨的廣播事業和電影事業，張道藩擔任首長，總裁指示交出去，馬上乖乖的交出去了，現在總裁連咳嗽一聲也沒有啊。於是發生了一件「意外」，總統兼總裁蔣介石召見文協五位常務理事，垂詢工作情形，文協二把手陳紀瀅當場提出問題：「文藝工作到底由誰領導？」他要求總統明白指示，大家也好有個遵循。蔣氏立刻回答：「由道藩同志領導。」

據說陳紀老這一問，出乎張道藩的意料之外，可是總政治部會怎樣評估？這一問，問出來三分天下，中國文協會管社會，青年救國團管學校，總政治部管軍中。「青年寫作協會」因此成立，國軍文藝運動也由此伏脈。

也許因為有此一問，蔣經國終身不沾文藝活動，他執政以後，放下身段，上山下海，走進監獄慰問服刑的人，他可曾到文藝大會現身說話？直到一九七八年，陳若曦得到「吳三連文藝獎」，他去發獎，為的是招引陳若曦回台灣。

還有更「引人入勝」的佳話軼聞，金門國軍選拔戰鬥英雄，女性政工幹部二人入選，新聞界稱之為花木蘭。總政治部安排兩位女英雄到台北「度假」，邀請張道藩也邀請蔣碧微參加宴會。蔣碧微本來嫁給大畫家徐悲鴻，後來離婚，來台後和張道藩賦同居之愛，兩人從來不曾「成雙」出外應酬，但是總政治部給兩人單獨發了請柬。

據《中華日報》的獨家報導說，酒席筵前，兩位花木蘭和蔣碧微甚是投緣，氣氛融洽，一位同席的「人士」對蔣碧微說：「你沒有女兒，收她倆做乾女兒吧。」兩位花木蘭何等乖巧，立刻跪下磕頭叫乾爸乾媽。新聞報導說，張道藩「又喜又窘」，第二天，乾爸乾媽帶著乾女兒吃館子、買見面禮。

這是張道藩極不願意發生的事情，有時候，新聞報導說他和「夫人」一同看畫展，他總要依管道向報社表示糾正。有一次，他和蔣碧微一同走出中廣，有一個記者迎面給他們拍了一張照片，張指著那位記者大聲喝問：「他是哪家報社的？告訴他不要發表！不要發表！」

一九五五年又發生「民族舞蹈」一案，有人檢舉，文協主辦的舞蹈節目中演出蘇俄舞蹈。這一疑案直接造成張道藩主持的「中華文藝獎金委員會」停辦，間接造成「反共文學」的政策中斷。

總政治部策畫的文藝活動，道公未再參加，他派趙友培代表出席。他的工作團隊逐漸瓦解，虞君質曾受「匪諜」牽連，政治上有瑕疵，李辰冬到新加坡去教書，王藍的名氣夠、但是資歷淺，算來算去，只有把趙友培推上前線。既是代表張道藩而來，主人必須高規格接待，文協對軍中文藝運動也極力配合，精英盡出，但友老並非身段柔軟處世圓融的肆應之才，很難完全彌補道公缺席的遺憾，也未能給自己增長善緣。

一九六八年六月二十二日道公出殯，「十九個文藝團體」聯合公祭，祭文中提到道公親自寫反共歌曲。唉，這件事不說也罷！算來那是一九五三年的事了，他剛剛做了立法院長，有一次，他召集「小說組」學員茶敘，邀請羅家倫講話。道公表示，現在需要反共歌曲，他要親自動手倡導，他已經改編了明人的一首民謠。他站起來大聲朗誦：

老天爺你年紀大
耳又聾來眼又瞎
看不見人聽不見話
殺人的共匪為何不垮
大陸同胞活活的餓煞
老天爺你不會做天你塌了吧
……
孩子們我雖然年紀大
耳還沒有聾眼也沒有瞎

我還看得見人聽得見話
那殺人放火的不會永享榮華
那善良的人們不會完全餓煞
孩子們瞧著吧萬惡的共匪一定垮

羅家倫馬上說，明朝的那首民歌原是咒詛崇禎皇帝的，無形中同情李自成造反，天下後世已經把「老天爺」和「皇帝」併而為一，對道公隱然有勸阻之意。我很接受羅先生的看法，但是道公說，他用改寫後的歌詞反映大陸同胞的痛苦和悲憤，反共的情緒強烈，他希望大家「照著我的理解來理解」。

道公把歌詞寄到美國請趙元任作曲，久久沒有回音。他沒想到「沒有回音」可能是某種訊號，就近改請劉韻章作曲，中廣公司台灣台於一九五三年十二月一日播出。

誰料這個新版本並未流行，「原版本」卻趁此機會「出土」：

老天爺你年紀大，
耳又聾眼又花。

你看不見人，聽不見話，
殺人放火的享盡榮華，
吃素看經的活活餓煞。
老天爺你不會做天，你塌了罷！
你不會做天，你塌了罷！

人心微妙，好像在「老天爺」和「老總統」之間有了聯想，於是警總下令查禁，我看見新聞局彙編出版的查禁歌曲目錄，其中有一首〈老天爺〉，作者的名字赫然寫著「張道藩」。再說下去，就要說到我混飯吃的中國廣播公司。

一九四九年，中廣奉令加強對中國大陸播音，使用「自由中國之聲」名義。

一九五〇年，「自由中國之聲」節目由國民黨中央黨部第六組督導。

一九五一年，情報機構建議使用「中央廣播電台」名義播音，這是訓政時期黨營廣播的名稱，據說「大陸同胞十分懷念」。

這年在中廣節目部內成立大陸廣播組，由中央黨部第六組派員主持，作家鍾雷、黎中天、吳引漱參加撰稿。

一九五三年六月，大陸廣播部成立，由新公園遷往仁愛路三段中廣大樓辦公，陳建中以中央黨部第六組主任之尊兼領，對內稱大陸廣播部，以中廣名義爭取美援、接受政府補助、使用中廣辦公大樓，對外稱為中央廣播電台，脫離國民黨節制，納入情報系統。盡人皆知，情報系統的首腦是蔣經國，他的公開職務就是總政治部主任。

名義上的大陸廣播部，實際上獨立為中央廣播電台，中廣須將大批人員土地和工程設備移交，包括大安發音室，民雄新發射機，沿途微波站，郊區收音台。這麼多的財產移轉，乃是公司一等一的大事，必須由董事會通過。那時張道藩還是董事長，開會擔任主席，那時總經理董顯光任駐日大使，曾虛白代總經理，他第一個提出反對，他說中廣的對大陸廣播，已在東西雙方「冷戰」的戰場上成為勁旅，董事長張道藩、總經理董顯光費盡心血，現在我們的責任是保護公司資產，增加公司資產，怎麼能把這麼大一筆資產拱手讓人！他的理由無可辯駁。

可是第二天，中廣董事會召開緊急會議，通過了「中央電台獨立」，有關財產全部移交。一九五四年五月，中央台正式成立。之前兩個月，曾虛白辭職，之後一個月，梁寒操繼任董事長，魏景蒙繼任總經理。

曾先生是國民黨改造委員會的委員，兼第四組主任，一顆躍升的政治明星，離開中廣以後也離開了仕途，終身著述教學。有人喟然嘆曰：曾虛白他老人家怎麼看不開，那時悠悠眾口，把天下為公添足而成「天下為公子」，把青年歸主添足而成「青年歸主任」，整個國家在人家手上，區區大陸廣播何足道哉，還不是愛放進哪個口袋就放進哪個口袋！

中廣開董事會的時候，張道藩遵守會議規範，完全中立。情報人員的字典沒有「中立」一詞，他們經常引用耶穌的話：「不與我聚斂的，就是與我分散的。」

中央電台慶祝開播「半」周年，典禮盛大鋪張，政要雲集。電台邀請張道藩這位「貴賓」第一個上台致詞，他歷數他和董顯光怎樣創始、怎樣擴充、怎樣發展了對大陸廣播，反客為主，沒讓一尺一寸，中央六組大員準備的演講稿無法使用。當然，第二天看報，六組的說法字字句句，開天闢地，道公說的話一筆帶過。有人喟然歎曰：道公怎麼沒讀喬治・奧威爾的話：「誰掌握現在，誰就掌握過去；誰掌握過去，誰就掌握將來。」

一九六八年四月六日下午一點三十分，道公在寓所昏倒，跌傷頭部，神志昏迷，醫師來家診治，建議立刻住院。那時國際知名的腦外科專家施純仁醫師在三軍總醫院掛牌，「非軍人」住三軍總醫院必須由國防部長（參謀總長？）批准，那天是星期六，有權核批的人不在辦公室裡，幕僚到處聯絡，錯過了「黃金時間」。

施醫師對病情悲觀，他說簡直沒有痊癒的可能。下午九時開刀，手術完成以後，道公沒有再清醒過來。

聽說道公生病，我趕到醫院探望，當時沒弄清楚病房號碼，進門先問櫃檯，他竟不知道張道藩是誰，醫生禁止親友探訪，護士在病房門口準備了簽名簿，我們只能簽名。我天天去打聽消息，只看見簽名的人天天減少，推測道公凶多吉少。

六月十五日，治喪會在立法院交誼廳開會，治喪委員八百四十三人，我也有一個名字，出席人數大約一半，會議由嚴家淦副總統主持，一切都有成規可循，會議進行順利。立法委員許紹棣突然提案：「籌措遺屬生活教育費」，他強調道公清廉，家無餘財。方治立即上台發言，語調悲憤，他說道公一生盡瘁黨國，黨國應該照顧他的家屬，治喪會倘若發起捐款，那是黨國的恥辱，也是對張道公的侮辱！這兩個人對道公未能立即住進貴族醫院「中心診所」急救似乎耿耿於懷，募捐云云大概是一種發洩的方式吧。

立法委員吳延環出面打消了許紹棣的提案，他是張道藩的妹夫，帶領道公法國籍的夫人淑媛女士，獨生女麗蓮小姐，胞弟張宣澤先生，四人一同登台婉謝，聲明生活費教育費都沒有問題。隨後立法委員程滄波提議，推舉蔣經國、谷正綱、谷鳳翔、徐柏園、胡健中五人籌畫「如何紀念道藩先生對文化事業的偉大貢獻」，圓滑收場。這也僅僅止於提案而已，沒有任何跡象可以實行。

我坐在最後一排，靠近門口，散會時我站在門裡，仔細看那些大老魚貫出場，我要看國民黨即將離散的繁華。我一時出神，忘了這是很不禮貌的舉動，有人被我看得眼神散亂，很不自在。那些人都比張道公長壽，王雲五活到九十一歲，張寶樹活到八十七歲，梁寒操活到七十六歲，鄭彥棻活到八十八歲，谷鳳翔一九八八年才逝世。

道公做立法院長九年，經常在派系傾軋中、在領袖的意志和委員的意氣夾縫中工作，主持院會七五一次，通過議案五九四件，患了嚴重的神經衰弱症，常常連夜失眠，醫藥無效。他能把最不喜歡做的事做得最好，所以九年內辭職十五次，蔣總裁一律慰留，他也一再放棄最後防線。蔣總裁知人善任，知道他有「死而後已」的天性，任其油盡燈乾，幾乎可以說，道公的遭際和陳布雷相同。

文壇諸君子都說，道公和吳稚暉、胡適之一樣，死得其時。倘若久病在床，他沒有錢可以應付那麼大的花費，國民黨中央委員到期改選，他勢必失去常務委員的職銜，也就失去黨的照顧和社會的關懷，蔣總裁也老了，準備交班，道公和接班人的關係並非很融洽，長此下去，他怎樣維持個人的尊嚴？萬一變成植物人，那就更不堪設想了！大家相顧嗟歎一番。

一九六八年六月二十二日上午，道公的喪禮在台北市立殯儀館舉行。殯儀館大廳站滿了人，蔣經國沒有出現，王昇名在治喪委員前列，他只送來輓軸輓聯。致祭的單位川流不息，沒有軍中文藝運動委員會，文協設了一個項目：「十九個全國性文藝團體聯合公祭」，並未列出這十九個團體的名稱，勉強掩飾過去。軍方辦的報紙也只當作一般新聞處理，沒有以社論或專論表示悼念。

蔣介石總統親臨致祭，我第一次站得離他這麼近。他在例行的儀式之後，注視遺像，歎了一口氣。當時張府的女公子在供桌旁答禮，張夫人在帷幕後守靈，蔣總統跟張府的女公子握手，轉身離去，法國籍的張夫人經人提醒，從帷幕後面追到大門口總統座車之旁，見了一面。

幾輛大客車把一部分人載到陽明山墓地，墓碑刻著「中華民國文藝鬥士張道藩之墓」這是道公生前自己預擬的碑文。焚香行禮，誦啟靈文，「清城鬱鬱，白草芊芊，揚輝六月，永照牛眠」。棺木下葬落地，人群散去，最後剩下羅學濂、邢光祖和我，看工人覆土。這時三人開始流淚，邢光祖下淚最多。

諸事完畢，張夫人離開台灣，她做了一件奇怪的事情，把結婚證書交給文協。是的，這個文件對她沒有用處了！證書是用毛筆寫在宣紙上，文句簡單，道公用中文簽名，夫人用法文簽名，後面兩位證人，記得其中一人是謝壽康。婚書自創一格，想見二十年代中國留學生的維新氣概。

畢竟是「文藝」協會，最後還得來個高潮。

一九七二年，蔣經國出任行政院長。一九七五年，蔣介石逝世。日月如梭，說著說著來到一九七七，我出國的前一年。

這年文協大會改選理事，小說組學長張雲家投入競選，開會之前，他請我們十幾個同學飲茶，商討如何組織拉票。軍中作家羅盤後到，他聽了雲家的計畫之後透露上級指示，凡是有文協會員身分的軍中作家一律出席大會，中南部的會員由公家包租遊覽車北上，大家依照上級規畫的名單選舉理事，徹底改變文協的結構。

我想起一九五一年之事，總政治部挖走文協的美術委員會，另立「中國美術協會」，陳紀瀅當面問老總統文藝運動由誰領導，文協得以瓦全。二十六年後，老皇駕崩，新皇萬歲，軍方用心，伏脈千里。我當場勸雲家兄放棄競選，並且表示我不去開會。

文協開會會員出席的人數一向低於百分之五十，投票的意願也低，軍中作家有備而來，立即掌握了選舉。陳紀瀅、趙友培這兩個老理事根深柢固，還是當選了，文協自成立以來，延請一些德高望重的作家藝術家進入理事會，這些人不過問會務，也不常參加活動，他們象徵文協的廣闊包羅，這一次都落選了。

文協的靈魂人物是常務理事，他們輪流主持會務，沒有理事長。新任理事三分之二是軍中作家，未來的常務理事從這些人中間產生，軍權代替黨權，「全國性文藝團體」的假象也消失了。會後陳紀瀅、王藍一同晉見總政治部主任王昇，王上將表示他完全不知道這件事情，既然當家的人「不知道」，那就好辦了。中央黨部副祕書長秦孝儀出面勸說，軍中作家紛紛退讓，文協再把落選的老前輩補上。

回憶錄最好如周棄子的詩：「我論時賢無美刺，直將本事入詩篇。」但議論成習的人要想完全戒除也難，我認為道公做立法院長很成功，然而成功也就是失敗，借用莎士比亞的譬喻：「馱了黃金的驢子」。他領導文藝運動是失敗的，但失敗也就是成功，他不過一名文藝鬥士而已，鬥士獨善其身，倘若文協在一九五一年遭到支解，那就有人想兼善天下，五十年代也許出現文藝沙皇。

道公的宏志大願是辦一座文藝大學，後來求其次，想成立一座文藝圖書館。有人提醒他，要辦就趁著做立法院長的時候辦，他說那樣豈不成了利用職權？他要等卸任以後再辦。那人說，卸任以後恐怕就辦不成了，道公認為某人某人都答應到了時候支持他，這些人都是可靠的朋友。他好容易把立法院長辭掉，再去找這些人舊話重提，這些人都一個一個顧而言他，這位天真的老人家居然大受刺激，生命失去了重心。

張道公和夫人團聚，和情人分手，蔣碧微出版回憶錄《我與道藩》，公布兩人當年的戀情，毀壞了這位志士端正嚴肅的形象，有人說，這本書把張道藩氣死了，這話過甚其詞。道公當然不希望蔣碧微「爆料」，曾經託人勸阻，那人對蔣說，張道藩的壽命也來日無多了，你等他身後再出書吧。蔣碧微的回答是：「黃泉路上無老少，也許我比他早死。」

眼見蔣碧微箭在弦上，張道藩上陽明山晉見蔣介石總裁，坦承「私生活出了問題」。據說蔣介石立即表示：「人人都有私生活，我也有。」張道藩聽了，心上一塊石頭落了地，下山回來，臉色好看多了。

蔣碧微在台灣師範學院教書，文壇後學尊稱她為蔣老師，她手上握有張道公當年寫給她的情書，數量很多，「蔣老師」把那些情書嚴密收藏起來，不讓道公看見。那些信都是在國難當頭的時候寫的，道公已是黨國聞達之士，居然還有這樣的私情！「他人有心，予忖度之」他追求儒家的完整，那些信是他的心病。

一九五三年，道公找我記錄他的口述自傳，那時也是「國難當頭」，他怎會有這番閒心？我有一個感覺，他可能希望借故取回那些信。趙友培老師向我暗示：「不但要跟張先生好好相處，也要跟蔣老師好好相處。」但是「蔣老師」豈是容易「好好相處」的人？說不盡的慚愧，我根本沒有那個本事。

蔣碧微出版《我與道藩》，可以說是張道公最不如意的一件事，他怎知道他在海峽兩岸名垂不朽，竟是靠他跟蔣碧微的愛情佳話！他當年諱莫如深，而今卻由名記者潘寧東編成廣播劇，在他領導過的中廣公司製作播出，然後寫成小說，暢銷兩岸三地，還可能拍成電影。他也曾竭盡心力立德立功，今人竟等閒視之，有人還做了負面的解釋。

《我與道藩》由章君穀執筆，他是小說家，長於「代言」，文筆精采，可讀性高，張蔣之愛受人稱道，章君穀功勞很大。章君穀說，他也沒看見那些情書，兩人通信的那一部分，蔣碧微自己整理嵌入，可見蔣用心之深。

道公晚年病中，趙友培教授長在左右，友老整理道公的口述資料，寫成《文壇先進張道公》一稿，交《中華日報》連載。出版時，《中華日報》的楚崧秋社長認為，「道公」只是一時一地的稱謂，一本有價值的書流傳久遠，異時異地的讀者就覺得隔閡，依照他的主張，書名改成《文壇先進張道藩》。這本書在序文中聲明：「不談政治，不談愛情」，只談道公的文藝工作，內容專精，可以稍補道公的遺憾。

最近我接到台南國家文學館游淑靜副館長來信，她說文史家張錦郎捐了一批文件，其中有張道藩自傳的手抄原稿（局部），問我是否能說出此稿來歷。據聞蔣碧微過世的時候，家中東西沒人收拾，書籍文件形同棄置，那一部分手抄的稿本是從地上撿到的。那麼道公當年寫的情書而今安在？怎麼一直沒聽到有人提起？

道公有寫日記的習慣，他的五冊日記也不知去向。日記放在他在陽明山的研究室，一位「與道公關係親近的某委員」，帶著「兩個穿中山裝的人」，向張夫人討取研究室的鑰匙。「日記」莫非落入他們之手？他們又要這個做甚麼？某委員也作古了！天上地下，魂魄相逢，或者會有一番交代吧。

冷戰時期的心理疲倦

我想我得了憂鬱症。

六十年代，我家的艱難已經度過，弟弟考取公費，赴英國劍橋大學讀書，得到博士學位，妹妹師範學院畢業，應聘到名校教書，她婚前婚後一直細心照顧父親，妹丈也處處周到，真是應了家鄉代代相傳的老話：「有好兒子不如有好媳婦，有好女兒不如有好女婿。」我兼差，寫稿，略有虛名，可以知足惜福，曾任台灣師範學院院長、台灣省教育廳長的劉真，每次在公共集會中相遇，他總要說一句：「你了不起！」

可是我的健康出了問題。我覺得非常疲倦，早晨本是一個人精神最好的時候，我從起床那一刻就筋骨痠軟。前額的皮膚慢慢變成黑色，像一片烏雲遮下來，依照相書上的說法，我交了「華蓋運」，冥冥之中小鬼替我打傘。也就在這時候，我讀到王國維的那首詩，「出門惘惘欲何之，白日昭昭未易昏。」恨不得那就是我的作品。

然後是頭痛，醫生說這是肌肉緊張引起的，他開了藥方，我吃了無效。另一個醫生告訴我，頭痛的原因有幾百種，沒有辦法一一檢查，他給我開鎮靜劑。我並不需要藥物幫助我入睡，我的睡眠時間很長，軍營中培養的好習慣——早起完全拋棄了，星期天的時間多半消耗在亂夢裡。我眼皮沉重，依然頭痛。

我非常容易感冒，感冒治好了、扁桃腺繼續發炎，扁桃腺消炎了、咽喉裡還有一塊嚥不下去的東西。一位醫生勸我把扁桃腺割掉，另一位勸我不要割。扁桃腺是個累贅，腦袋也是個累贅，我身上的每一件器官都是累贅，但是一個也不能少，要命的重擔我必須挑起來。

後來增加了胸痛，帶來最大的困擾，症狀很像狹心症，左臂發麻，呼吸困難，「發病」常在夜半，睡眠中喘不出氣來，自己把自己憋醒了。狹心症可怕，趕快跑到醫院急診，醫生看了心電圖說「你回家吧」。第二天看門診，醫生勸我每天喝一小杯白蘭地，我試過，慢慢啜一小口，心臟就劇烈的跳起來，加上頭暈。漸漸的，台北市「美而廉」的咖啡本是我的最愛，我也戒絕了。漸漸的，茶也不敢喝了。

我遍求名醫，台大醫院心臟科陳炯明，榮民總醫院心臟科姜必寧，胸腔科星兆鐸，中心診所腦神經科施純仁，台灣省立醫院內科熊丸，他們受朝野上下一致信賴，可是他們甚至對我的便祕都束手無策。星兆鐸醫師沒有藥方給我，他只說「你的情況我知道」，奇怪啊，他知道甚麼呢？他知道甚麼呢？

我厭惡公共集會和社交活動，我工作很忙，容易找到藉口缺席。我厭惡和別人溝通協調，認為那是虛偽敷衍，我從未好好的處理人際關係。中廣公司節目部教我做科長、組長，我堅決拒絕，我把行政工作看成「馱黃金的驢子」。王健民教授對我說：「一個人若是怕麻煩，他的事業前途就會受到限制。」（謝謝他這個好心人！）我是點不醒的，哈哈，事業前途！我只有在寫文章的時候覺得還可以活下去，那就埋頭爬格子吧，今日有文章今日寫，那時有一首歌曲流行：「你說甚麼我不知道，不要提起明朝！」

我一度住進台大醫院的精神病科仔細檢查，主治醫師寫了很長的病歷，卻沒有提到憂鬱症，是否那時候（六十年代）還沒有這個病名？我在精神病科也有收穫，我看到關在鐵欄杆後面的病人痛罵醫生和護士，辱及祖先，而被罵的人好像一個字也沒聽見，照常工作。那時台大醫院以服務態度粗暴聞名，病人形容醫生護士像刑警，那時台灣凶殺案很多，我擔心有一天退伍軍人會闖進來丟個手榴彈，第二天圖文血腥佔滿各報社會新聞版，接連炒作幾天，成為「本周賣點」。來到精神病科，刑警都變成菩薩，打開了我的眼界，也打開了我的心胸。

駱仁逸對我說：「這麼多名醫說你沒有病，你就是沒有病。」是這樣嗎？是這樣嗎？司馬桑敦告訴我：「心理上的病，常藉生理的狀態顯現。」是這樣嗎？是這樣嗎？吳心柳介紹甚麼人的一句話給我：「越是接近頭頂的病，越需要心理治療。」是了！也許是了！

也許有關係，也許沒關係，那是「冷戰」的年代，多少人的心理有某種病態。

一位收費高昂的名醫說，他的病人都是達官顯要，五十年代，人心鬱悶，工作忙碌，求診者大都患了胃潰瘍，六十年代，酒食應酬頻繁，求診者多半患了糖尿病。他也沒提到憂鬱症。

二次大戰結束後，世界各國分成兩個集團，一個以英美為首，一個以蘇聯為首，雙方在經濟、外交、文化和政治宣傳方面對抗、衝突和競爭，稱為冷戰（Cold War）。由一九四五到一九九〇年，多次發生激烈衝突，隨時可能演變成全面熱戰（世界大戰），美國國務卿杜勒斯稱之為「戰爭邊緣」。這個說法，後來衍化出《中國時報》的「法律邊緣」，民進黨人的「暴力邊緣」。法律邊緣是報人作家喻舲居六十年代對時報採訪政策的描述，據說余老闆聽到小報告的時候雙眉一皺，七十年代，這四個字就成了余老闆親口說出的工作指示。

美蘇雙方都有核子武器，「戰爭邊緣」也就是同歸於盡的邊緣，長期的緊張恐懼改變了人的生活，外電報導，英國人的胖子年年增加，許多人吃零食紓解壓力，美國婦女的性行為更放縱，她們想做女人何必太規矩，也不知道哪一天蘇聯軍隊打進來把她們都強姦了！英國哲人羅素甚至發動請願，寧可受蘇聯的專政統治，反對發展核子武器。

台灣是冷戰的前方，人在台灣，憂慮更大。西洋人說國共戰爭是「美蘇兩國代理人的戰爭」，我認為這個說法不對，《關山奪路》中另有表述。但演變到冷戰時代，雙方也的確身不由己了。國共戰爭停滯對峙的一瞬，猶如電影的停格，圍棋的長考，下一步怎麼走？有人指出，台灣政局出現了三種矛盾：平時與戰時的矛盾，臨時與永久的矛盾，均權與集權的矛盾。有人指出，台灣社會出現五種差距：年齡的差距，知識的差距，財富的差距，地位的差距，歷史記憶的差距。環境如此，人心不安，人群不和，人性也慢慢異化了！

一九六四年十月，中共舉行第一次原子試爆，據說那一夜，蔣介石整夜沒有合眼，他端端正正坐在椅子上，臉朝著西方。也許就在那一夜，他決定以「光復大陸」代替反攻大陸，也許就在那一夜，「建設台灣」從手段改為目的，也許就在第二天早晨，一向高歌「我們明年回大陸」的人由痛苦產生幽默，我們一定會回去，自己打回去，或者解放軍押解回去。

建設台灣，即使把台灣建設得盡善盡美，那又怎樣！史家形容古希臘的滅亡，「水晶瓶撞在岩石上」，你有本事把台灣打磨成一粒鑽石，中共有本事把它鑲在五星徽上。有一天早晨，我陪一位鄉長穿過新公園，看見一群中老年人打太極拳，個個面色紅潤，身手靈活。老鄉長喟然歎曰：「這些人怕死！」我說：「留得青山在，不怕沒柴燒，」他說，「也許留到中共的勞改營去燒大灶。」

「建設台灣」，建設一個甚麼樣的台灣呢？

「國富則多貪」，經濟成長，貪官小偷娼妓也跟著成長。以我的感受而論，那時大官極少大貪（他們也沒有機會小貪），小官則多半小貪（他們也沒有機會大貪）。人到台灣，在蔣介石總統殿下為臣，升官和發財是兩條頻道，求富求貴兩種人在他的階下排成兩個隊伍，「政策性貪汙」很少。可是每天執行政策的是小官，老百姓每天面對他們，等待他們高抬貴手，「技術性貪汙」卻很普遍。

以某些申請案為例，當年標榜「萬能政府」，負責管、教、養、衛，事事需要政府批准，申請人多半要在申請表下面附一個信封，裡面裝好大鈔，承辦人看完申請表，順手掀開，如果沒有那個信封，他可能把文件向前一推，告訴你「手續不全」。有些承辦人面前排著長龍，他的辦公桌最下面的抽屜是打開的，輪到你上前對話的時候，你站在他的旁邊，悄悄朝抽屜裡丟一個紅包，彼此不動聲色，保證風調雨順。

有一次，中國文藝協會開理事會，管財務的人報告收支，特別說明有四百塊錢不能入帳，也沒有收據，那筆錢送給管區警員了。文協在大門旁邊設置了一個鐵架，會員可以把腳踏車鎖在上面防範小偷，這件事必須警員合作才行。新台幣四百元是多少錢呢，那年上等香菸十元一包，警員說，他要買四條菸交給主管，主管會把香菸放在辦公室裡大家吸，他得時常帶些「小零碎」回去才有面子，他要求文協諒解。文協的當家人是立法院長，二把手是資深立法委員，總幹事持有出入警備總部的長期通行證，警察毫無顧忌，文協辦事的人也遵守遊戲規則，眾理事皆無異詞。

小貪官創造了許多小故事，對文學創作大有貢獻，可惜沒引起小說家注意。某機關招聘汽車司機，最後一關是交一篇自傳，那個考試成績最好的人不能報到，承辦人說自傳的內容是假的。這位司機找我商量，我帶他去向一位刀筆老吏請教，老吏哈哈大笑：「誰的傳記是真的？蔣介石的傳記是真的嗎？」他說陰曆年馬上來到，你穿上西裝到那承辦人家裡拜年，左邊的口袋裡裝三個紅包，每個五百元，右邊的口袋裡裝兩個紅包，每個一千元，如果他家有兩個孩子，你掏右邊的口袋，如果他家有三個孩子，你掏左邊的口袋。照你將來的待遇衡量，你該送他一千五百元到兩千元，少了沒有用，多了不合算。我一聽，他分明是在憤世嫉俗嗎！一個月後我在人行道上步行，一輛嶄新的小轎車在我身旁停下來，我沒想到那司機居然依計而行，結果是關節豁然貫通。他堅持用他長官的座車送我一程。

說到拜年的紅包，我想起一位科長，他有資格在建築案件上蓋章，求他幫忙的人很多，他沒有孩子，特地從孤兒院領來一個小養女，科長太太並沒有愛心，平時常常打罵，惟有大年初一初二這兩天，她把小養女打扮得漂漂亮亮放在客廳裡，拜年的人來了，掏出紅包往「女兒」的口袋裡塞，這個小養女是她家的「撲滿」，那些奔走營求的人大呼「方便」。到了年初三，科長太太就把養女的新衣服換下來，「弄髒了難洗，明年還得穿。」

我又想起一個人來，他在主管農產品外銷的機構做事，貪汙受賄，判了七年徒刑。他帶著一台錄音機欣然入獄，每天聽錄音帶修習英文，他太太整天坐在牌桌上，有時向牌友誇耀：「我們三代也吃不完用不完！」七年專修英語，囚徒服刑期滿，帶著全家到美國做寓公去了。

抗戰時期，政府嚴懲貪官汙吏，判刑一經確定，「家產除酌留家屬生活必需費用外，一律沒收。」抗戰勝利，政府檢討戰時法令，認為這一條文承襲君主時代的抄家，予以廢除。監察院陶百川委員在他的一篇文章裡指出，一個中級公務員每天的薪水是多少錢，一個貪汙判刑的人，他一天的「代價」又是多少錢，這麼一比對，貪贓枉法的收入比奉公守法超出百倍千倍，社會的不公不義完全凸顯出來。我現在找不到這篇文章。

雜文短評跟著新聞走，千遍萬遍，我問這樣下去怎樣立國。那時不准危言聳聽，我只好說，生而為中國老百姓只有忍耐，「小不忍」害處更大。我只好勸貪官自己有節制，給子孫留餘蔭。

那時雜文的風尚是尖酸刻薄，我並不喜歡，可是出於職業壓力，有時也得表示「我也辦得到」。我說過，到機關辦事，你得託人疏通，你如果託國父孫中山先生出面，一定成功。

鈔票上面印著孫中山的肖像，我的意思是送錢。紅包送進去，他們的笑臉就露出來了，我說他們都是賣笑的。那時有個「便民運動」，意思是給老百姓方便，我說為了便民，每個承辦人的桌上設置一塊牌子，寫明承辦人的姓名住址籍貫學歷，便於奔走請託。我又說郵政有快信，坐火車坐飛機有頭等艙，醫院看病有「提前號」，收費高、服務的品質也提高，政府趕快增設「特快申請」的窗口，規費增加十倍二十倍，半數歸公，半數歸私，紅包化暗為明。

社會缺少公義，平民百姓感受深切，買火車票電影票，看病掛號，申辦戶籍謄本，還有修圍牆，裝電話，尤其是涉及司法、稅務、人事上的考績升遷，處處有特權的影子。記得政府一度下令禁止賭博，警察可以闖入民宅突擊抓賭，四個人同桌打牌，抓走三個，留下一個，三人當場質問：「你為甚麼不抓他？」帶頭抓賭的小組長立即反問：「你為甚麼不是他？」台詞精采，立刻傳遍台北，這位小組長一夜成名。

積弊而後積怨，積怨而後積憤，於是社會不斷出現暴力凶殺。凶殺案照例是社會新聞版的頭條，而社會新聞版是民營報紙的「頭版」，每天讀者拿起報紙，先翻出這一版來看，各報銳意經營，開拓銷路，社會新聞的採訪記者都是民營報社的王牌，讀者貪得無厭，同行競爭激烈，他們工作壓力很大。我編「人間」副刊的時候，一位名記者跟我同室而坐，他常從外面敗興回來，大台北父慈子孝，夫唱婦隨，他無處著墨。有一天他憤然自語：「我去殺一個人，回來寫新聞，他們誰也寫不過我。」

我長年寫「小方塊」，大半從社會新聞取材，常在新聞的字裡行間尋找可依、可疑、可議、「可異」之處，堪稱最盡心的讀者，年長月久，從微觀中可以略窺宏觀。

起初，心有怨憤的人紛紛寫信向高層投訴檢舉，那時國民政府檢討為何失去大陸，誓言今後一定要興利除弊，為民服務，他們相信了。這種投訴信大概到主任祕書或辦公廳主任為止，主其事者依官場舊習，把檢舉信轉給被檢舉的官員，要他「辦理呈復」，若是下級檢舉上級，百姓檢舉警察，檢舉人的經驗可就深刻慘痛了，我是國民黨員，一度在當地參加小組會議，有人提出鎮長勾結流氓，列入會議紀錄，呈報上級，這份紀錄竟輾轉交到流氓手裡，有一天，那位發言的同志遭幾個「身分不明」的人痛打一頓。這樣一來，哪個檢舉人還敢寫出自己的名字？沒有真實姓名的信叫匿名信，政府一律不予受理，投訴之路就這樣斷了。

附記一筆：到了七十年代，此風未絕。我一度兼任某大書局的編審，這家書局是國民黨的黨營事業，每年年終，中央黨部照例派出工作組檢查業務。新上任的總編審本是軍人，耿直爽快，他告訴工作組，書局裡有很多人不盡責或不稱職，工作很難進一步開展，工作組教他補寫一份書面意見，他也老老實實的寫了。中央黨部收到意見書，以正式公文下達書局總經理，誰料這位總經理竟然把「書面意見」貼在布告欄裡，書局同仁群情譁然，受到點名指責的人結合起來要找總編審算帳，弄得這位退役轉任的儒將天天帶槍上班。

投訴之風既息，自殺之風繼起，我有理由推論，有些人對政府的革新絕望，因之對自己的未來也絕望了。軍中士兵自殺，報紙不敢披露，若是死在營房以外荒山野嶺，記者忍不住含糊報導「無名男屍一具」，沒有家屬認屍，沒有警察調查，新聞沒有後續發展，讀者可以猜測死者的身分。一般官商百姓自殺，記者照例炒作幾天，死者往往留下遺書，一字一句都是新聞採訪的線索，追追追，追到一絲不掛，等於為社會的病例寫下診斷書。

自殺案發生了，新聞追追追，評論跟跟跟，話題源源而來，文章易成，也更受注意，我們好像成為受益人，有時候我會想起魯迅的「人血饅頭」。那時評論家的主旋律是責備死者逃避現實，甚至有人罵他是懦夫。我想起當年中國大陸左翼作家對自殺正是這個看法，田漢定的調子是「哀其不幸，怒其不爭」，到了台灣，前面四個字沒有了，只剩下後面四個字，形同鞭屍。左翼所謂「爭」，暗指革命，到了台灣又怎麼個「爭」法？他們的投訴就是爭啊，我忍不住說，他山窮水盡，他放棄了一切，他把整個世界讓給「你們」，他是多麼善良啊！他選擇了自己的路，要同情他，惋惜他，你總要給他一條路走啊！

緊接著，凶殺案件增多了，也許有關係，也許沒關係，依我個人心證，痛不欲生的受了「輿論」的鞭策，由懦夫變成暴徒。有幾件血案匪夷所思，衝擊力最大。

例如台北市郊區有一所私立中學，體育教員和校長發生財務上的爭執，校長把教員解聘了。這位教員有作戰經驗，家中藏著一把手槍，據說能在十公尺之內射中牛眼。他殺機一動，回到學校，殺死校長，殺死校長太太，殺死校長專用的三輪車伕，殺死校長信任的職員，連殺七人才罷手。怨毒之深，一至於此！據流傳，這個行凶的教員說，人不是那麼容易欺負的，別把任何人看扁了。這話也算醒世警鐘了吧，可惜有人還是不在乎。

例如一個青年囚徒，他在出獄前三天殺死了一名「看守」。想想看，再過三天他就恢復自由了，他還年輕，人生可以重新開始了，他居然寧願「拚上一身剮，皇帝拉下馬」！到底是甚麼樣的遭遇使他忍無可忍同歸於盡？這就揭開了監獄的黑幕，老舍在他的小說裡寫過一句話：「監獄是個好地方，使人相信人性墮落到底之必然與無救。」這句話算是為他而寫的吧。

某一天，台北市一輛公共汽車突然離開軌道，亂撞行人，一時街頭大亂，有死有傷，幸虧這輛車撞上水泥樁，拋了錨，警車才追上來。這個司機名叫何明忠，警察問他動機，他痛陳公共汽車管理處考績不公，那些年年成績甲等的都是有錢行賄或者高官關照，他說「氣難受，屎難吃」，三杯老酒下肚以後，越想做人越沒有意思，但是臨死之前總要先出這口鳥氣。凶殺新聞之後，又是一陣追追追，跟跟跟。那年代看過一部日本電影，片名叫《五瓣之椿》，椿花就是山茶，片中女主角連殺五人，每次都在命案現場留下一朵山茶花。警察逮到她，問她行凶的動機，她說世上有一種「法律不能處罰的罪」，只有自己用法律以外的手段救濟。記得片中有人叫著女主角的名字說：「紫英，我無話可說，你做的事是否正當，我不知道。」「法律不能處罰的罪」當心招致法律以外的懲罰，而這種懲罰必然太重，造成另一種不公平，令人後悔莫及！我引用這部影片，要求強者多一點自制，也要求司法多一點勇氣。

凶手犯了「法律能夠處罰的罪」，死刑在前面等著他，嚇阻了許多繼起的行為。但是你常常可以聽見有人說：「你除良安暴，我改正歸邪。」每一件血案也迫使當局作出一些改革。流血五步的慘劇，《五瓣之椿》的觀念，也對官僚構成潛在的威脅，腳底下的泥雖然很軟，但是腳步仍然要放輕，或者繞道而行，避免踐踏。這些死者也算是社會改革的「小先烈」吧！教育部甚至發生這樣的喜劇，他們的工友忽然在辦公室裡磨刀，首長大驚，馬上派人陪伴這位工友出去遊山玩水，一切花費用公款開支。

清朝後期，政府偏袒洋人，引起民憤，群眾自力救濟，燒教堂，殺傳教士。有一條民諺是：「官怕鬼，鬼怕民，民怕官」，我仿照它的句法寫出「權勢怕暴力，暴力怕法律，法律怕權勢」，三者之間平衡，危險的平衡。

台灣以外的大環境也令人沮喪，那時美國和中國大陸發生的每一件事都和台灣息息相關，「白宮打噴嚏，台北傷風」，「北京睡眠，台北作夢」。

中共在一九五一年徹底清除國民黨遺留在大陸上的人員，一九五五年整肅文藝作家，一九五六年造成經濟上的三年災害，一九五七年全面「改造」知識份子，這些已經夠了！誰料毛澤東又在一九七五年發動文化大革命，歷時十年之久，我無法用簡要的文句勾畫這場大瘋狂的輪廓，我只能說，這件事的確是「十年浩劫」！這個樣子的中共如何能救中國？如果中國大陸的今天就是台灣的明天，此情何堪？

美國在一九六二年介入越戰，到一九七五年才勉強脫身，整個六十年代，從美國傳來的消息是：行政效率低落，國民道德敗壞，學生罷課佔領校園，青年逃學、逃家、逃避兵役、集體流浪、吸毒雜交。這樣的美國如何能救世界？如果美國的今天就是中國的明天，此情又何以堪？

「美國有、台灣一定也會有」，但是檔次照例低一級，美國的「嬉痞」還有道家返回自然的意味，台灣的太保太妹只能算是不及格的流氓。中國的黑社會也有他們的規範，像強姦少女這種事他們不屑為之，台灣的太保卻結夥侵犯夜校的女學生，報紙稱為強暴和輪暴，學者稱為強制性交和「多人強制性交」，校園、公園、車站、新拓寬的馬路、未完工的大樓、都是極其恐怖的地方。受害者忍辱吞聲，警察多半是偵破搶劫、重傷害等「大案」時附帶發現這一類罪行。

我還記得這樣一個案子：一群太保橫行台北郊區某大學的校園，伺機向女生下手，如果發現她已失童貞，立即重重的打一頓耳光：「你這個賤貨，老子白費勁了！」原來他們預先立下目標要破壞多少個處女膜。

太保中間有許多官家子弟，警察面對「某某人之子」只有從輕發落，即使捉進拘留所，做母親的也很容易營救，而且瞞著父親，即使做父親的有心管教，也往往失敗。我知道有位將軍統兵在外，難得回家，他倒很盡責任，人到台北，第一件事拜訪警察局派出所，查看兒子的紀錄，回到家中第一件事把兒子吊起來毒打一頓，他一面打一面痛哭。放下鞭子，回到駐地，下次再來，再打，再哭。多少年來我一直掛念這個家庭，盼望故事能有個好結尾。

青少年，尤其是出身上流社會的青少年，德行如此敗壞，豈非氣數已盡？社會上普遍有個說法，戲稱當今文武百官為「一代完人」。

我年輕的時候不滿意當時的社會，以為只有社會主義能解決問題，後來中國實行共產主義，問題沒有解決，更嚴重了。冷戰的年代，美國推銷一種理念，只要實行資本主義，這些問題就能解決，我又盼望實行資本主義，看美國經驗，他又能解決多少問題？奈何奈何！前面再也沒有一個新的什麼主義了！

國民黨枉稱注重思想教育，完全失去傳道解惑的能力。

六十年代，台北人在居住、飲食、穿著、交通、娛樂各方面不斷提高水準，許多人喪失理想，追逐享受。小說家徐訏到台北小住，我問他對台北的觀感，他說：「台北是肉體的天堂，靈魂的地獄！」

我實在厭倦了一切。台灣每年選拔「十大傑出青年」，其中有一個名額給文藝人才，先由五人小組提名，只提一人。一九六四這一年我四十歲，文協的當家人陳紀老對我說，今年提名小組的五位委員有三位可以支持我，紀老打算推薦我，他必須先知道我有沒有這個意願。我趕緊拜託他打消此意，我一九六〇年得到中國文藝協會的文藝獎以後，論作品並沒有多大進步，論社會地位沒有甚麼遠景，愧對「傑出」二字，一旦當選，必須力求傑出的表現，我實在不能再承受那麼大的壓力了！

在這交會時互放的亮光

整個五十年代我息交絕遊，只有同事，沒有朋友，如果說總會有一個，他也許就是黎中天。

黎中天，湖南人，我認識他的時候他是小說家。一九五一年，國民黨中央黨部第六組主辦對中國大陸廣播，聘他寫稿，借用中廣節目部辦公，我和他朝夕相處。在此之前，他是軍事新聞通訊社的採訪主任，這家通訊社是軍中耳目，政工喉舌，工作人員的發展很有前景，可是他看不慣軍中的某些作風，發了「騾子」脾氣，寧願失業，甩手不幹了！

他好像是一九五〇年失業的，那時工作機會極少，他寫一個短篇小說要費兩個月功夫，不能靠稿費生活，極度困窘時曾到台灣大學附屬醫院賣血，那時醫院血源缺乏，允許病家出錢購買，賣血一度是合法的職業，稱為「血牛」。黎中天客串血牛，面無悔意，口無怨言，昂首闊步，一如平時，散文作家歸人有文章稱道他。

那時對大陸廣播是敏感工作，黎中天能得到一席之地，可見黨中央對他還是信任的。我那時剛剛離開「簡單明瞭」的軍中，初入「盤根錯節」的社會，討厭那些吞吞吐吐字斟句酌的人，並不知那說話的方式是他們幾十年的修為。黎中天心直口快，對文學藝術又很有見地，我和他常在辦公室裡高談闊論，引人側目。

我清清楚楚記得他問我一句話：「文藝創作要有天才，你覺得自己有天才沒有？」我問「你看呢？」他認為我並不適合做作家，他用了一個比喻，「做作家如果失敗了，那就像一座房子被大火燒掉，連垃圾也沒剩下。」我心中一驚，但是並未動搖，我本來就是大火燒過的殘垣斷壁！幾十年來，這句話時常冒出來鞭策我，我感激他說過這句話，跟他結下二十多年緣分。

我們共事期間，黎中天寫了一個短篇寄給《自由中國》，也就是雷震創辦、胡適擔任發行人的那份刊物，它的文藝版篇幅有限，取稿甚嚴。《自由中國》採用了他的作品，分兩期刊出，這件事對黎中天有精神和物質雙重意義，可是他的奇特個性又冒出來創造紀錄。小說的上篇登出來，他發現編輯修改了他的語言，他立即寫信去抗議，要求照原稿重新登一次，否則下篇不得刊出，上篇的稿費他也拒絕接受。我勸他，古人寫文言文千錘百鍊，號稱「懸之國門，不能易一字」，咱們寫白話文哪有這麼嚴重？他憤然說，我的白話文也是「懸之國門不能易一字」的啊！他堅持不讓，人家又礙難照辦，結果小說只有「腰斬」了事。

一九五三年六月，「大陸廣播組」升格為部，遷地辦公，黎中天不在新編組之內，這種「御用文人」諒他做不久。他一去神龍不見尾，一回頭又是高潮。一九五九年唐縱出任中央黨部祕書長，有意推動文藝工作，物色幹部人選，有人向他推薦黎中天。看工作經歷都很純正，看籍貫是湖南同鄉，論政治關係獨行俠一名，不沾任何派系，唐縱覺得很滿意。

唐縱做了八年祕書長，黎中天如能追隨效命，只要略有建樹，最後會有一把舒適的椅子，人人以為他會很巴結這個差使。中央黨部的使者拜訪黎中天，轉述唐祕書長借重之意，黎中天沒問職位，沒問待遇，他問的是：「祕書長對文藝是外行，我是內行，將來工作的時候，究竟是內行領導外行，還是外行領導內行？」來人一聽這話傻了眼，也不知他是怎樣回去覆命的，當然從此沒了下文。

我至今不知道唐祕書長要一名文藝幹部做甚麼，他後來想到了我，這一次他改變做法，他的親信打電話給我說，祕書長請吃晚飯。那時政商首長常常大擺筵席，跟新聞界聯絡感情，我以為是那種鬧烘烘的群眾場面，不料只有一桌，而且沒有坐滿。記得文藝界人士有詩人鍾雷，小說家穆中南，新聞界人士有《民族晚報》總主筆關潔民，還有兩位從未見過面，也許是祕書長左右的工作人員吧。

那天晚上大家都很拘謹，幸虧關總主筆健談，沒出現冷場。座中兩位作家一再把話題拋給我，提示我談一談文藝方面的事情，顯然把我當作主要的目標，怎奈我毫無心理準備，只有躊躇。事後他們才告訴我，祕書長想在文藝方面做幾件事情，我趕緊說，我沒有搞運動的才能，我這枝筆也只能自己抒情記事，不足以做大人物的幕後寫手。我說鍾雷、穆中南都是「一等一」的人才，祕書長又何必捨近求遠呢？唉，我這番話毫無志氣，比起黎中天來差遠了。

再過一段時間，中央黨部通知我去開會，主持會議的人好像是一位專門委員，也許是總幹事，座中寥寥數人，記得有畫壇大老姚夢谷，文藝批評家尹雪曼，這樣的組合令我好生奇怪。

開宗明義，主持人說要推動「三民主義文藝」，我心裡又響了一聲奇怪，三民主義文藝是何等大事，怎麼由層級這麼低的黨工出面，再說他乃是一個事務人員，只見官架子，不見文藝氣質，文藝運動由首長親理急降到基層敷衍，變化也未免太有戲劇性了吧。尹雪曼一再慫恿我提意見，宛如祕書長賜宴的情勢重演，那正是我意志消沉的六十年代，他們如果找張道藩號召，我基於歷史淵源，總得馬前馬後轉幾圈，現在就讓他們對我死了心吧。

我說歷史上有浪漫主義運動，寫實主義運動，都很成功，有人以為三民主義文藝運動也可以成功，其實這裡面有很大的分別。浪漫主義、寫實主義都有表現方法，例如舞台劇有寫實主義的布景，寫實主義的燈光，寫實主義的人物造型，寫實主義的導演手法，三民主義文藝的表現方法是甚麼呢，好像沒有，沒有一套表現方法，那就不能給作家解決問題，只能給作家增加負擔，這樣的文藝運動恐怕不會成功。

我又說，前賢認為文藝作品能製造重大事件，改變社會現實，恐怕是高估了文藝的效用。近人考證，一首〈馬賽曲〉掀起法國大革命，一本《黑奴籲天錄》造成美國的南北戰爭，都是牽強附會。以我修習所得，如果作品水準太低，讀者無動於中，沒有宣傳效果；如果作品水準高，讀者橫看成嶺，側看成峰，憑自己的立場各取所需，我們所輸送的未必就是讀者所收到的，宣傳效果也許相反。文學作品成本高，報酬低，還是口號標語海報立竿見影。

最後我吐了一口苦水，我說文學作品是可以曲解的，是可能誤解的，搞文藝風險很大。我引了拜倫一句話：「女人，你為她死容易，跟她共同生活卻難！」我是大兵出身，給我一枝步槍，衝鋒號吹起來，壯士一去不復還，容易！為黨國搞文藝運動，太難了！

我想起黎中天，我和他都種下惡因，我後來竭力自制，他還是一派本色。那時各縣都有一份地方性的報紙，他們銷路少，財務緊，為了節省開支，五家報紙聯合起來請黎中天做共同的主筆，一篇社論五家登，他們的讀者並不重疊，五家報館都付給他稿酬，黎中天的生活大大改善。

黎中天繼續創造文壇軼話，那時台北有一份刊物名叫《人間世》，封面模仿林語堂當年創辦的雜誌，裡面登載的也多是嬉笑怒罵的文章，黎中天為他們寫了一篇雜文，討論台灣文藝的發展，台灣的文學為甚麼既難普及又難升高？他的答案是，因為我們的總統和副總統都只讀過一本書，就是《步兵操典》！驚人之論一出，當局馬上出手，五家民營報紙停了他的社論，他的文章投到任何地方都遭退稿。

《中國時報》的余紀忠董事長知道了，吩咐家庭版主編為黎中天安排了一個四百字的小專欄，這個安排很巧妙，使我想起某一新聞人物逃避採訪，住進醫院的小兒科病房。黎中天取了個筆名叫「楊柳青青」，頗有一元復始之意，他也展現了柳條式的身段，只談家常閒話，身邊瑣事，口吻娓娓閒閒，沒有一點火氣，以致有人誤以為執筆人是女作家。我和他又成了同事，他對人謙和，講話的聲調也低了。有一天我在報社大門口遇見他，不禁執手而言：「甚麼時候我才修得到你這個火候。」

黎中天和《中國時報》沒有淵源，那些年，常有作家因治安機關封鎖受社會歧視，幸而得到余董的援助，黎中天不是第一個，也不是最後一個。至於黎中天風格和氣質的變化，應該是因為他和一位很年輕的小姐結婚了，夫人是美麗而溫柔的，可想而知，飄泊半生的黎中天得到很大的安慰和「感化」。

不過黎中天有他的底線。那些年，常有愛好文學的女青年勇敢的嫁給她仰慕的男作家，雖然兩人的年齡差距極大。年輕的作家太太見了余董事長叫余爺爺，妻者齊也，並不年輕的作家丈夫也跟著叫余爺爺，儘管「爺爺」比他大不了幾歲。余董看這些藐視王法的名士狂士如此馴服，心中想必有甜甜的滋味吧？那些作家出版了新書，照例寄一冊給余董，扉頁題款「余爺爺賜正」。這些郵件進不了董事長的書房，一律由資料室收件拆封，送上書架，我們都有機會看見。黎中天從未叫過一聲爺爺，也從未送書給余爺爺。

說著說著，大家把黎中天這個典型忘記了，我還記在心裡。後來我在紐約《世界日報》寫小專欄，陳水扁削減海外華僑文教的預算，關閉圖書館，取消藝術品的展出，我撰文批評，引用了黎中天的那句名言。陳水扁本是律師，我說當今總統恐怕也只讀一本書，那就是《六法全書》！這篇短文在台北《中華日報》副刊同時發表，文字因緣，不可思議，也許有關係，也許沒關係，只見陳水扁總統百忙之中氣喘吁吁授勳給台灣的五位老作家，其中一位是散文家、文學評論家和翻譯家齊邦媛，我們在文學的長途跋涉中，齊教授是那「渴了就給他水喝」的人，她得此榮譽，大家特別高興。

到了六十年代，我和小說家姜貴的交往比較多。姜貴本名王林渡，原籍山東諸城，距離我的家鄉臨沂很近，諸城王氏和臨沂王氏都是大族，老一輩的人頗有往還，他的名著《旋風》裡面幾個重要人物，我的父親都能指出原型，主角方祥千就是諸城名士王翔千，此人當年和我父親都在濟南。姜貴長我十歲，因為有這些淵源，我和他成了忘年之交。

我對這位小說大家的第一印象：魁梧健壯，果然一名山東好漢，表情冷漠，好像城府甚深。那時他住在台南，太太不幸病故，地方法院有位檢察官認為他疏於照顧，打算控他遺棄致死。（一九六一）那年代司法缺點多，「幸而」流行行政干涉司法，可以救濟，姜貴北上求援，十位走紅的小說家陪他去見司法院長王寵惠。

六十年代中期，我接編「人間副刊」，開始和他交往。他經商失敗，恢復作家的身分，到台北市賣文。他以長篇小說《旋風》一書，進入哥倫比亞大學教授夏志清的《中國現代小說史》，夏氏是這一門學問的權威，一經品題，國際知名，台北的作家都歡迎他「歸隊」。我請他寫了一系列短篇小說，付給最高稿費，香港來的小說家南郭主編《中華日報》副刊，推出他的《重陽》、《碧海青天夜夜心》，經我安排，他的《湖海揚塵錄》上了《徵信新聞報》的綜合版，都是大部頭的作品，連載之後隨即出版單行本。寫長篇連載的收入很好，那時的說法是：「寫詩可以喝咖啡，寫散文可以吃客飯，寫長篇可以養家。」

這位文壇先進的生活方式很特殊，他住在旅社裡，每天到飯館進餐。那時衡陽路有家旅社叫「成功湖」，房間不大，照樣有冷氣、有熱水浴、有「席夢思」床，他在裡面住了很久。由中廣節目部到「成功湖」，步行五分鐘穿過公園就到，我常去找他談天，旅社左右大小飯館一家連一家，我中午也常約他一同小吃。

他開支很大，一直鬧窮，連載談妥以後立即要求借支稿費，給編輯很大壓力，以致有些人不敢向他約稿，他對各報很有意見。他曾寫信向中廣公司的梁寒操董事長求職，寒老交辦下來，節目部主任邱楠無法安插，寫信轉介給中央電影公司總經理龔弘，龔總聘他為編審委員，地位崇高，工作清閒，每月卻只有車馬費新台幣兩千元（依當時匯率，折合美金五十元），徒然「禮聘」，並無「重金」。他也常向中影借錢，龔總請他寫劇本，那時中影的行情是、劇本費四萬元，先支一半（相當於美金五百元），影片開拍時再付一半。他前後寫了三個劇本，都沒有拍成影片，他對龔總也非常不滿。他的性格也特殊。

他對職業的看法也出人意表。起初，國民黨中央黨部有人安排他去做中學教員，他斷然拒絕，認為簡直是對他的侮辱。後來他的知音、哥倫比亞大學教授夏志清，聯合聖約翰大學亞洲研究院院長薛光前，寫信給中國文化學院創辦人張其昀，張氏派人面訪姜貴，商量開課，我這位鄉賢只願意做那領高薪不上課的「研究教授」，據說張其昀說了一句：「那要魯迅來了才可以。」夏志清、薛光前兩個人的面子大，張氏仍然安排「國際關係研究所」聘姜貴做研究員，不過聘期只有兩年，倒是根本無公可辦，無事可做。人所共知，這個研究所是情報機構的外圍組織，養了許多賢才和「閒才」。

姜貴為他的失業找到一個很好的理由，他說《旋風》寫得太好，反共的力量太大，所以共產黨要迫害他，他認為法院、報館、學校、黨部、政府各部門都有共產黨員潛伏作怪，這些人打算餓死他，他常常慨歎他一年的生活費也不過達官貴人打麻將「和」一把牌。我勸他節省開支，搬到郊區租房子住，他說住旅館有人換床單，洗衣服，若是去租房子，連做飯都得自己動手，那樣的日子沒法過。

混熟了，我有時候也能勸他幾句。我說報館有報館的經驗，他們請人寫稿，預付了稿費，可是作家爽約，他們怕了，你想一個編輯又能有多大擔當？我說中央電影公司對你很好，他請你寫劇本，根本沒打算拍攝，他把這半個劇本費當作對你的額外津貼，這已經算是另眼相看了。我說中學教員有薪水，有福利，有寒暑假，鍾肇政和七等生都是教員，照樣受文壇尊敬，中央黨部豈是職業介紹所？他們能為你操這份心，還真難得。至於受共產黨迫害，我表示懷疑，我說「咱們沒有那樣重要！」在他聽來，為了走過矮簷，先矮化自己，這成甚麼話！他修養好，沒發脾氣。

另外有些話他倒聽進去了，有一天談起他的兩位公子，我說現在愛國愛黨愛台灣都成了某些人的專利，你我這一腔熱血只能為了孩子，我們既然心有罣礙，豈能「不事王侯、高尚其事」？也只有放下身段，為貧而仕。我說你的夫人去世了，令郎沒有媽媽，你只有格外操心，子女成材就是你的勝利。我引用柏楊一句話：「總統把萬里江山給他的兒子，老闆把萬貫家財給他的兒子，你我都得想一想能給子女留下甚麼。」他聽了頗為動容。

有一天談文論藝，他認為夏志清不懂小說，我驚問何以見得？他說他最好的作品是《重陽》和《碧海青天夜夜心》，夏志清只知道捧《旋風》。我對他說：「彭歌、高陽、郭嗣汾都認為《旋風》是你的代表作，他們都是小說家，難道都看錯了？我也認為有了《旋風》，你一定可以名垂青史。好的長篇小說裡面總有可愛的人物，《旋風》有，《重陽》和《碧海青天夜夜心》沒有。」我接著補充：「所謂可愛是指藝術上的可愛，不是洋娃娃那種可愛。」他到底是行家，立刻接口：「那當然！阿Q也可愛，焦大也可愛。」有一天他和小說家亮軒見面，兩人談起我的近況，姜貴告訴他：「王鼎鈞這個人，每隔一段時間要找他談談。」

我也覺得「姜貴這個人，每隔一段時間要找他談談」。他的小說寫得好，我很佩服，我佩服一切會寫小說的人。我一向主張找失意的人談天，那正是姜貴最失意的時候，跟得意的人談話是一件非常乏味的事情，失意的人吐真言，見性情，而且有閒暇。

有一次我約姜貴到一家新落成的大飯店喝茶，大樓和飯店都是台灣本省的資本家投資，服務的員工也都是本省人。我倆離開那座大樓，回頭看見黨國元老于右任寫的招牌，姜貴對我說：「我們有生之年，可以看見中華民國就像這座大樓一樣，一切屬於台灣，只有中華民國這塊招牌是外省人的手筆。」那年一九六九，台北市規模一新，這個小朝廷，小錦繡，也有我一針一線，一磚一瓦，花不認識花農，花農認識花，難免想一想花落誰家。

有一天，我倆從蔣介石的銅像旁邊經過，他說：「在我們有生之年，這些玩藝兒都會變成廢銅爛鐵，論斤出售。」那時機關學校大門以內都有蔣氏銅像一座，多半是前胸和兩肩托住的頭像，中國人看了，覺得他滿臉苦笑，肢體不全，主其事者居然以為這是提高領袖威望，實在一腦子糊塗。

我和他常常一同看電影，有一次，散場以後，夜闌人靜，他說：「在我們有生之年，可以看見舞台演宋美齡如演慈禧太后，演蔣介石如演張宗昌。」

他常說「在我們有生之年」，那時我四十歲，他五十歲。他總是在人行道上邊走邊說，抗戰時期他曾經為國軍搜集軍事情報，有某些經驗，這樣談話不會遭人錄音。

有一天他鄭重告訴我：「有一天，台灣話是國語，教你的孩子好好的學台灣話。」他對我的作事和作文從無一句指教，這是他對我惟一的一句忠告。

姜貴先生何等了得！我寫這篇文章的時候，台灣政治「本土化」成為現實，中華民國虛有其表。台灣話列為「十四種國語」之一，為獨尊台語作好準備。蔣介石千座銅像，民間任意棄置，政客任意侮辱，求為回爐原料而不可得。本土政論家取得歷史的詮釋權，歷史人物換服裝道具臉譜。這位傑出的小說家業已去世（一九八〇），有些事他看見了，有些事他沒看見，我依然耳未聾、眼未瞎，也不知道將來還會看見甚麼。

姜貴「喜歡」算命（他未必相信算命），台北市有那些「命理學家」，他一個一個說得出真名真姓。有人居室高雅，門外常常停著晶亮的黑色轎車，有人藏身陋巷，主顧大半是滿臉倦容脂粉斑剝的酒女舞女，姜貴都去請教過。我在十六、七歲「插柳學詩」的時候，我的老師擅長占卦算命，曾經給過我一些薰陶，《淵海子平》這樣的書我也摸過翻過，姜貴好不容易找到一個談命的對象，我倆的關係又拉近了許多。

這位鄉賢常說：「人生由命，可惜沒人能算得準。」

「算命的」裡面確有異人，我從姜貴口中得知，有一位「算命的」行走江湖，閱人多矣，他總結經驗，發現「好人多半壞命，壞人多半好命」。人的道德品質能從生辰八字看出來嗎，他說「一定」。有沒有例外呢，「偶然有」，他若是發見一個好人有好命，或者一個壞人有壞命，他會高興好多天，可是他明白這並非天地間的常態。

我回到中國廣播公司，把這一則「世說」告訴了副總經理李荊蓀，他忽然說：「你把我的生日拿去找他替我算一算。」我大感意外，那年代出人意表的事特別多。我得替荊公保密，把生日抄寫在另一張紙上，湮滅了他的筆跡。

姜貴帶著我去找那個「算命的」，那人並沒有甚麼仙風道骨，我微感失望。他指出：「你的這位朋友是子時出生，子時橫跨在兩日之間，前半個時辰算是前一天，後半個時辰算是第二天，他是前半夜還是後半夜出生？」我不知道，恐怕李副總自己也未必知道。

我提出一個解決的辦法，請他大致說一說前半夜出生的人如何，他說了幾句，完全沾不上邊兒。他再說後半夜出生的人，「這人很有才幹，但是瞧不起別人，常常和人爭吵。」這倒是八九不離十了。

我請他繼續推算下去，他「哎呀」一聲，他說：「這人沒有氣了！」沒有氣？甚麼意思？他說可能死亡也可能坐牢。算命算出這樣一個結果，我怎樣交代呢？罷了！罷了！

我請姜貴吃了一頓豐盛的晚餐，央他替「算命的」寫一段批語，我說久病知醫，你對算命這一套十分了解，捉刀輕而易舉，他默然。我說「算命的」鐵口直斷，咱們不能照寫，可是也不能憑空編謊騙人，請你用「文學語言」來處理吧！他又默然。

兩天後走訪姜貴，他拿出一張字條來，大意說，照「貴造」看，您懷才不遇，有志難伸，處處因人成事，但時局動盪，努力往往半途而廢，風格高雅，處處留下很好的名聲。最後一句是：「五十歲後歸隱田園，老境彌甘。」我把字條拿給李荊公看，他淡淡的說：「教我退休。」

幾個月後，李荊蓀突然被捕，判了重刑（一九七〇）。這年他五十三歲，十五年後出獄，又三年病逝。他被捕後第二天，我找出他的八字，約了姜貴（也許我不該約他），再去請算命先生看看，這一步好像叫做「覆合」，也許能「合」出甚麼希望來。他只給我幾句敷衍，卻也沒有再收費用。辭出後，姜貴畢竟是老江湖，他低聲問我：「這是李荊蓀的八字吧？」

姜貴常說「思想即命運」，他也許沒想到，這句話對他對我對黎中天都適用，我們都被自己的想法決定了行動，又被行動決定了境遇遭際，蹭蹬一生。眼看有些人順著形勢思想，跟著長官思想，或者只有才能沒有思想，一個個「沉舟側畔千帆過」，心向往之而不能至。這就是為甚麼我把「我們仨」綁在一起寫進回憶錄裡。

十年一線天

你死我活辦電視

一九六二年十月，台灣電視公司開播。

起初，電視機售價昂貴，沒有彩色節目，每天只播出幾個小時，節目製作也相當粗糙，但是它能讓我們「看見」：看見總統檢閱陸軍海軍，看見電影明星上台親手接過亞洲影展的大獎小獎，看見聯合國開會，看見毛公鼎、羅浮宮、英國國王的皇冠，人端坐不動，可以看見山前山後，江頭江尾。

於是無線電廣播的優勢立刻結束，台北廣播事業公會一九六九年出版的《廣播年鑑》記載了官方的統計數字，照這些數字演算，從一九五二年到一九六二年，這十年是台灣廣播的黃金時代，台灣的收音機增加了十九倍。一九六二年台灣電視公司開播以後，一九六八年中國電視公司開播之前，這六年之間電視機增加了七十三倍！

中廣公司有一個「業務所」裝備收音機出售，資深經理姚善炯寫過一篇文章回憶往事，他說台灣電視公司成立以後，收音機的銷路不斷下降，業務所生意清淡，他用「乏人問津」形容最低潮。

中廣公司也曾認真研究怎樣和電視競爭，最後的結論是，中廣必須增設電視部，電視和廣播雙軌經營，相輔相成。我想起韓戰發生後，美軍噴氣機出動參戰，台灣飛行員面對這個先進機種瞠目結舌，軍方也曾認真研究怎樣用螺旋槳戰機和噴氣機作戰，結論是必須購買噴氣機。

一九六五年七月，黎世芬出任中國廣播公司總經理。我們事先聽到消息，也曾有過一番爭議。黎先生是中央政校（政治大學前身）的傑出校友，李荊蓀的同學，但是他脫離新聞界進入了情報界，借用居浩然對這一行的描述，「背後有一手，站出來不能上電視。」中廣盛極而衰，他會怎樣振衰起敝呢？

黎總到任，立即個別約見各部門主管，了解情況，諮詢意見，決定著手做三件事：第一，把中廣仁愛路本部的辦公室擴建為三層樓，配合業務發展，第二，給員工加薪，提高士氣，第三，辦電視。第一件事情容易，第三件最難。

黎總的行政才幹似乎超過魏總，「行家一出手，就知有沒有。」他先把容易辦的事辦好，威望建立了，士氣提高了，於是派工程人員出國考察採購設備，派節目人員出國進修學習技能，運用黨政關係向銀行貸款蓋十層大廈。他力排眾議，決定辦彩色電視，後來居上。

最初的構想是中廣公司成立「電視部」。電視多嬌，英雄折腰，那時台灣有二十八家民營電台，他們也面臨生存危機，決定聯合起來辦一家電視，擴大生存空間。社會上還有所謂「有力人士」，也向交通部遞出申請書。那時朝野上下，都認為台灣面積小，人口少，廣告資源也有限，最多只能有兩家商業電視，政府當局決定由所有申請人合辦這第二家電視，於是三山五岳的英雄豪傑都到中廣來開籌備會議，展開激烈冗長的爭吵。

那時二十八家民營電台的創辦人皆非等閒人物，聯手進攻，聲勢浩大，連于斌總主教這號人物也代表益世廣播電台披掛上陣。五十年代，中國廣播公司開辦廣告業務，曾和他們激烈交鋒，恩仇未泯，六十年代，又為了經營電視鏖戰。中央授意，未來的「中國電視公司」屬於國民黨的黨營事業，黨股要佔多數，經營的實際權力要握在黨的手中。但黨中央對民營電台的聯合陣線沒有約束力，全靠黎世芬透過協商的方式完成，這個任務的難度很高，幾乎就是與虎謀皮。

如何分食這一塊電視大餅，歷經十八次協調會議，對方人多口雜，有時發言的品質粗劣不堪。想當年中廣公司要做廣告，民營電台群起反對，雙方只是隔空交火，這一次卻是坐在會議室裡鼻子碰鼻子。據參與會議的人描述，黎總是基督教的佈道家，可以忍辱負重，他也是情報界傑出的上層人物，能夠翻雲覆雨。黨部派出的籌備委員實際上只是觀察員，漫長的十八次協調會議是十八次戰役，黎世芬親冒矢石，傷痕累累。

中廣的副總經理李荊蓀也是籌備委員，他有時實在看不過去，起而發言，聲色俱厲。有一次，某台長站起來擺出江湖老大的威勢，議事無法進行，李荊蓀立刻發出警告：「這是台北，不是上海碼頭！你在上海的事我們都知道，從明天起，請你連續看一個月的《大華晚報》！」（李是《大華晚報》董事長。）這位台長才安靜下來。

李荊蓀使黎世芬能保持基本的顏面和風度，協調結果也符合「黨的利益」，李因此也成為民營電台的公敵。實際上中央並未規畫李荊蓀進入中視，李也沒有這個意向，他甚至並不喜歡黎世芬這位老同學，馬老師（馬星野）勸他留下來。一九六九年十月，中國電視公司在中廣主導下開播，七一年二月，中視大廈啟用，十一月，李荊公遭調查局逮捕，黎總經理聽到消息，流下眼淚。

還有更大的難題。「中國電視公司」奉准成立時，國防部總政戰部表示很大的興趣，王昇上將永遠在提高官兵的忠誠、士氣和知識水準，他對電視這樣的利器鍾情已久。他希望軍方對中視的經營也有發言權，中視能在節目方面分出相當多的時間，由總政戰部全權使用（負擔全部節目製作費用）。國民政府黨政軍三權分立，總裁既然沒有指示，國防部也沒有正式出面洽商，中央黨部反對軍方以「技術層面」在中視的節目內成立「租界」，授意黎世芬阻擋。那年代王上將心想事成，黎總赤手搓方成圓，所受的「內傷」也就不言而喻了！

中國電視公司於一九六八年九月三日成立，一九六九年十月九日開始試播，十月三十一日正式開播。萬事俱備，黎總向股東會提出報告，有人突然發難，質問購買機器的回扣到哪裡去了。黎總一生清白，他知道回扣的下落，可是他不能說，股東都知道回扣的下落，也都知道黎世芬有口難言，可是偏偏窮追不捨，董事長木雕泥塑，作聲不得，惟恐自己惹上嫌疑，這就把黎總推擠到瓜田李下，在他的品格上潑墨塗鴉，那一刻，恐怕是黎總一生最痛苦的時候。這是把黎世芬的廉潔當作他的弱點來傷害他，然後由他自己傷害自己。

李荊蓀既非黨股代表，亦非董事監事，沒有出席會議。節目部副主任楊仲揆要求以列席員工的身分發言，他非常沉痛的說，中視公司現有資產用「億」計算，中央沒拿出一文錢來，黎總「赤手空拳，為黨造產」，現在大會沒有一句話肯定他，沒有一句話安慰他，還要為難他，消息一旦傳出去，全中廣全中視的員工都要心灰意冷，這怎麼能維護發展黨的電視事業！他這一番話正氣凜然，這才打破僵局，轉移話題。

中視開播時，我對楊仲揆說，黎總艱難創業，黨中央社該給他獎章，董事會應該通過慰問嘉勉的提案，否則無以策勵來茲。楊仲揆福至心靈，把那番話用上了，黎總大為感動，後來他把楊仲揆調回中廣，歷任節目部經理和海外部經理，最後還想舉薦為副總經理，未能成功。

中視籌備期間，我參加一部分文案工作。一九六九年十月正式開播，副總經理張慈涵先生希望我能到中視節目部以副經理名義兼任編審組長，我說電視是個爭大名奪大利的地方，人與人之間的碰撞必定激烈，我自問沒有能力在那樣的環境中有所建樹，還是留在中廣公司吧。那時廣播、戲劇和新聞三界多少英才志在中視，紛紛央黨政要人寫信推薦，黎總沒有時間細看，人事室把它們簡化了，造成一份名冊，名冊的格式很特別，第一欄先寫推薦人，第二欄才是被推薦人，下面依次是被推薦人的學歷、經歷、希望擔任甚麼職位，黎總披閱時，先考量推薦人對公司前途的影響力，然後才是想來謀職的那個人是否適任。他面對這麼大的壓力還能想到調用我，實在是我的榮幸。可是這時我的虛榮心所餘無多。

後來編審組長由副經理楊仲揆兼任，七〇年年底，楊仲揆找我，他說工作實在太忙，很希望我去為他分勞。我初入中廣播擔任編撰時，他是編撰科長，他的學養很好，我曾經說他「言忠信而行篤敬，明理論而通實務」。那天我們的談話值得一記。

我說中視人事關係複雜，人與人之間的傾軋排擠比中廣更甚，長於權謀的黎總經理行事風格，只有更加「兵無常法、水無長形」，我和他之間沒有足夠的默契，善始難以善終。他說《中國時報》的余紀忠董事長才是統馭大師，你在「中時」多年，看見過滄海，怎麼還會怕水？我說《中國時報》是余董的私人事業，私人事業的老闆握有絕對的權力，說得到做得到，善善能用，惡惡能去，無論朝三暮四還是暮四朝三，總會五六不離七。中視公司不同，黎總只有相對權力，人事制度、會計制度、長官意志、黨政傳統處處設限，他說得到做不到，為了推動工作，只有伸出馬鞭對空虛指：「前有梅林，可以解渴！」他比較難伺候。

楊仲公知我甚深，他話題一轉，談到我怎樣開始做影評人，談到影評人老沙、蕭銅、汪榴照，談到新聞局拍紀錄片我寫過幾個劇本，他說我對雜誌、報紙、廣播、電影都有工作經驗，倘若再加上電視，那就經歷完整成為媒體寫作的全才了！寫作是我最後的執著，他這句話擊中要害。

恰巧這時發生了一件事。

《中華日報》銷路下跌，廣告減少，中央特地把楚崧秋從第四組主任的高位請下來，擔任中華日報的社長，高層認為只有他能夠把《中華日報》的形勢拉高。有一天我接到楚先生派人送來的一張便條，他用藍色鉛筆寫著：「鼎鈞同志，請來中華日報一談。」字體大，筆畫粗，很像是公文的批示。那時我也認識幾個大官，從來沒見過這樣高的姿態，心中暗想，我可以去見你，但是無論你說甚麼，休想我答應。

後來我知道，老總統喜歡用一種高檔的進口的鉛筆批公文下條子，那種鉛筆不用刀削，而是用手指一圈圈剝開。總統的「身邊人」外放獨當一面，喜歡仿效，楚先生跟中央黨部四組寫便函也如此做，我不懂事，錯過他的美意。

見了面，楚社長第一句話就像判決主文，要我接編中華副刊。我對副刊的志趣實在已被《中國時報》消磨淨盡，我想到了我進中視公司的時候，我說中視通知我去做編審工作。他的口氣強硬：「黎先生要用你，他當然優先，除了這個理由以外，不管你有甚麼理由，我都不接受。」我沒有跟他做過事，他用老長官對老部下的口吻對我說話，毫不「見外」，我了解他用這種方式表示他的誠懇。

那時副刊還是報紙表現特色的地方，要改變《中華日報》就要改變中華副刊，這個方向是正確的，正好原來的資深主編小說家南郭也倦勤了，我想間接參與楚先生的雄圖回報他的知遇，我想起小說組同學蔡文甫，如果文甫兄來接手，我就從旁使得上力氣。我沒有時間考慮，倉促提出他的名字，楚社長很不客氣的說：「我是要你來編副刊，不是要你推薦人才。」他把我擠到了牆角，我想效法一下戰國時代的遊士，我說蔡文甫是《中華日報》駐汐止鎮的記者，懷才不遇，如果新社長識拔他重用他，可以使全報社同仁耳目一新，提高士氣。這句話他聽得進，那時候「提高士氣」正是他的一大心事，他果然聘文甫兄為副刊主編。也許有關係、也許沒關係，他還把主筆高陽升做總主筆。

楚社長鴻圖大展，《中華日報》轉虧為盈，中華副刊也成為聯合副刊、人間副刊之外的「第三勢力」，好比三國時代的西蜀，報紙依然能保持紳士風格，淡雅面目。中國電視公司的局面就艱難得多了！

依國民黨的理想，設立電視可以塑造國民品格，提升國民素質，改良社會風氣，而黨的大政方針寓於其中逐步實現。國民黨向來反對傳播媒體商業化，「蔣委員長」當年說過，辦文化事業賺錢，「還不如去做貪官汙吏」。

可是國民黨一手主導的電視時代，連三家都是商業電視！新聞學者有言在先，廣播可以有限度競爭，電視不可以競爭，商業電視有競爭的天性，辦中視，就是由它和台視競爭，再辦華視，就是由它和台視中視互相競爭。觀眾的結構猶如金字塔，素質越高，人口越少，素質越低，人口越多，電視節目要有最多的廣告，就得有最多的觀眾，要有最多的觀眾，還能有很高的水準嗎？國民黨的理想還能落實嗎？政策是怎樣形成的呢？未來的得失是怎樣評估的呢？我沒有讀到任何文件，也沒有聽到任何傳聞。

為了表示在商言商，中視的一級主管由「主任」改稱經理，提供廣告的商人由客戶改稱「廣告主」，他們才是主人！我們也開始私下稱黎總為黎老闆。廣告主不是中央四組主任的那個「主」，也不是警總政治部主任那個「主」，唱片公司做廣告，關心你能使多少人學歌星影星，而非你能使多少人希聖希賢，化妝品的廣告要使你羨慕濃妝豔抹，而非安於簡單樸素。蔣經國呼籲大家「犧牲享受、享受犧牲」，而電視節目必須迎合視聽之娛口腹之慾，節目和節目間競爭，電台和電台競爭，競爭升高，暴力色情和政治禁忌也成為制勝的武器。

就在這種局面之中，我去做中視的編審組長。

英美的電台沒有編審，只有編輯，黎總由香港請來的那位杜副經理，首先打聽編審組是幹甚麼的。編輯是技術工作，編審要用政治、法律、道德的尺度檢驗節目內容。黎總由日本請來翁炳榮做節目部經理，翁先生對台灣的意識型態這一套陌生，需要幕僚單位幫他拿捏分寸，編審組的責任很大。

我到差以後才知道，節目部在電視幕上打出的每一個字，事先都要我簽字。一天又一天過去，我發現「世上最難寫的字就是自己的名字」！（李鴻章在電視劇中的台詞。）例如：

這年頭人心不古！

這年頭沒有是非！

這年頭好人難做！

這些話，三十年代的左翼作家都用過，所謂「這年頭」，指的是國民黨政府。台灣的劇作家多半是他們的學生，或者是學生的學生，不知不覺也用了，我只有把這三個字刪去。

在某一次綜藝節目裡，主持人和來賓對談，來賓的普通話很生硬，兩人有如下的問答：

你說的是哪一國的國語呢？

是台灣國語啦！

台灣、國語？台灣國、語？真是差之毫釐，失之千里。我也只有刪去。

有一位製作人送來一套連續劇的劇本，故事以大陸逃亡來台的一個家庭為主線，劇中人一家離散了，二十年後，一個兒子長大了做警察，一個兒子長大了做流氓，女兒長大了淪為娼妓，兄弟姐妹互不認識，他的流氓兒子白嫖了他的女兒，他的警察兒子槍傷了他的流氓兒子，這個家長的名字居然叫「鍾正」，影射「中正」！編審居然通過了這個連續劇的企畫書和故事大綱！我扣住劇本，要求修改劇情，改換「家長」的名字，弄得節目延期播出，驚動層層上級，董事長、總經理、節目部主任態度冷淡，並沒有斥責任何人，也沒有對我表示支持。

這就怪了！

我開始了解，節目製作先要找到廣告支持，他把節目企畫書拿給廠商看，廠商有能力研判這個節目的收視率，如果廠商表示悲觀，製作人就得改變企畫。「非禮勿言、非禮勿動」

沒有票房，你必須「越雷池一步」，這一步是一小步，雷池就是新聞局手中的電視節目規範。

如何面對新聞局的干預呢？新聞局當然也會吹哨子，那麼電視公司就退後半步，下一次，以這半步為起點，再向前越線一小步，由隱而顯，由少而多，持續又斷。新聞局小題不能大做，等到小題累積變大，那又只好大題小做。這就把新聞局承辦的科員科長弄成溫水青蛙。

還有，電視公司是互相競爭的，我進中視的時候，製作組有兩架電視機，同時收看兩家的節目，我離中視以後，台灣增加了一家電視公司，製作組也增加一架電視機，同時收看三家的節目，觀摩比較，目不轉睛，一家違規，兩家跟進。電視公司的老闆都是蔣氏父子身邊的紅人、眼中的能臣，編審組以下級監督上級，以外圍監督核心，又能濟得甚事？

電視公司的老闆，熟讀黨員守則、總裁言行，也進過革命實踐研究院，於今受領袖付託，掌國之利器，他們在幹甚麼？他們也有難言之隱，任何人來中視當家都不能賠錢，電視是花大錢的事業，營運成本極高，政府賠不起，誰賠錢誰的忠誠、才幹、革命歷史盡付流水，他只能鼓勵部下賺錢，至少也得放任部下賺錢。好官不過三年五載，但求任內平安，萬一為賺錢闖禍，由他承擔，一根稻草壓不垮他。如果責任沉重，他承受不起，還有製作人和編審組長可以承擔。如果製作人通「三務」中的第三務，那就把一務也不通的編審組長壓死！

空口無憑，鄭學稼為證。這位著名的政論家曾擔任中央廣播電台新聞組長，後來辭職，他有一篇長文說，「對上級指示無論執行與否，都會受處分。」他任職期間，台灣文藝界發起運動，「肅清黃色、赤色、黑色作品」，上級指示這條新聞對中國大陸播出，如果不播，那是抗命，如果播出了，中共利用中央台新聞攻擊台灣法西斯化，上級追究責任，儘管你是執行命令，但「新聞組長應有知識不發布可被敵人利用的新聞」，依然要負責任。

我在中視服務九個月，審閱劇本三百多本，綜藝節目腳本兩百多件，天天坐在電視機前看國外引進的節目，盡窺當時一流編劇家的看家本領，了解製作過程，參觀導播台和攝影棚工作情形，掌握電視特性，該學的都學到了。我引進分場、分鏡、畫面思考繼續改進我的寫作，深知作品的題材和表現技巧如何適應各種媒體的特性，發現作品的構成固然源自作家的才情個性，也要在受眾的心理上落實。我寫了一本《文藝與傳播》，公開了早期的心得，那時台灣的新聞學者和文藝批評家都還沒有照見這個角落。

我申請結束「借調」，重回中廣，副總經理董彭年先生執手挽留，但是我勢不可留。人在江湖，為國犧牲的機會小，為權術謀略、為利害夾縫、為代罪替死犧牲的機會多。「不入虎穴，焉得虎子」，弄隻小老虎做甚麼？天天與虎為伴，有何樂趣？「膽小沒有將軍做」，我看那些膽大的人也沒做成將軍，何況我要的是苟全性命於亂世，不是將軍。

離職當天晚上，中視節目部有兩個聰明人，他們知道臨別贈言往往很有價值，兩人一前一後，找我一談。

一位是《中視周刊》的主編，這份周刊專為中視的節目做宣傳，銅版紙彩色印刷，它也在和台視的周刊競爭，主編正為怎樣出奇制勝發愁，悄悄問計於我。我說台灣中部南部的農民現在收入很好，農村婦女開始講究穿著化妝，模仿影星歌星，公司現有的婦女節目偏重育嬰烹飪等等「婦德」，已經不能滿足那些觀眾。你可建議公司開一個新節目，專教「婦容」，專家主持，明星來做模特兒，化妝品公司服裝公司提供廣告，你把那些彩色畫面登在雜誌上，事先向中南部發行，她們對著周刊看節目，必定人手一冊。我歎了一口氣說，電視改變了社會風氣，台灣的農村逐漸喪失原有的淳樸，你這個節目開出來，農村婦女更要追逐浮華。可是形勢逼人，咱們頭頂上的黨國楨幹都以為自己沒有那個責任，你也只有顧不得了！這位主編依計而行，果然銷路大增，聲名大噪。

另一位是節目製作人，電視是個大量消耗構想的地方，他問我有沒有構想留給他，由他來完成我的未竟之志。我又歎了一口氣，我說我的構想都不能賣錢，你的那些構想以後也不能賣錢，中華電視公司馬上就要開播了，電視生態面臨劇變。我告訴他，中視的籌備委員會排斥政戰勢力，王化公遇挫，化公是英雄，英雄一定要貫徹自己的意志。他要再成立一家電視公司，中央為他修改決策，把「以兩家為限」改成「以三家為限」，就憑他這份能耐，華視在他的保護傘下出手搶奪廣告資源，要想後來居上，必然凌厲向前，新聞局必定無法阻擋，中視台視必定緊緊跟隨，那時你們就可以放開手腳，放射才華。節目違規和業務成長成正比，今天你一切的「惡念」，那時都是「善策」，你要馬上儲存一切憤世嫉俗，離經叛道，奸盜邪淫，怪力亂神，以備臨危受命，出奇制勝。他聽了一言不發，猛抽香菸。後來我們沒有再見面，我知道他在大江淘洗中屹立不移。有一天我在餐館中和他偶然相遇，他緊緊握住我的手，久久不放，彼此都沒有說話。

後來的學者管國民黨的想法做法叫「黨文化」，管大眾的傾向追逐叫「流行文化」，黨文化已不能左右流行文化，流行文化反而滲入、變造黨文化，商業電視的勃興推動這一演變，商業電視的激烈競爭加速這一演變。

那時蔣經國先生已是一個慈悲老人，難得他看了三天電視，召見三台總經理，責備他們「禍國殃民」。三台連忙開檢討會，簽訂公約，要怎樣怎樣做。我私下議論，引用了一則新聞：美國某大學的女生發起「不與男生接吻運動」，開會、簽名、發表聲明，樣樣做到，可是不久發現許多女生和男生幽會擁抱，運動的領導人也在內，運動完全失敗。我說三台的公約只能是走一個過場，結局和「不與男生接吻運動」相同。

結果傳媒商業化改變了人們的想法和生活方式，癱瘓了政府對社會的運作，蔣經國哪裡管得了許多，他也成了溫水裡的青蛙。只見黨性泯滅，社會分解，傳統顛覆，終於重新洗牌。五十年代，雷震、殷海光花了十年功夫沒做到的，六十年代，李敖、柏楊花了十年功夫沒完成的，七十年代由商業電視畢其功於一役，三家電視公司「禍在黨國」，功在人民。當然他們並不是預先知道有這樣的結果，這是一個「美麗的錯誤」。

鄉土文學的漩渦

「鄉土文學論戰」是七十年代台灣文學版圖的地標，我決心不沾鍋，可是仍然捲入漩渦。對鄉土文學，我的感受是本省籍同胞要說話，他們壯大了，多年來蓄積了許多意見要自己說出來，本土政論家還沒有成熟，小說家出類拔萃了，於是先用小說代言。

在我看來，王拓、陳映真、黃春明、楊青矗、王禎和、鄭清文、宋澤萊、曾心儀、洪醒夫這些人的小說都寫得很好，「本土意識」高漲是可以接受的，面對當下疾苦，他們心中沒有「此善於彼」或「兩害相權取其輕」的格言，也是可以諒解的。

台灣在「平時和戰時的矛盾」裡出現許多新的文學題材，需要有文學作品來表現，從「鄉土文學」中可以看見本省籍作家的角度和視野，他們當然和外省籍作家有差別，就文學論文學，這些差別應該是受歡迎的。身為小說讀者，我更期待外省作家也有作品提出他們對現況的反映。

可是「一代正宗才力薄」，那些眾人矚目的小說家大都改了行，放棄了創作，或者指指點點希望別人照著他們的是非標準來創作，說個比喻，他們由工人升格為監工或包商了，真正的文學創作何能由別人代替？這種現象我曾在作家的小型集會裡提出批評。

會後有一個人約我見面，這人號稱文壇的「新當權派」，有一番抱負，他說他要約一些作家深入農村漁村，搜集寫作資料，推出「我們的鄉土文學」。他對國民政府在台灣的政績有信心，生產線上的勞苦大眾並不像某些鄉土小說寫得那樣陰沉絕望。我告訴他，台灣省政府新聞處經常邀請作家寫「省政文學」，出版叢書，你先把過去的成果找來看看。我說你對政績有信心，我對作家沒有信心，有人批評某些作家不愛台灣，錯了，他們一直愛台灣，可是已經不愛文學。

後來聽說果然有一組作家下鄉去了，也聽說他們回來了，可是沒有聽說他們交出甚麼樣的作品。

「鄉土小說」對負面現象有興趣，本來也沒有甚麼關係，七十年代文網鬆弛，大家對小說尤其漫不經心。一九六三年，聯合副刊因為「一艘船在大海裡飄了很久很久，最後飄到一個孤島上，金銀財寶慢慢用完，生活陷於困境之中」。形成文藝界的重大事件，七十年代，江彤晞寫了一篇小說，背景也放在海島上，他寫海島現代化以後，一個癡呆的老漁夫（他也曾經是一個船長）和他的船都成為歷史的殘件遺跡，列為觀光客「參觀」的一個項目，他本人在地層下陷的預感中淒涼死去，我卻沒聽見有人對這篇小說有過一句閒言，「政治正確」的文壇名流符兆祥總結那段時期的小說成就，編了一套選集，他把這篇小說收進去，使人眼界一寬。

還有一個例子。我在《中國時報》地方版寫不具名的小方塊，要求公務人員「犧牲享受、享受犧牲」，我的意思是先苦後甜，先耕耘後收穫。《中國時報》的一位主筆看中了這八個字，他在社論中告訴黨政核心份子：「現在最應該犧牲享受的是你們，因為將來最有資格享受犧牲的也是你們。」蔣經國的幕僚也看中了這八個字，寫進文告當作口號，以蔣氏的地位，他的調子應該拔高，他把「享受犧牲」解釋為「犧牲」的本身就是道德上的快樂。沒過多久，台大的顏元叔教授發表文章，他以犀利無比的文筆把蔣氏版本的「享受犧牲」狠狠的挖苦了一番，他差一點沒說出來這是騙局，他寫了，報紙也登了，這可是踩虎尾捋虎鬚吶，可是「老虎」沒有任何反應。那時蔣經國說一句話抵七千句，他的嘉言照例有人引用複述，惟有這八個字卻從此消失了。

鄉土文學的小說明星升起以後，隨著出現理論詮釋，我讀了幾篇，開始覺得不安，他們怎麼不談小說藝術，怎麼專談小說中反映的社會病態，他們怎麼採取馬列主義的觀點，檢視台灣二十年來的經濟發展，有時還使用中共的詞彙。冷戰二十年，美國動員學術界的力量破解共產符咒，指出馬克斯的學說已經落伍，對資本主義的出路重新作出設計，鄉土文學的理論家怎麼完全沒有受到影響，鄉土文學何苦往三十年代的陰影裡鑽。小說這玩藝兒，在很大的程度上你說它是甚麼它就是甚麼，你把鄉土文學說成甚麼玩藝了？

自一九五〇年以來，情報治安機關致力消滅共產黨思想的影響，處處設防，時時消毒，自以為台灣是「世間惟一的乾淨土」，鄉土文學的理論使他們大吃一驚，怎麼「人間猶有未燒書」！

自一九五三年以來，國民政府推出一個又一個經濟計畫，國民所得年年增加，中國大陸的人民大眾則陷入嚴重的貧困，隔海比賽，國民黨人自認為是贏家。鄉土文學的理論一出，二十年努力全是負數，我聽見一位黨官自歎：在「他們」眼裡，「我們」原來是這副德行！

一九七七年八月，小說作家、新聞學者彭歌發表論文〈不談人性何有文學？〉對鄉土文學提出批駁，代表了相反的看法。緊接著詩人、文學教授余光中發表雜文〈狼來了〉，反映了外省籍反共人士的驚慌。在我看來，這兩人都是文壇清流，一向與「八股」切割，他們的代表性是很自然的。後來知道，這兩篇文章並無官方授意，他們是在一位作家請客的席上談論現象，引起動機，請客的主人原是「本土」作家！

這兩篇文章點燃了一桶火藥，鄉土文學得到了切入點，迅速擴大戰場。彭歌本來是個「單幹戶」，軍方欣賞他的「義舉」，打算順應形勢，添風助火。政戰系統對「工農兵」文學深有戒心，以鄉土文學小說家的才能，如果挑戰軍人天職，揭露軍中矛盾，擴大厭戰心理，軍中推行的政戰教育可能前功盡棄。鄉土文學的理論家矢言他們從未以「工農兵文學」為標題，確實沒有，奈何有人提過鄉土文學的題材可以擴大到「社會其他方面」，引起某些人的戒備。

我那時還是《中國時報》主筆，那時幼獅文化公司期刊部的負責人瘂弦出國進修，我去替他守攤子，照顧救國團創辦的四個雜誌，別人認為我總還有點用處。終於有一位資深作家來找我，他和軍方關係密切，軍方的影響力正不斷增加「王昇日日升」，他也成了文壇人士口中的新當權派，他在笑談中也說自己是「台灣一霸」。

他問我對鄉土文學論爭的看法，我說自政府遷台以來，本省外省之間從未發生這樣大的爭執，此事非同小可。我說經國先生尊崇本土，傾聽台籍人士發言，拉攏彌縫惟恐不及，鄉土論戰可能加深地域鴻溝，有一天政府追究責任，誰也承受不起，你老兄有甚麼免死金牌，亮出來給兄弟看看。他矢言大家都是自發自動。我說既然自發自動，我就不發不動，我是老牛破車，引擎熄火。

他怫然不悅，還是耐著性子提出「大義」來號召，我說這等事自發自動就是輕舉妄動，時報的事你要找董事長余紀忠，幼獅的事你要救國團的執行長宋時選，他們點頭我才好辦。「為何不在職務以外、自己以作家的身分獨立發言呢？」那也要當局要發布一張宣言，或者主持一次座談，堂堂正正宣布政策，我再響應。他未贊一詞，起身告辭。

幾天以後，有人打電話給我，說是某某雜誌邀請作家開會，我依約前往，那地方不像會議室，台上有講桌，台下一排一排座位，像是上課的地方。「新當權派」的那一霸也來了，他安排我坐在第一排，他自己去坐最後一排，第一排只坐了我一個人，後面第二排起全是空位，大約七八排以後才坐了二十幾個人，我坐在那裡周身都不舒服。

然後台上來了一位軍人，他穿著軍便服，沒戴符號領章，看不出軍種和官階。然後有一個作家上來說話，講了些一甚麼福利之類，他也沒介紹旁邊站立的軍人是誰，就下台去了。那位軍人自動站到台中央講話，他只說了一句：「鄉土文學的事情你們注意一下。」注意和諧？注意壓制？語焉不詳，逕自揚長而去，會議就散了，全部過程大概十分鐘。「新當權派」走過來問我：「你聽見了吧？」我問他：「聽見了甚麼？」再無交集，各走各的路回家。

我很反感，但是我仍然得鄭重報告老闆，我參加了這樣一個「會議」。救國團宋執行長恂恂如牧師，他的回應是：「大家罵來罵去，沒甚麼意思！」理性的討論才有意思？還是根本不必參與？「他人有心、予忖度之」，宋先生已內定要做台灣省黨部主任，他要的是人和，我據以作出解讀。

中國時報編輯部在一層大樓內聯合作業，各部門之間沒有隔間，余董事長來編輯部的時候總是站著走來走去，舉手投足都是指示，「眼波才動被人猜」，他聽了我的報告，向我揮了一下手，走開了。算了吧、別理他？你看著辦好了？「他人有心，予忖度之」，余老闆行事風格特殊，蔣經國是他唯一的後台，他卻十分輕視政戰人馬（所有跟政工系統作對的人都沒有好下場，只有余先生聖眷日隆，事業蒸蒸日上）。何況以這樣層級的人物、用這樣的方式、向他傳遞這樣的訊息，他不屑理會，我也作出自己的解讀。

我自己能否在職位之外、以作家的身分參戰呢，我到中央黨部謁見一位副祕書長探聽口氣，他說：「現在只能團結，不能分裂。」我該怎樣解讀這句話呢，如果鄉土文學是在搞分裂，批判它就是維持團結，如果批判鄉土文學足以造成分裂，隱忍包容就是維持團結。我察言觀色，斟酌再四，不論黨團顯然都對新當權派的活動沒有興趣。

依不成文的「夥計守則」，我不能抬出老闆來做擋箭牌，我只能把一切藏在心裡，自己承擔「新當權派」的壓力，如果發生後果，我也得自己為自己的解讀負責。這件事我想我是得罪了他們。

論戰期間，雙方都舉行座談會鼓潮造勢，雙方都廣發英雄帖，我不參加，我坐在辦公室裡仔細讀他們的新聞。批判鄉土的座談會未見「鄉土作家」出席，支持鄉土的座談會，彭歌和王文興都到場，新聞報導說，彭歌、王文興發言的時候，聽眾喧譁鼓譟，淹沒了他們的聲音，鄉土派人士抓住麥克風長篇演說，然後把麥克風直接傳給自己人，封殺反面的意見，彭歌憤而退席。我那時尚未聽說「不對稱戰爭」，我惋惜這種作風難成大器。後來立法委員朱高正大鬧立法院，他跳上議事桌，踢掉麥克風，以少勝多，轉弱為強，也許是跟這裡一脈相承，發揚光大。

我的定力有限，還是忍不住寫了一篇短文，我說鄉土文學的作家、評論家如果對政治有異議、有抱負，還是去辦政論雜誌吧，去競選縣市長縣市議員吧，大鳴大放說個痛快。這是一個互相猜疑的時代，何況國民黨「一朝被蛇咬、三年怕草繩」，政治上的異議通過文學創作的手法來圖解，容易升高當局對所有的文藝作品的敏感，增加作家處境的艱難。今天看有關論述，沒見有人提到我這篇短文，言語造作必有業果，我總懷疑有幾句話印在某幾個人的心上，他們撤出文學陣地，投入美麗島事件。

我定力有限，還是在茶餘酒後別人議論紛紜的時候難以緘默。記得舊金山州立大學名教授許芥昱訪問台灣，「純文學出版社」創辦人名作家林海音設宴招待，我有機會見識到許氏那一把有名的山羊鬍子。席間無可避免的觸及這個熱門話題，我說鄉土文學實際上是一種民怨，現在黨政機構作風腐化，民怨很深。我說一九七七年的國民黨和一九五〇年不同，那時他們念念「離此一步、即無死所」，今天他們都在陽明山買好了墓地，當年中央改造委員謙恭下士，今天一個幹事目中無人。我說民怨的發洩不會到此為止，今天我們覺得王拓太過分，將來有一天會說還是王拓不錯。主人有些著急了，高聲問怎麼辦，我說我只有禱告，大家一笑而罷。遠來的貴賓掏出剛剛收到的一疊名片，翻看我的名字。

論戰期間，鄉土作家都面色嚴肅，望之儼然，我沒有辦法對他們說甚麼，但是我知道怎樣把意見傳給他們，「傳話」是人的天性。我惋惜鄉土文學的理論沒有自己的語言，現代主義理論家有全套語言，國民黨的理論家有半套語言，鄉土文學理論家沒有（那時候還沒有）。語言不是自動步槍，誰都可以拿來用，語言好比制服，「他們」穿了、「咱們」不能再穿。我說論戰發生前，鄉土文學理論如此詮釋自己人的作品，倒很像是警備總部的構陷，小說家們居然沒有人立即鄭重否認，以致理論和作品綁在一起。（後來胡秋原、徐復觀、尉天驄幾位大家出面辯解，對他們很有幫助，但是這時雙方攻守互有奇正。恩怨糾結已深，難以煞住戰車。）

我說文學作品的價值還是要看它含有多大的藝術成分，單單強調意識如何正確，題材如何真實，無法說服讀者大眾，五十年代的反共文學殷鑑不遠。我說藝術「不為堯存、不為桀亡」，陳映真、黃春明自有千秋，如果完全依附一時政策，政策成功了、作品固然報廢，政策失敗了、作品也殉葬，國共雙方都製造文藝砲灰，本土作家難道也這樣做？國民黨人和本土作家都宣示熱愛台灣，我完全相信，可是誰熱愛文學？我覺得十分悲涼。

我也有一些話傳給批判者，我說鄉土文學是國民政府三十年語文教育的成果，可以列入政績。我說教數學、你教大代數他學到大代數，你教微積分他會微積分，教文學、你教寫實主義他學會浪漫主義，你教三民主義他學會存在主義，可是沒有教育、你甚麼也沒有！「要是被敵人利用了怎麼辦？」一叢深色花、十戶中人賦，朱門酒肉臭、路有凍死骨，四海無閒田、農夫猶餓死，這些詩都曾被中共利用，「富人要進天國比駱駝穿過針眼還難」，也曾被中共利用，你難道從此開除白居易、杜甫、鄭板橋和耶穌？國民黨也利用過陳勝、吳廣、洪秀全啊。

我說話太多，七十年代我染上饒舌的壞習慣，我想不沾鍋，實際上每一面鍋都沾了，沾一下掉一塊皮，我把每一邊都得罪了，你選邊站隊才有朋友。

一九七八年一月，王昇上將在國軍文藝大會發表演說，正式對鄉土文學拍板定性，那是我最後一次參加這個盛會，九月我就出國了。他的演說很精采，他說「純正的鄉土文學沒甚麼不對」，愛鄉土是人的自然感情，鄉土之愛擴大了就是國家民族之愛，「我們基本上應該團結鄉土」。散會時我特地朝「新當權派」望了一眼，他眼皮沉沉下垂，好像打了通宵麻將沒有和牌。

那年代，蔣經國說話一句抵七千句，王大將說話一句抵六千句，他說「團結鄉土」，批判的文章立刻絕跡，鄉土文學的支持者認為得勝了，其實王昇對鄉土文學僅僅作了有條件的支持，當時鄉土文學的主流樣板並不符合他的條件。我揣度他們高層內部有過討論，「黨」的意見佔了上風，「只能團結不能分裂」！王大將的演說使我想起新約裡的彼拉多：「我在眾人面前洗手，使這罪不歸於我。」

《中國時報》的人間副刊以「發展報導文學」為宗旨，刊出許多文章，不啻是鄉土文學的異軍。這一招，《聯合報》不能使用，高信疆在戰術上絕對正確，余老闆是九段高手，他支持高信疆，擋住警總的壓力，向本土布下一顆閒子，亦有其戰略上的意義。

論戰平息後，王大將座前有一次座談，座中有人批判副刊中的分離主義傾向，隱有所指。座談是按次序一個個發言，誰也不能緘默，輪到我，我決心表明態度，以免裹入那種上綱上線的論述。我說今天政策決定了傳播工具商業化，我們在報館工作都是政策的動物，老闆只對銷路有興趣，他的聲望地位前途都建築在銷路的數字上。我說如果報紙每天行銷一百萬份，報老闆隨時可以和化公見面，如果嘩啦一聲，報紙的銷路掉下三十萬份，他要見化公就得預約排隊。如果嘩啦一聲，再掉下三十萬份，他也許只能見到化公的代表。我們的心裡只能有銷路，不可能有別的，報紙的市場在台灣，我們的心裡只能有台灣，不可能有別處。副刊上登些本土文學，也無非吸引讀者增加銷路而已。我沒忘記鄭重加上一句：「除非情治單位另有資料！」最後我說，現在到了認真檢討「傳播工具商業化」的時候了。

出乎意料之外，王大將說了一句「你講得很好」。

與特務共舞

一九七〇年十一月，台北司法調查局逮捕中廣副總經理李荊蓀，十一天後，沈之岳局長約我見面。他很客氣，我第一次正式見到第一層級的特務首長，二十年來，我一直處於細胞和外圍份子的困擾之中，這一下子算是熬出了頭！

這好像是一個很壞的開始，看起來我像是李荊蓀案的關係人。他們注意我很久很久了，為甚麼讓我在這樣的時刻有這樣一步發展呢，我忍不住要來個假設，我有「假設癖」，這些假設都無法求證，「無解」就是大幸。

消息靈通的人士說，李副總「進去」以後，調查人員提出一些人的名字，要他一一作出分析，某人的性格怎樣，思想怎樣，交遊和言行怎樣。荊公認為國民黨只用奴才，不用人才，以致許多人「壓在陰山背後」。誰才是人才呢，我在中廣受荊公賞識，調查人員大概沒有漏掉我的名字，荊公偏愛，大概把我稱讚了一番，當時沈局長創造調查局的現代史，吸納人才，大破大立，他也許想測驗我的「底氣」。

他問我對調查局現在的工作有甚麼意見，調查局以後應該怎樣做，這是何等事，豈容游離於組織之外的一個文人妄議？我不敢回答。大約一個月之後，他的新聞聯絡室主任請我吃飯，一位年輕英俊的聯絡官陪同，館子裡面有一個小小的房間，隔斷雜音。聯絡官又把那兩個問題提出來，我依然惶恐遜讓。

我以為事情可以搪塞過去了。

又過了一些時候，廣播圈裡的一位朋友到我家串門子，帶來一瓶洋酒，我只好請他吃飯，時間地點都約好了。當天上午，他打電話來說，有兩位朋友也想參加，希望我同意，我只有歡迎。進了館子，才知道一共五個客人，都是同行中出類拔萃的份子，他們搶先付了帳，提出建議，以後每一個月或兩個月聚會一次，輪流作東，這一次算他們發起，下一次輪到我，我只有答應。

他們在一家觀光飯店裡找到一個甚麼廳，面積寬大，中午生意冷清，只有我們一桌，客人上菜以後，連服務生也不見了。他們非常客氣，點菜一定要我點頭，我說話的時候，大家一致靜聽。下一次約會定在甚麼時候？如果我說沒有時間參加，他們延期，即使一延再延，也耐心等候。這個聚會一直到一九七八年九月我出國為止，他們都是中生代精英，有才能有背景，前程遠大，哪一個都比我強，怎麼會這樣遷就？這叫做「不尋常的事」。

果然不尋常，有一天談到我新買的房子，我說那一排公寓前院後院都沒有圍牆，住戶想把前後的空地圍起來，工程師說，依照建築法規這樣行不通，但是你們可以「違章」，管區警員負責舉報違章，你們得先使他「沒看見」。於是里長挨家收集紅包，去找警員商量，大家惟恐碰釘子，里長回來報告「他收下了」，人人笑逐顏開，一排圍牆立刻興工完成。我說五十年代大家都窮，提起貪汙咬牙切齒，現在七十年代老百姓有錢，行賄是一種樂趣，官員收賄是順應民意。我說現在有人主張台灣要有反對黨，其實反對黨早就有了，「特種酒家」發揮反對黨的功能，你在那裡滿足官員的酒色之慾，可以改變許多事情。……哪曉得幾個星期以後，里長挨家拜訪，他說管區警員神色慌張，上面來調查圍牆的事了，住戶要統一口徑才好。……

蔣經國有一篇文章，題目是「風雨中的寧靜」，他描述山間一條瀑布奔騰而下，瀑布後面有一個小小的洞窟，一對知更鳥在裡面做窩，幾隻小鳥也孵出來了，瀑布看似凶險，其實好像布簾一樣保障了牠們的安全，蔣經國如此比喻國際變局下的台灣。我說這個知更鳥的意象太小太柔了，哪有中興氣象，我說想當年北伐完成，國民黨中央頒布青年十二守則，黨國元老戴傳賢執筆寫成「前言」，那是何等氣勢！說到這裡，我順口「秀」了一下我受的黨國教育，我立即把守則前言背誦出來：

總理立承先啟後救國救民之大志，創造三民主義五權憲法之宏規，領導國民革命，與中華，建民國。於今全國同胞皆能一德一心共承遺教者，斯乃我總理大智大仁大勇之所化，亦即中國列祖列宗天下為公大道大德之所感。今革命基礎大立，革命主義大行……

你看這段話裡有多少「大」，真是大氣磅礴，大義凜然，大智大勇，大破大立，你看那時候的國民黨多有志氣，多有信心，當年的大鵬現在怎麼變成了知更鳥！沒過多久，蔣經國提出施政的大原則，他要「開大門，走大路，當大任，成大事」。

我一看，這是怎麼了，莫非他們改變了做法，停止「引蛇出洞」，開始吹簫引鳳，言者無罪，集天下之智為己智，可能嗎？我已騎虎難下，每次聚會，五架「竊聽器」當面打開，我必須表示坦誠。我想了又想，多年來一枝筆在手，總希望哪一篇哪一段哪一句能影響當道，幫他們多積一粒沙那麼小的德，提醒他們，少造一粒沙那麼大的業，因果微妙，難測寸心，怎知得失！現在有這麼一個明顯有效的管道，我很難抗拒它的誘惑。

我決心繼續探險。我說高雄附近有個地方叫「覆鼎金」，鼎金象徵江山政權，上面怎可加上一個「覆」字？不久，蔣經國南巡，他和當地父老閒話風土，輕描淡寫提了一句，覆鼎金可以改成「鼎金」。

我說紅包象徵吉祥，送紅包收紅包都習以為常，如果政府向習俗挑戰，最好在官文書中給紅包改個名字，讓它象徵罪惡或恥辱。於是蔣經國跟記者們閒談的時候說，紅包要改稱「臭包」。

談到買房子，我說銀行的房屋貸款限八年分期還清，這種規定向人民大眾傳遞甚麼樣的訊息？政府對將來有沒有信心，難道台灣只有八年安定繁榮？如果八年以後中共佔領台灣，你留著那些錢幹甚麼？給中共接收？我說房屋貸款的期限應該放寬為二十年三十年，向歐美看齊，政府更要在國計民生方面強調長程計畫，外商投資來蓋大樓，合作計畫說五十年以後怎樣，七十年以後怎樣，媒體報導要從這些地方著眼，大樓開工、施工、竣工、啟用，大眾要從電視新聞看見這些畫面。我出國前，這兩件事都實現了，我出國後，新聞局推出一句口號：「明天會更好」。

我一面跟這些朋友例行餐敘，同時我跟調查局的關係也繼續發展，沈局長對我說，外界一向覺得調查局很神祕，中共利用這種神祕的感覺把調查局妖魔化，其實調查局是堂堂正正的司法機關，除了工作機密，沒有不可告人之處，他已經把設在新店的調查局本部變成青年學生旅行參觀的一站，他也想使用傳播媒體為調查局做些宣傳，這是新聞聯絡室的業務，希望我從旁襄助。

後來那位年輕英俊的聯絡官送些文件給我看，大概是調查局的簡介和過去發布的新聞稿之類，我說這樣寫已經很好，局長還想怎樣改變呢？聯絡官說局長希望這些文件能提高文學水準，我說局本部發布的文稿不能太「文學」，文字修辭容易造成誤解，我說文學應該是作家作出來的第二手傳播，「二手傳播」一詞於焉產生。

後來聯絡官說，局長想拍一部紀錄片，對外報導調查員訓練成長的過程，由訓練的內容延伸，顯示調查局的任務和工作方法，各界人士尤其是青年學生，看了這部紀錄片以後，可以知道調查局完全現代化了，他們要報效國家，這是一條光明大道，沈局長希望我能擔任「編劇」。他們已做了一些準備工作，看過新聞局拍製的紀錄片，其中有我參與。

紀錄片由這位年輕的聯絡官擔任導演，他文質彬彬，敏捷而含蓄，有學士學位，可說是新型調查員的代表，新聞界對他很有好感。為了編寫腳本，我和他多次見面，得到許多指教。拍片期間，沈局長三次召我談話，先是指示劇本的重點，第二次他提出一個問題，這部片子要不要有他的鏡頭？他想知道我這個外人的看法。第三次是陪他看毛片，這次經驗很特殊。

地點在某處的製片廠，凡是製片廠，大概都在比較偏僻的地方，那條街我從未到過，我坐調查局派來的車子前往，車到街口我們下車步行，兩旁都是台式樓房，每隔一段距離有一個調查員憑窗下看，手裡拿著無線電話，好像向下一站通報我們的行蹤。然後我們登上一棟二樓，房子很破。裡面有銀幕、有座位，像小型劇場。接待人員指定我坐在第二排第二個座位，等了一會。燈光熄滅，一個黑影走進來，坐在第一排第一個位子上，他是沈局長，這時另一個黑影突然坐在我的身旁，也就是沈局長的後面，他是一位調查員，然後是放映影片。

片子拍得很好，一流的專業水準，時間超過一個半小時，似乎太長。節奏也稍欠靈活。後來導演向我解釋，這是因為各部門都要有些鏡頭輯入，無法照剪接的要求取捨。我知道我還有機會對著畫面修改旁白，沒有用心細看。放映完畢，燈光未亮，沈局長起身離去，坐在我身旁的調查員緊隨其後。局長下樓以後，全場恢復照明，誰也沒說一句話，我坐原車回家，一路上想：「伺候沈局長可真不容易啊！」

這部紀錄片的用處很多，在調查員訓練班，這是一頁教材。在局本部，這是款待參觀人士的一個項目，在各地調查站，這是一件文宣，片頭字幕有我的名字，我一度惹人另眼相看，處處沾光，不過我離開台灣的日子近了。

那時美國推行「雙語教育」，新移民的孩子不懂英文，學校得先用他的母語教他，這樣中國孩子就需要中文教材和師資。新澤西州「西東大學」承聯邦政府委託，成立「雙語教程發展中心」，遠東研究院院長楊覺勇博士主持，他到台北物色一名中文編輯，小說家、畫家王藍介紹了我。王藍字果之，此時已尊為「果老」。

那時流行的說法，「人生有三恨」：一恨抗戰八年沒到過重慶，二恨勝利復員沒到過北京，三恨反共抗俄沒到過美國，我已三恨有其二，很想有一點彌補，我動了心。

人生果然如戲劇，許多線索平行發展而又相互纏繞。調查局的新聞聯絡室主任打電話來，調查局這一屆新進調查員的訓練快結業了，他問我有沒有時間參加他們的結業旅行。

他已經問我過三次了。我久聞沈局長仿照美國聯邦調查局的風格改造調查局，新進調查員一律是大學畢業的青年，儀表足以與外交官和空軍飛行官相比，必須品行端正，教養良好，志趣高尚，訓練中發現瑕疵隨時淘汰，訓練的課程聘請第一流學者擔任，這個樣子的調查局是蔣經國時代的新風景，新希望，有緣一見也是眼福，他第一次問我的時候，我沒有考慮，隨口答應。

他第二次再問的時候我遲疑了一下，這一趟結業旅行為甚麼邀我參加？這些新銳將來難免擔任祕密任務，我何必去看見他們，結業旅行由沈局長率領，第一級主管全部參加，我一路上要受多少拘束，這些念頭一一閃過，只因為已經答應了邀請，難以反悔，還是說了一聲「好」。

第三次再問，我的想法就複雜了，這樣一件事，為甚麼要問我三次？他們豈是健忘之人？我想起修女出家，教會給她一段時間慎重考慮，前後三次問她是否改變主意，三諾之後，百年定矣，再想退轉，就是叛教。我正在作出國的大夢，那時出境條件嚴苛，手續繁瑣，一根線都能把你當螞蚱拴住，我好容易從中廣退休，好容易把幼獅文化公司的職位還給瘂弦，老牛過窗櫺，全仗一身乾淨，倘若再結塵緣，又是飛絮沾泥，我立刻婉轉辭謝了。

申請出國的人要經過安全調查，我得找個機會說出我對特務機構的看法，爭取他們的了解，這時，我們那個特殊的餐會對我非常重要。我一再拿特務當作話題，在我們那個餐桌上，這個話題太敏感了，同席的人顯然沒料到我敢碰，我已決心孤注一擲，神色泰然，籠中鳥要唱歌，聽歌的人也許在籠子上加一把鎖，也許打開籠門讓我飛，我的話似褒似貶，由他們領受，得馬失馬，靠我的運氣。

我陸陸續續說了許多話，總而言之，特務好比外科醫生，手中有刀，手術檯上沒有細菌，沒人喜歡外科醫生，但是每一家醫院都必須設置外科。有一個年輕人問他的父親，你當初為甚麼要做外科醫生，手有鮮血，面無表情，眼科有多好，端莊斯文，輕巧細膩，心臟科有多好，結識一大群董事長總經理，增加對社會的影響力，我不知那位父親是怎樣回答的，我想最好的答案是，人類需要外科醫生，而且需要最好的外科醫生。

我不客氣的說，當年特務素質很低，社會的觀感是，一個人甚麼都不能做才去做特務，這些人好比文革時期的赤腳醫生，醫療失誤罄竹難書，但是也勉強維持了公眾的健康。

我不客氣的說，他們多少人受過日本特務的苦刑拷打，幾番死去活來，多少人被中共特務追捕，三九寒天，山林荒野中晝伏夜出，留下終身痼疾，多少人中共槍殺了他的父親，把他的妻子兒女發配到邊疆開荒，這是甚麼樣的遭遇，這樣的遭遇如何影響了他的人格和性情！五十年代，台灣靠這一批人支撐危局，他們如果發瘋了，那可怎麼辦，皇天在上，后土在下，總算列祖列宗英靈未泯，總算中華文化種子未死，總算堅百忍以圖成的「領袖」身教言教，他們辦案時有些行為令人髮指，可是總體來看，他們還算有節制，目的和手段之間還能分出本末體用，他們的罪惡本來可以更多。

三十年後浪前浪，我說今天在台灣做特務，他必須是第一流人才，他們幹哪一行都會出色，但是他們選擇了第一志願。我順口舉例把自己分析了一下，像我這樣一塊料，做人作文都比人家慢一拍，鬥智毫無勝算，我的生理構造有「麻煩症候群」，體能很差，鬥力是輸家，別說是去當特務了，如果特務拿我做對象，也害他們浪費光陰，我實在不能為惡，不足為害，何況我已超過五十歲，常常覺得不耐煩，這表示我已停止成長，失去可塑性，今生一切都要到此為止了。

這樣談下去，無可避免有一天談到黨外的街頭運動。我忍不住說，遊行示威是群眾表達意見的一種方式，他們哪裡是造反？哪裡就動搖了國本？土地是老百姓的，他們要站在上面叫一叫、跳一跳，何必一定把他們趕回家中關上門窗？當然，有些地方群眾可以去，有些地方群眾不能去，遊行示威之前，照例有個組織發動的階段，警備總部照例老早掌握了情況，這時可以透過中間人談條件，遊行示威由你，規矩範圍由我，彼此約法三章，先小人後君子，那些民間領袖都有事業前途，參加示威的人都在安居樂業，他們並非亡命的暴民，幾個人能赴湯蹈火？

我忍不住說，從一九四六年起，我就看見「咱們國民黨」犯一個錯誤，拿群眾當敵人，雙方斷絕一切管道，靜等著拉弓放箭。軍隊只受過作戰訓練，沒受過鎮暴訓練，以作戰的方式鎮暴，反應過當，破壞太大。現在政府要立刻派人到美國考察學習，把他們鎮暴的觀念方法和裝備搬來，重新訓練治安部隊，趕上時代。（後來新聞報導說，政府派人到美國考察去了。）

這樣談下去，有一天我忍不住講了一個故事，我說有一個人患了重病，送進醫院，經過長期療養，精神漸漸恢復，他對醫生對護士的不滿也天天增加，終於有一天，他躺在病床上，看見醫生進門，抓起藥瓶向醫生投去，醫生急忙躲閃，藥瓶在門上撞碎了。護士大驚而醫生大喜，他說這一擲力道不小，可見病人的體力恢復，也可見我的治療完全奏效。

國民黨人總是說，兩位蔣總統治理台灣，盡心盡力，他們在大陸上從沒對任何一省的人這樣好，即使是浙江省，因此黨人認為台灣人應該聽話，這種想法太陳舊了。人性複雜幽深，因果關係豈是如此簡單，何況現在已非「崇功報德」的時代，公認人民大眾有權利喜新厭舊，反覆無常，政治家為而不有，隨時可以被遺忘，被曲解，被替代，他要從政就得「犧牲享受，享受犧牲」，悲天憫人，為蒼生作奉獻，老天爺給他的報償，只是海明威筆下那一副魚骨頭，也就是一頁青史。

如果用專政暴力捍衛政權呢，咳，我說那倒是一個辦法，可惜我們都老了，沒有力氣提起步槍衝上去，咳，我們的兒女也都不聽話，政治信念不能遺傳。我說「服食求長生，多為藥所誤」，南韓李起鵬辣手鐵腕，咱們望塵莫及，最後王朝傾覆，李起鵬命令一家五口在客廳集合，他親自開槍殺死妻子兒女，然後自殺，咳，我狠狠的說了一句：「咱們也沒那個種！」

回想起來，我當時也失去了控制，但是他們愛聽，顯然還有更多的期待，長日漫漫，獨立、聯俄、兩岸談判、一一見肺見肝。我每次赴約都像教授上課或者像被告出庭，你得準備一些「說法」填塞時間，我不能缺席，不能沉默，因為我心中有貪有癡，我的出國手續已辦到最後一步，等待出境許可，如果拿不到出境證，前功盡棄，拿到了出境證，那才是畫龍點睛，我如果託任何人關說疏通，那就是「著相」，我從未把這個話題提上餐桌，他們也沒任何人問我，他們每個人都知道我心上壓著這麼一塊石頭，看我怎樣搬開。我相信每次餐會以後，他們寫回去的報告一定影響最後的判決，我只能順著他們的需求誠實「招供」，討好他們的上司，為我出境塗抹滑潤劑。

他們幾次把話題引到蔣經國傳位的問題，看樣子我若想走開，對這個話題就沒法避開。我那時還能喝幾杯陳年紹興，黃湯下肚，舌片微麻，好。那就擔當最大的風險，吐出「酒後真言」。那時盛傳「蔣經國培植蔣孝武繼位接班」，我斷言蔣家第三代不宜再執政了，因為人民會厭倦，從頭算起，祖父在位二十二年，父親將要在位十二年，父子相承可能四十五年，孫輩是難以為繼了！

蔣介石總統連任五次，人民大眾已經流露了幽默感，民間笑談，中華民國行憲後第一任總統蔣中正，第二任總統于右任（我又來擔任），第三任總統吳三連（吾第三次連任），第四任總統趙麗蓮（照例連任），第五任總統任百年（做總統一直做到死）。我說民間稱中山先生為國父，稱蔣公為「國兄」，稱蔣經國總統為「國姪」，稱蔣孝武為「國孫」，諷嘲之情溢於言表，第三代接班？大眾完全沒有心理準備。

我把蔣經國的才幹、度量、謀略、統馭大大稱頌一番，我說當初那些跟他爭位的人，吳國楨，陳誠，孫立人，周至柔，誰也都要差他一截。我甚至說，他有些地方比他的老太爺更傑出，他一樣可以完成北伐抗戰那樣的大業，只是沒有那樣的機會罷了。那時數當代人物，沒人敢說蔣介石位居第二，但是如果說他的兒子比他更好，我想是安全的，人人知道蔣經國很想走出他父親的盛名籠罩，自創新局，他提出「大有為」的口號，台灣的篆刻家每人刻了一方印章獻給他，印文全是「大有為」，聯合開了一次展覽（這些印章現在不知落到哪裡去了）。

我說詩人書法家于還素寫過一副對聯：「一身是膽終非虎，萬里無雲欲化龍。」大家認為寫出蔣經國的局限，上一句說他主觀條件不足，下一句說他客觀環境不利，但是我說，經國先生現在還有一個千載難逢的良機，足以使他繞過蔣介石這座大山，站進歷史舞台的強區，他可以解嚴，恢復平時狀態，建立民主制度。

民主似乎是一個可怕的名詞，國民黨將因此失去政權。執政黨要盡力延長執政的時間，那是理所當然，但是我說，你可以先用民主制度維持政權，一旦行到水窮處，你就在民主制度中坐看雲起時，民主也可以使你取回政權。我說專制並不能使你永遠握有政權，想想中國歷代王朝「失國」，都與民主無關，結局如何悲慘！得國不易，失國更難，我特別一個字一個字的說：民主制度最大的用處，就是解決如何「失國」。

我發表了我受黨化教育的獨門心得，我說依照中山先生的設計，國民黨最後要還政於民，這是三民主義的中國特色，如果抽去這個核心價值，國民黨的軍政訓政就和蘇共中共很難區分。有人說國民黨的還政於民是假的，在警備司令看來它可以是假的，在中山先生它應該是真的，總統蔣公一直在這條路上走，他死在半路上，誰能斷言他是假？我說歷史發展到這一步，全看經國先生怎麼做，如果他建立民主體制，讓人民投票選擇政府，大家都是真的，國父的理想終於實現，蔣公的人格渾然完整，經國先生的歷史地位也巍然確立。

一九五〇年，中共宣布全面「解放」中國大陸，我在台北聽到一則口傳的掌故。當年國民黨聯俄容共，進行北伐，消滅了軍閥割據，國民黨內部有一群人主張吸收馬列主義，遵從蘇聯領導，推行共產制度，倘若那樣，國民黨就是中國共產黨，「馬列史毛」會寫成「馬列史蔣」，那樣就不會有國共內戰，國民黨一直穩坐江山，也不至於偏安台灣了。怪只怪黨國元老戴傳賢，他痛哭流涕向蔣公進諫，請蔣公一定要到「堯舜禹湯文武周公」這邊排隊，這才受到時代潮流的淘汰。這種思想也隨著國民黨人來到台灣，有人主張亡羊補牢，知過必改，毛澤東怎樣統治大陸，咱們也照樣統治台灣。……我說你想想這是多麼可怕的聲音，如果真的這樣辦了，今後國民黨留給「台灣人」的是多麼殘酷的一架機器，在那架機器操作之下，咱們一小撮「外省人」怎麼活，你如果留下的是民主制度，這四百萬人是一個很大的「壓力團體」，它有運作的空間，咱們子子孫孫都可以在台灣立足。……

我說了一個小時，沒人反問，沒人打岔，沒人咳嗽，沒人動筷子，大廳內靜如廣播電台的發音室，坐在我對面的那位朋友，右手插進西裝裡撫摩左胸，好像心血管有點小毛病，我想他是操作衣袋裡的袖珍錄音機。我說完了，他們也沒有任何評論，沒有一句回應，任我如此這般放肆一番，好像與他們毫不相干。我究竟闖了大禍還是立了大功，一時茫然。

時間近了，我也辭窮了，我對他們說，我本是內戰的殘魂剩魄，來到國民黨的殘山剩水，吃資本家的殘茶剩飯，三十年來看遍多少人為黨國犧牲，也看遍多少人使黨國為他犧牲，黨國左手來右手去，以不足奉有餘，我們是各有因緣莫羨人，縱然台下一條蟲，我也是益蟲，不做害蟲，我們依然支持國民黨，只有在國民黨治下我才有做一條益蟲的可能。（我這算是徹底交心了，你們饒了我吧！）

也許有關係，也許沒關係，我領到出境證。

我在出入境管理處門口遇見一個熟人，他問我來做甚麼，我舉起手中那張紙：「我來領貞節牌坊。」一時又是喜悅，又是辛酸，好像很充實，又像很空虛，台灣混了三十年，患得患失為了這張紙，也太沒出息了。

回到家，我拿起電話，幾乎想告訴果老，把西東大學的聘函退了，可是我還是打給旅行社買了機票。

時維一九七八年九月，起飛那天清早，定期聚餐的那五個朋友中間的一位請我吃早點，松山飛機場旁邊開了一家觀光級的豆漿店，精緻雅潔。我們在那裡坐定，他舉起茶杯對我說：「我代表本單位給你送行，你可以出國。」好像出境證還不算數似的。他們從來無人表露另一種身分，突如其來我吃了一驚，立刻想起《三國演義》「聞雷失箸」，我說：「怎麼冒出來一個本單位，你嚇了我一跳！」

我想起來治安當局花樣多，我認識聾盲學校的一位教師，她曾把我的《開放的人生》譯成點字當作教材，她出國的故事那才叫精采，人已經坐在飛機裡，又被廣播器叫下來，沒收了出境證和護照，治安人員欲擒故縱，只是要觀察她拿到出境證以後的一言一行。

飛機平穩滑行，忽然窗框歪斜，圓山大飯店縮小成模型，機身轉彎，我看見隱隱山峰水氣淋漓，有如米芾的畫。我覺得肚臍好痛，像是拉斷了臍帶，然後就是雲天萬里。「你可以出國」，那位朋友沒騙我，感謝同桌共餐的五位朋友，我想他們幫了忙，我更欽佩沈之岳局長，他老成謀國。大開大闔。

願上帝賜福給他們！

我和軍營的再生緣

我到台灣以後，發願跟軍營絕緣，沒料到有個聲勢浩大的軍中文藝運動。「文藝到軍中去」的口號雖然提出甚早（一九五一），我並沒有關心，直到總政治作戰部成立國軍文藝運動會，文藝界大點兵，我才躲不過去（一九六五）。我曾當面告訴主辦人田原上校不想參加，田原面色凝重，一言未發，我沒有照開會通知的規定報到，他派人把報到時應該領取的一切文件和贈品送到我家。田原是小說家，也是國立第二十二中學的學長，為人忠厚，他的「不言而教」我體會到了：這個運動你不能不參加。

一九六五年四月，第一屆國軍文藝大會開幕，軍中作家、社會作家加上總政戰部的作業人員，共六百多人出席，蔣介石總統親自頒布十二條綱要，宣示對文藝的戰時要求。大會之後成立「國軍新文藝運動輔導委員會」，聘請「社會文藝工作名流」八十三人為委員，我列名在內。選拔軍中作家兩百多人，成立九個小組，我參與散文組的活動。總司令部以下設輔導分會和地區聯誼會，推動工作。設置「國軍文藝金像獎」，輔以一般獎狀獎章及補助金，鼓勵官兵創作。定期邀請輔導委員到軍中演講座談，講授寫作經驗。委託文藝函授學校提供更多的機會，幫助軍中的有志者學習。總政戰部並規定各單位所需開支列入年度預算，辦理成效列入年度考績。

蔣介石先生一直把台灣當作戰時社會，他對文藝有戰時的要求，五十年代，他曾發出「戰鬥文藝」的號召，希望社會配合軍中的需要，中國文藝協會沒有基層組織，無法落實。現在他的理想納入軍中的行政系統來實行，希望由軍中影響社會。這時蔣經國升任國防部長，王昇以總政戰部副主任兼執行官，正是蛟龍得雲雨的時候，更難得實際主持此一運動的王大將不辭勞瘁，禮賢下士，一一攻破了「社會人士」對政工的心防。

還記得王大將第一次宴請輔導委員，每桌都有三兩位政工官員作陪，他起立致詞，他說輔導委員都是「我們」的老師，而「一日為師、終身是父」。我聽了十分驚愕，這是克勞維茲兵法嘛！教人怎承受得起！雖然王大將在政工系統威望很高，那些政工官員聽了還是神色黯然。那天我坐在趙友培教授旁邊，當時也曾輕聲進言，勸趙公以副主任委員身分說幾句謙遜的話，他說這番話應該由文協的當家人陳紀瀅來講，紀老是第一順位的副主任委員，可是紀老坐在第一席，傳話很不方便，稍一遲疑，失去了時機。我想那天政工官員對我們這些「老百姓」的印象一定很壞，將來會有後果。（此是後話休提。）

那時文協的領導班子，王藍長於詞令，他已重拾畫筆，經常帶著畫家出國展覽。事後公開報告經過，他總是當著大官的面說，這次展覽某廳某部幫了忙，某長某老解決了困難，到了外國，某部某局某會的駐外機構給了多少支持，當地僑胞對台灣有多麼大的向心力，國際友人對台灣又有多麼大的好感，所以畫展空前成功！好像一切都是「他們」的功勞。大官聽了開心，以後看到文藝二字也就放開眉頭，那時政府萬能，甚麼都管，要想推動文藝工作，你得塗些「滑潤劑才行。果老年齡比較輕，容易放下身段，文協在走出「道公」的庇蔭之後，多賴果老調和軍政關係，可是那天他也沒機會講話。

那時候，蔣經國也挺客氣。有一次他來講話，他是國防部長，有上將官銜，他穿著便服，軍樂隊仍然演奏禮樂，全體肅立迎接。他上台以後立刻說，今天的儀式是為軍人安排的，可是有很多位「社會的先生」在座，很不適合。我記得他晚上才來，軍中幹部自然全員就座，「社會的先生」多半回家去了，少數人臨時接到通知留下，也不知他們是怎麼選擇的。蔣經國那天說些甚麼，我都忘記了，總之和文藝沒有關係，事先也沒有準備講稿，好像東拉西扯，言不及義。他的口才很差，不過態度誠懇，很能贏得一般人的好感。

論演講，王昇是一等一的上選，每一屆國軍文藝大會閉幕之前，他照例發表長篇演說，或批中共，或批台獨，或批存在主義，他不看講稿，但是句句到位，而且起承轉合，辭充氣沛。我有大兵習性，而今出乎其外，既能看熱鬧，又會看門道，我曾對一同開會的朋友說，化公是天才運動家，聽完他的演講，一個小時之內，你如果給我一把手槍，教我幹甚麼我去幹甚麼，可是超過一個小時就不行了。他聽了哈哈大笑，反問一句：「你到底是捧他還是罵他？」

在總政戰部的調度之下，我參加了許多次演講座談，接受訪問，擔任金像獎徵文的評審。文學寫作無非是兩個問題，一個是寫甚麼，一個是怎麼寫，依總政戰部的設計，他們決定寫甚麼，我們只管怎麼寫，如果沿用中共的說法，也就是「領導出思想，作家出技術，群眾出生活」。我是從這條道上熬出來的職業作家，雖然已經洗手，老把戲都還記得，在這個層次上可以使一把勁兒。

近人著作，對軍中文藝運動多有負面的評論，我想起「平時與戰時的矛盾」。那時世界的大局勢是、冷戰隨時可能變成熱戰，海峽的小局勢是、中共等待時機解放台灣，台灣經濟繁榮，老百姓追求「生民之樂」，可說是戰時如平時，軍隊枕戈待旦，又可以說平時如戰時。軍隊好比是「魚」，社會好比是「水」，水中缺少魚需要的養分，總政戰部無法全面改造水質，退一步打算造一個魚缸，自己訂做飼料，外面流進來的水要過濾。王大將曾一再對我們朗讀梁啟超的詩：「詩界千年靡靡風，兵魂銷盡國魂空。集中什九從軍樂，亙古男兒一放翁！」

聲音十分懇切。他們需要幾十個幾百個現代的「陸游」，他們的做法源於他們的戰略思想，我無法提出更好的戰略思想，也就無法提出更好的做法。

軍營中寫作的風氣本來就普遍，以前士兵寫作只能忙裡偷閒，躲躲閃閃，國軍文藝運動正式展開以後，寫作可以堂而皇之，理直氣壯，只要稍有成績（比方說，作品在軍營內部的報刊上發表了），長官特許不站衛兵，不出公差，不服勞役，期許你有更多更好的表現，倘若能在高級司令部主辦的徵文中抱個大獎回來，那就成了一時的寵兒。記得除了總政戰部設立金像獎以外，海軍有金錨獎，空軍有金鷹獎，陸軍有金獅獎，聯勤有金駝獎，警備總部有金環獎（有人稱之為手銬獎）。我多次擔任評審，有緣遍讀軍中未成名作家的散文和小說。

我覺得未成名作家的文章可讀性更高，裡面含有生活的「原材」，由於未成名和已成名生活在不同的時空，已成名的作家尚未發現這些原材，這些新鮮粗糙的東西尚未經過作家們的因襲和複製，十分可貴，他們萬事俱備，只欠表現技巧。每讀這些作品，如聞深海遺珠，如見亂山璞玉，心中歡喜，但是也實在沒有生花妙筆可以送給他們。每次隨作家訪問團深入軍營，不免想起這些人來，或者只見過文稿、沒見過名字，或者只記得面孔、不記得姓名，或者只記得筆名、不知道本名，猜想他們以後會怎樣：半途而廢？懷才不遇？還是有志竟成？

總政戰部多次安排輔導委員和社會作家到軍營訪問，我隨訪問團兩次到金門，一次到馬祖，兩次訪問海軍基地。訪問團由當地最高長官接待，接風、送行、簡報、欣賞晚會都到場主持，一座將星煜煜。海軍最講究禮儀，請我們看操槍表演，接受儀隊致敬，總司令宋長志上將甚至來聽我的演講。訪問馬祖的時候，恰巧總政戰部主任蔣堅忍將軍到馬祖視察，他參與我們的活動，我們受到的禮遇更是水漲船高。

看總政戰部的安排，這些訪問活動好像是酬謝作家的貢獻，或者也希望社會作家了解軍人任務，增長戰時意識，所以「聯誼」高於一切。臨別時我們都得到許多紀念品和當地土產，回台北後還收到他們拍下的照片，記得馬祖寄來的照片，背後都有一個小小的名戳，刻著「俞允平攝」，後來俞先生調回台北編《文藝月刊》，大家對他一見如故。

我們去金門馬祖，都要在飛機上或軍艦上辦出境入境的手續，雖然只是總政戰部和出入境管理處雙方官員一句對話，免除一切形式，我還是覺得很刺激，出境，入境，本來多少浪漫與哀愁！金馬風景很好，但是誰也無心觀賞，金馬前哨離中國大陸很近，從望遠鏡看「準星尖上的祖國」（余光中的名句），心潮比浪高，伏下我後來寫《左心房漩渦》的遠因。我當時最迫切的感受是，對岸繼「三年災害」之後搞「十年浩劫」，我的今世肉身幸而還能站在太武山上悵望千秋，我對來台灣以後所受的一切都原諒了！我內心的一切都化解了！

我是那種「向下看」的人，我的情感和興味都在士兵，特別是那些駐地偏僻、苦修勤練的人，文學是他對生命的思索，對生活的玄想，使我想起自己流亡的時代。雖然軍隊的一切都進步了，有些氣味、有些聲音、有些線條顏色還是熟悉的，有些默契還是存在的，一步走進營房，恍如回到前生，我怎麼也沒想到我和軍營還有這樣一段未了之緣！

在最前線，我看見戰士利用碉堡上的積土種植花草，碉堡門前用鐵絲搭成的對空偽裝網，也交錯編織出各種圖案，他們又種一些蔦蘿或牽牛花，使它攀附著鐵絲網生長，季節到了，柔嫩的花蕾也許就倚在鋒利的尖刺之旁。在碉堡裡，我看見瘂弦的詩集，趙友培的《答文藝愛好者》。

金門馬祖都有戰士們用雙手鑿成的坑道，外表是一座巍峨的山，汽車開進去四通八達，將士在裡面運籌帷幄。坑道裡，岩壁一望無盡，每一寸都是斧鑿的痕跡，坑道潮濕，有些地方坑頂向下滴水，戰士們也生了疥瘡。坑道裡儲藏汽油和軍米，他們永遠先吃受潮發霉的米，新米存起來，等它發了霉再吃。

廚子不能和客人同時入席，服務業者不能和遊客同時度假，即便是南飛的雁群，也在宿夜的時候派出守衛，擔任警戒，所以軍人……，這是社會組織的遺憾，但是最大的遺憾是人們因此藐視軍人。

虹影在她的小說裡描寫「三年災害」，那時家家挨餓，家長總是吃得最少，吃得最少的人最受尊敬。「人要吃飯」固然天經地義，正因為如此，「吃得最少」省下來給別人吃令人感動敬拜，兩者並沒有矛盾，任何國家社會都得維持這個價值觀。那年代，前線官兵是「吃得最少的人」，他們整齊的隊形，嚴格的紀律，特殊的裝備，艱難的任務，都象徵榮譽，角聲旗影，慷慨一呼，生命壯烈如疾雷閃電。一個國家是否有前途，要看這些對青年有多大吸引力。

我和軍中文藝另有一段奇緣。

中央副刊的老編孫如陵，眾人稱為孫公，他編輯台上作業周到，但很少主動跟作家聯繫。有一天他打電話來：「你是不是有一個筆名叫孤影？」我說沒有。「你可知道孤影是誰的筆名？」我不知道。幾天以後，中央副刊開始連載「孤影」的一篇長文：〈一個小市民的心聲〉，考其時為一九七二年四月。連載期間，承辦軍中文藝運動業務的田原上校打電話問我：〈一個小市民的心聲〉是你寫的嗎？我說不是。你可知道是誰寫的？我不知道。

我這才細讀這篇長文。孤影文筆明朗生動，博學鴻詞，我所不及，為甚麼會和我聯想在一起呢？我在《徵信新聞報》（《中國時報》）寫了十幾年方塊文章，圍繞著幾個大主題取材，其中之一是，我隨著新聞發展，掃描社會的不安浮動，要求有守者容忍現狀，珍惜未來，有為者投入體制，從事慢性的、局部的改革，而改革的第一步是「以身作則」。這個論點，「小市民」一吸收了。我隨手假設，斷續舉例，「小市民」也大體化用了……孤影不孤，他文中幾處有我的影子。

中央副刊收到〈小市民〉的文章，稿末並未附有作者的真實姓名和通信地址，只因文章寫得好，決定刊出。有些朋友一面讀，一面懷疑是中央黨部炮製的文宣，但立即斷定黨部沒有這樣的智慧。王昇上將讚賞這篇文章，聯繫《中央日報》出版抽印本，以總政戰部的力量普遍推廣，據說總量有一百萬冊，我若在此時出面「考證」一番，倒是可以小出風頭，那樣也就敗人興味，形同攪局。我保持沉默，後來孤影出面，他把版稅完全捐給台大同學會的福利組織，如此這般，可說是一切圓滿。

我自己並未看重我的那些意見，當時那樣作文章，出於權宜之計。我們寫的那種小專欄，惹是生非，飛短流長，處處得罪有權有勢的人，為了使他們還能容忍，我也有一些職業上的小祕訣，例如說，一連幾天你的文章都讓他惹氣，明天你得有篇文章讓他順氣，或者你昨天對某人發出惡聲，今天最好對某人的上司來幾句美言，他也就不便發作。在我的整體設計裡，這些段落是安全瓣，類似一種零件，三言兩語，點到為止，如同幼芽萌發，它們有機會植入園林，長成粗枝大葉，給台灣社會增加清涼，那也是一樁美事。

我接到王耀華上校的電話，王昇上將約見。我準時到他的辦公室，孤影也來了，化公離座，親手取出兩件「榮譽狀」，一份給我，一份給孤影，內文都說酬謝對軍中文藝的貢獻，都由國防部參謀總長署名，紙張印刷和款式比一般獎狀考究。「榮譽狀」發給孤影，當然因為他寫了〈小市民的心聲〉，為甚麼也發給我呢，而且是和他同時領受，再無第三者並列，大概王化公也終於聽到或看到其中有我貢獻吧？……那次接觸距離很近，我看見化公兩頰深陷，嘴唇乾燥，跟當時的京華冠蓋相比，簡直「面有菜色」，他是「最憔悴的上將」。他自奉甚儉，工作時間太長，每天早上讀書一小時，有時一個上午到五個地方去聽簡報。

化公親自主持過幾次座談，規模越來越小，每次總會通知我參加。他多次邀文藝作家餐敘，人數不多，也沒把我排除。有一天晚上他只請了一桌客，而且只有八個人，我叨陪末座，他談笑自如，沒有冷場。席間我一度起身洗手，然後朝他的背走回，恰值他轉過臉去，朝著空氣放鬆一下神經，我的角度正好看見他一臉疲倦和不耐煩，他好像刷的一聲換了一副表情，刷的一聲再換回來。三軍軍官俱樂部大廳寬廣，燈光沒有全開，襯托出他的疲倦和寂寞。

我為之悚然，想起戰國名將吳起的故事。吳起統兵作戰，有一個大兵生瘡化膿，十分痛苦，吳起用嘴替他把膿吸出來，消息傳遍前方，也傳到後方。有人向大兵的母親道賀，他的兒子遇見好長官，做母親的一聽馬上哭了，她說我的兒子沒有命了，將軍這樣待他，他一定奮勇作戰，死在戰場上！他的兒子果然沒有回來。

王化公是何等樣人，他費這麼大的精神，紆尊降貴跟我們應酬，像我這樣一個人，究竟能為他做甚麼，他究竟要怎樣使用我，我得怎樣報答他，……我開始跟政戰系統疏遠，最後我出國，也沒敢向他辭行。

王昇上將主導的軍中文藝運動是空前絕後的一件「學案」，內涵外延，豐滿久遠，並非一句「官方意識」可以了之，它確實造就了許多作家藝術家，但願有人能羅列評點，開出完備的名單。它散播技術，有教無類，播種之功，無人可比。大軍「偃武修文」（詩人鍾鼎文這麼說），大量增加閱讀的人口，促進文學出版事業的繁榮。固然他目的在使文藝工具化，但「事實總是向相反的方向發展」，得到文學技術的人幾個成為政治工具？李杜韓白豈甘終身寫試帖詩？即使是陸游，他詩集中的孤憤和無奈才是強音。軍中培養出來的詩人畫家，一個一個「現代化」了，軍了中培養出來的音樂家戲劇家，一個一個「商業化」了，逯耀東教授稱這種情形為「兵變」。

推動台灣文藝發展的人，並非只有張道藩，林海音，夏濟安，齊邦媛，瘂弦，葉石濤，還得加上一個王昇，他是照著革命模式成長的軍人，任何國家的軍隊都不能缺少這樣的型範，即使是台灣共和國。他想凝鑄軍魂，越界耕作文藝這塊田地，也許犯了錯誤，可是並沒有白費力氣。歷史總是呈現多軌或雙軌的樣相，五十年代，反共文學之外還有以女作家為主的私生活文學、人情味文學，六十年代，現代主義運動之外還有軍中文藝運動，七十年代，鄉土文學之外還有後現代，看似相反，最後都「化作春泥更護花」。

我與學校的已了緣

我想寫一本書詮釋趙友培教授的寫作六要：觀察，想像，體驗，選擇，組合，表現。讀者對象鎖定中等學校的學生，為了內容貼近中學生的經驗，我想先找一個學校作一番實驗。那時升學競爭激烈，教學內容扣緊考試，「名校」不會讓我來搞這種不急之務，有些學校學生不以升學為目的，只以畢業為目的，他們才肯和我合作。

我找到育達商業職業學校。現在「育達」已是國際名校，那時（一九六一）育達的學生還沒有洗淨「五流學生」的汙名，上學放學的路上，有些學生把書包反過來，不讓路人看見育達二字。學生老師都無須面對大學入學考試的壓力，患得患失之心甚小，學校當局主張「寬收慈教」，教師怎樣教，學生怎樣學，可以有較大的彈性。期末考試，教務處婉轉勸說授課的教師，最好給學生暗示出題的範圍，教師覺得這樣也好，如果大部分學生只有三十分、四十分，學校固然難以交代，教師又何以自處？

育達學生很多，相形之下，教室很小，上課的時候，我和學生之間幾乎沒有距離。我一開口講話，他們立即談天，教室猶如茶館，如果我停下來，他們也立刻沒有聲音了。教師怎樣應付這個局面？有人站在講桌後面盯住書本，神情不慌不忙，聲音不高不低，他聽不見學生說甚麼，學生也聽不見他說甚麼，可是很奇怪，倘若他講課的時候說出馬，罵，痲，女生立刻一齊大聲答應「哎！」表示自己升格為「媽」；如果教師說出八，拔，罷，男生立刻大聲答應「嗯！嗯！」表示自己升格為「爸」，他們還是聽得見，只是不聽功課而已。老師必須保持警覺，以防落入陷阱，否則那就要看他的修養了。

這個奇怪的現象對我構成挑戰，怎樣使他們「聽得見」我講課呢，如果我現在講話無法引起學生的注意，將來我寫的書對他們怎會有吸引力？我要找出辦法來。我下了一番功夫，每次上課之前，我把我要講的話好好結構一下，我把課文分解了，大約每隔三分鐘五分鐘，在他們對我厭倦之前，我穿插一些小幽默小掌故，維繫他們的注意力，再採用聲東擊西、欲擒故縱、正言若反種種手段，引他們追逐捕捉，流連忘返。他們總算發覺我講的話比他們自己同學講的話更好聽，教室的的秩序大為改善。

當然，這樣講課十分辛苦，那時年輕，也沒去想養生之道。幸而我設計的作文方法有效，願意合作的學生不斷增加，我心中大快，疲勞一掃而空。按照計畫，我利用一學年的作文課把實驗做完，提出辭職，然後我寫出我的第一本書《文路》。王廣亞校長辦學有大志，那時求職的人多、工作機會少，他不能選擇學生，可以選擇教員，對汰換壞教員、延聘好教員很有辦法，然而我不是能夠和他一同篳路藍縷的人。我感謝他給了我一方實驗田，我也感謝那些可愛的學生，他們提供了許多實例。後來這本書一度成為中學生的最愛，也算是報償了他們的美意。

王廣亞校長最初辦了一家補習班，最後辦了一座大學。最初他申請參加職業學校聯合招生，遭主辦者白眼拒絕，後來當選為私立教育事業協會理事長。他由某些人眼中的學店老闆，成為傳記作家筆下教育界的巨人。

五十年代，捐產興學的事時有所聞。後來政府規定私立學校必須登記為財團法人，學校財產由董事會管理，捐產興學的人拉一些朋友擔任董事，後來董事中有人暗中運作，大家投票把捐產的人排出去，他算是掃地出門了，這樣的事也時有所聞。王校長恂恂然如可欺以其方，儘管家大業大，越來越複雜，但是始終一切都在掌握之中，了不起。

由王廣亞成功，我想到那些在黨政體制內一生盡瘁的人，（以我親見者而論）像張道藩，黎世芬，劉真，龔弘，也許還可以加上姚朋，都是由升弧走到降弧，沒有很好的落點，只有魏景蒙算是善始善終。成功的人生屬於私人事業的經營者，王惕吾，余紀忠，成舍我，世代尊榮，流芳久遠，即使是張其昀，也幸虧他有中國文化大學。平鑫濤如果留在台肥六廠做會計主任，一定可以升為廠長或總經理，可是那又怎樣？能跟他後來的皇冠出版帝國相比嗎？六十年代年輕人看到了這一點，紛紛走出去自己創業，士別三日，掏出來的名片是某某公司董事長，電話簿中的中小企業本來薄薄一疊，後來單獨印成厚厚一冊。這恐怕也是台灣社會解組（或重組）的一個現象吧？

《文路》的體例仿照《愛的教育》，偏重記敘文、抒情文的寫法。我想再寫一本書，體例模仿葉紹鈞、夏丏尊合著的《文心》，內容專門討論議論文。那時教育機關承襲「策論」遺風，升學考試的作文題全是議論。考生遇見抒情記敘，憑著「生活」多少可以寫幾句，你教他們發議論，那得平素受過一點訓練才可以過關。

我想換一個地方做實驗，這一次，我到台北縣立汐止中學，「小說組」同學蔡文甫在那裡做教務主任，他替我作了安排。汐止中學的學生大部分想升學，他們很用功，常常問我「升學的時候考不考這個」，我此行正是針對升學考試而來，但是他們心中疑惑。我把實驗區限定在作文時間之內，我在正式上國文課的時候，完全和別的老師一樣，抓緊字詞解釋、文言譯白話、課文內容問答、作者生平介紹等等，直到他們能夠背誦默寫。作文便就不同了，我設計了一套教程，由簡入繁，從造句到謀篇，專教議論。

這本書叫做《講理》，書寫完，我也離開了汐止。

那時候（一九六二），汐止還是窮鄉，常有學生赤足涉水而來，進校門才穿上鞋子。午餐時分，常有學生躲在一旁獨自打開飯盒，因為他只有番薯沒有菜。學生純樸，家長尊師，偶爾也有英才，校友中出了幾位名人。

我到汐止教書的時候，蔡長本校長已連任十年，他一手帶領這所學校的擴充與提高。他本是名將薛岳的幕僚，大陸撤退，隻身來到台北，由政府安插進教育界，算是台灣戰後的「政治校長」。他為「政治校長」爭光露臉，展現辦學所需要的各種德性，只是格局小。也正因為格局小，所以清廉耿介，小處從不隨便。他以校為家，以學生為子弟。他在辦公室的一端隔出小小房間，放下一床一几，那是他的寢室，辦公室的牆上密密麻麻貼著畢業生的登記照，經常站在牆前瀏覽端詳，思念他們的來影去蹤，那是他的娛樂。他從不請客送禮，作繭自保。後來「政治校長」一一汰換出局，當局還派他去創辦三芝中學，在校長任內退休。

如果王廣亞是奇蹟，蔡長本是另一奇蹟。

也算「善有善報」罷，我在汐止中學認識內子王棣華女士，那時她是事務處的職員。我本來立志獨身，不意對她一見鍾情，我們在一九六四年結婚，這年我三十九歲。像我這樣一個流浪漢，婚姻對我發生的影響何等巨大！家事如麻，此處不能細表。

一九六二年，台北「國立藝術學校」成立夜間部，設廣播科，急需找一個人去教廣播劇，他們想到我。

那時住在台灣的人非常注意子女教育。國共內戰發生以後陸續遷到台灣來的人（所謂外省人），喪失一切所有，他們深知他們能給子女留下的蔭庇，只有教育。原來就居住在台灣的人（所謂本省人），受到土地政策的限制，無法再以田產傳家，教育也就成了下一代惟一的出路。大專學校擴充太快，很難請到教師，洋博士洋碩士還沒回來，土（本土）博士土碩士還沒培養。今天一所小學，五十六位教師，有四名準博士，十名碩士，十八名準碩士，當年誰也沒有這麼豐富的想像力！我知道台大有一位教授到處兼課，由台北兼到高雄，分身乏術，他的祕訣是輪流請假，他常在下課的時候告訴助教：「我下個星期感冒」，一時傳為笑談。這是我能到大專學校兼課的大背景。

那時兼課的收入很低，我每周三晚間到「藝校」上課，每次兩小時，坐三輪車往返，中間在外面吃一頓消夜，兩節課的鐘點費就花光了。學校實在窮，他必須照顧專任教員的基本生活，多多少少把兼任教師當作義工，前來兼課的人看系主任的面子，也多多少少能夠「以義為利」。有一段時間，公私立大專學校都大量增聘兼課教師，減少財務負擔，我有兩個「本職」，待遇都很好，我又一心想為青年學生做點甚麼，這是我能到「藝校」兼課的小背景。

上課以後，才知道學生並非我想像的那樣年輕，他們多半早已投入職場，業餘進修，他們省吃儉用披星戴月而來，當然都有上進心，可是他們也實在不在乎究竟學到多少東西，要緊的是拿到那張文憑。台灣是越來越重視文憑了，你能否得到你想要的職位，要看你有沒有文憑，你以後能有甚麼樣的發展，要看你有甚麼樣的文憑。這也是大專增校增班的另一個原因。

畢竟是「社會人士」了，上課的時候很安靜，我從「育達式」的戰役中脫身，頓覺輕鬆自在。他們有人伏案疾書（一定不是作筆記），有人手執一卷（一定不是讀廣播劇本），我認同他們的做法，自己不聽，也不妨礙別人聽，他們都是君子。難免有人遲到，多半是美麗的女士，高跟鞋登登響，入座以後，拍的一聲打開皮包，拍的一聲關上皮包，手裡多了一把小摺扇，嘩啦一聲打開，搖將起來。

多年以後，我在職場中遇見一個人，他很有成就了，他說他在那段時間從夜間部畢業，從來沒去聽課，他花錢僱了一個年紀相仿的人替他對號入座，那人租了武俠小說，安安靜靜，心無二用，看來很老實很用功的樣子。教務處派人點名，照例是拿著座次表、站在教室門口、察看有沒有空位而已。考試之前，他把同學的筆記借來通宵苦讀，也能及格。

「把同學的筆記借來」！他這一句話我聽得最清楚，認真讀書的學生還是有，夜間部為他存在，我也為他存在。後來藝校各科都出了很多傑出的人才。

第二學年開始前，藝校人事室寫信來，要我提供專業著作和學歷經歷證件，他們要呈報教育部，完成人事作業。我沒有他們需要的東西，置之不理，他們停止續聘也就是了。教務處有一位職員來找我，他說沒有學歷只有著作也能教書，教育部對著作的認定寬鬆，稿子寫好了沒有出版，可以用原稿送審。他透露他經手的業務祕辛，某女士送審的著作是從圖書館裡抄來的，手續完成以後，他從教育部的檔案裡把「著作」抽回來還給那位女士，以免後人發現。我一聽這可新鮮，想起司馬懿在〈空城計〉裡的台詞：「你是空城也罷，實城也罷，我是不進去了！」

「社會只允許一個人做一件事情」，這句話好像有道理。一九六四年，世界新聞學校廣播科也找我兼課，這時中廣剛剛出版了我的《廣播寫作》，它是台灣第一本針對廣播特性討論寫作技巧的專書，不過這本書對世界新聞學校好像沒有甚麼意義，他們並未要我提出資料送審，據說因為「世新」是私立學校，教育部還沒有給他們上緊發條。我去教書，出於代理科主任姚大中降格寵邀，形式上比藝校隆重，他是中廣的資深同事，對我偏愛。

「世新」後來升格為學院，再升格為大學，英才遍天下，若論對新聞界的影響力，可以與政治大學、中國文化大學鼎足而三。我去教書的時候，「世新」尚在草創階段，我得坐長途公車到木柵鎮溝子口站下車，穿越公路，鑽出一條隧道，進入校區，別人都說彷彿武陵人發現桃源，我倒覺得重溫了抗戰時期打游擊的經驗。上課的時候，「育達式的戰役」重演，加上教室隔音不好，噪音交流，我簡直聲嘶力竭，真的成了「叫獸」。我仍使用育達戰術，專科的學生程度比較高，我準備材料經營布局也得多費心思，「擁抱青年」原來這樣痛苦！

天無絕人之路，班長聽出興趣來，這位「老大」有權威，他主動站起大喝一聲，大約能維持十分鐘的安靜，十分鐘後，他先發制人，聽到那個角落切切私語，他走過去制止。他是我在「世新」遇到的天使，我那時還不甚懂事，沒有記住他的姓名，交個朋友。

我那時督課很嚴，期終考試有六個學生不及格，重修再考。有一個學生在考卷上訴苦，他家住台中，景況清寒，父母希望他早日畢業謀職賺錢，現在為了這一門課，他得再到台北租房子，增加全家的困難。「分數難道是老師從大陸上帶來的嗎？多給幾分又有何妨？」我看了悚然一驚。還有一個學生在考卷上巧妙的「通知」我，他是某某人的兒子，言外之意顯然。

我除了寫作以外，對別的事沒有恆心，姚大中走了，那位班長也畢業了，我也到此為止吧。可是「聚有時散有時」，一九七〇年，世新的「廣播科」早已擴充為「廣播電視科」了，科主任錢江潮請著名的節目主持人羅蘭女士任教，羅蘭很忙，希望我能暫時代她上課，我答應了，誰知「世新」給我們兩人都發了聘書，都排了課程，這就叫「搞行政」。我又教了一學期，期終考試，我出了兩道「發揮題」，以問答的方式要考生表示意見，只要別留下空白，我都從寬給分，所有的考生統統及格。

另外我曾在台北國立政治大學新聞系兼課一學期（一九六四），在台北東吳大學夜間部兼課一學期（一九七六）。我教得最久的地方是中國文化學院夜間部大眾傳播系，系主任是中央電影公司總經理龔弘，黨營的中影公司換了多少總經理，一直賠錢，龔總兼具魄力和創意，拍出來的片子既叫好又叫座，他有為有守，為每一部片子付出極大的心力，是我欽佩的人。我教了三年（一九六四到六六），不想再教，六九年他又把我聘回去，這時放洋留學的博士碩士紛紛回國，本土培養的碩士博士也年年增加，我能再度應聘，自己也很意外，這樣教到一九七二年，前後七年。

龔總給我開的課程叫「報導寫作」，我提出的教案是，報紙、雜誌、廣播、電視四種媒體各有特性，它們對作品各有不同的要求，文章適合於甲者未必適合於乙，媒體的特性有殊，作品的題材、結構、修辭技巧也各異。那時在台灣，這個觀念好像是我第一個提出來，我一身兼具四種媒體的經驗，我的教材放在「一種原料四種成品」上。那時台灣的新聞學重理論輕技術，一時還沒有精細到這種程度，聽講的人未必領會，但是學界到底有不擇土壤的泰山，他們把學生的筆記要去參閱，其中有些說法，像「小眾傳播」，像廣播的「可聽性」，電視的「可視性」，逐漸流行。我出版了一本小書，名叫《文藝與傳播》，得到新聞系名教授姚朋和徐佳士稱許，總算為這門學問添了幾行註腳。

龔弘先生任中央電影公司總經理九年，以「健康寫實」為經，製作影片三十五部，對當時僵化中的黨營電影事業振衰起敝，對以後黨營電影事業的活潑發展繼往開來。那時中影公司內部小圈子很多，大家為既得利益墨守成規，龔總只有事必躬親，打破層層包圍，貫徹自己的意志，九年下來，「健康寫實」的製片路線成功，他自己的健康卻毀壞了，他辭去一切煩勞的職務，專心養病，我也興盡而止。

我決心把書教好，可惜未能參加他們的課外活動，我工作時精神亢奮，閒暇時身心渙散，他們可能無法理解。我對大專學生的美好回憶來自救國團的暑期活動。

中國青年反共救國團成立以後（一九五二），利用暑假組訓在學青年，起初叫做「暑期青年戰鬥訓練」，後來改稱「暑期青年活動戰鬥文藝營」，再改為「復興文藝營」，把「中國青年反共救國團」這塊招牌上的「反共」兩個字也刪掉了，政治氣候的偷換，可以從這等小事略見痕跡。

一九六九年，詩人瘂弦接任《幼獅文藝》月刊主編（後來升任期刊部總編輯，仍兼月刊主編）。這份刊物是救國團對外的文藝窗口，瘂弦成為暑假文藝活動的主辦人，在他手中，《幼獅文藝》月刊洗盡黨團色彩，內貫傳統，外接新潮，儼然成為海外學人和域內青年的黏合劑。「復興文藝營」也以煥發青年朝氣、泯除偏見隔閡為特色，在反共文學和軍中文藝運動之外別開生面，清楚的呈現了當局的新思維，也放射了瘂弦的識見才華。

謝謝瘂弦的慧眼，他年年安排我前往講課，別處只請我講散文，他也請我講小說，有一次還要我擔任戲劇組的組長，他承認我在小說和戲劇方面用過功。他長於標題命名，新詩組叫「李白組」，散文組叫「韓愈組」，戲劇組叫「關漢卿組」。文藝營使我思考整理既有的觀念，認清詩、散文、小說、戲劇四種體裁一脈相生，連體互通，從此對文學有完整的領會。

復興文藝營的營址輪流借用各大專學校，這時台灣的高等教育已具一流水準，置身校園之中和一流大學的一流學生一同捕捉雲霄羽毛，念及我那一代青少年蹉跌憔悴，真是對他們又驚又羨，又憐又愛。那一段歲月正是我思念子女前途的時候，為青年寫《人生三書》的構想成形。

瘂弦多才，未盡其才。然而「工作成績都是懷才不遇的人做出來的」，他一九六一年到復興崗藝術學院講授美學，而後歷經《幼獅文藝》月刊主編，幼獅文化公司期刊部總編輯，復興文藝營主任，聯合副刊主編，《聯合文學》月刊總編輯，直到二〇〇〇年退休，擔任文學的守門人、領航員凡四十年。他本身是前衛詩人，但是他了解一國文學風尚不能排斥一人的創作才能，一人的創作才能也不能專擅一國文學的成就，氣度甚為寬宏。他不僅是報社的一個職員而已，他是刊物的靈魂，文學的儐相，作家的守護神，雙方締結永久的關係。每一個成功的作家背後都有一個成功的編輯，他成全了、保護了許多作家，台灣的文學終於呈現國際水準和自己的特色，超越了三十年代的典範，他的貢獻很大。

一九七六年九月，我從中國廣播公司退休。七七年美國西東大學遠東研究院寄來聘函，請中國文藝協會常務理事王果老代收（果老是介紹人）。文協宋總幹事把這封信扣住了，他要弄權，半年以後，遠東研究院楊覺勇院長打電話催促，原信這才出土。果老由總幹事扣壓信件，回想文協創辦人張道公當年為作家服務的精神，慨歎文協之墮落。

這一年倒成就了我和《明道文藝》月刊的因緣。

明道中學汪廣平校長創辦《明道文藝》月刊，常到台北向文藝界借火取經。他胸懷大志，學校越辦越好，也越辦越賺錢，他的建校藍圖也樓宇連苑，擴大提高。第一步，他創辦一家文藝月刊，內容針對明道師生的需要，刊物對外發行，同時滿足所有青年學生的需要，已立立人，超出了一位私立中學校長的思考。他接著興辦「全國學生文學獎」，設立現代文學館，創立明道管理學院，都是我出國以後的事了。

汪廣平校長做過國民黨河北省唐山市縣黨部主任委員，我在秦皇島聽到他的政聲。內戰潰退期間，他帶領河北的流亡學生，由湖南到廣州，走過絕地、險地、苦地，最後在廣州上船，彷彿和山東流亡學校同命。我來台灣兩世為人，這些都是「前生」的事，忽然見面，彼此似有「夙緣」。談起文藝界，別人對他吞吞吐吐，我有話直說，別人提意見包藏私人目的，我完全替刊物替學校設想，彼此相處十分愉快。他對我也古道熱腸，情意深遠。

細數台灣文藝刊物，《明道文藝》月刊是後出轉精，多次自我蛻變提升，完全超出當年台北文藝界的預期。三十多年以來，編輯大政一直由作家陳憲仁具體執掌，他既有才情，又有責任心，能能獨立發揮，也能上下配合，兩任汪校長知人善任，而後人盡其才，當今之世，也堪稱難得、難遇、難成、難忘。

我早年失學，對校園自有一番迷戀。一九五四年，教育部長張其昀推出一項大膽的決定，那時大陸各省都有大專學生以個人身分流亡來台，教育部公布辦法，准許這些人進台灣的大專學校「借讀」。教育部對「最後一年」（一九四九）大專學生的肄業生沒有名冊存檔，對學生自己提出來的證件又從寬認定，一時方便之門大開。

有一位年輕朋友，他是大陸時代某某獨立學院的學生，他的院長帶著大印逃到台灣，他去向院長申請肄業證明，順便也替我弄了一張，勸我趁此機會一圓大學之夢，我在中廣公司的工作剛剛穩定下來，讀書和職業難以兩全，我的父親已老，弟弟妹妹還小，都不能賺錢。某一天夜間，父親在中廣公司大安宿舍門外的籃球場邊召開家庭會議，那夜月色皎潔，父親向弟弟妹妹宣布我的最後決定，我取出那張肄業證明書撕碎了。

二十多年以來，情不自已，時時和學校結緣，無非是一個「過屠門而大嚼」的手勢。學校不是我能安身立命的地方，剩下的光陰有限，我該醒悟了！

我與文學的未了緣（上）

一九七六年十二月，我從中國廣播公司退休，這年我五十一歲。

依中廣公司規定，年滿六十五歲必須退休，服務滿二十五年可以申請退休，我已符合後一項規定，無意久留。我得擺脫廣播，追求進一步的成就，廣播稿結構簡單，語言淺白，題材庸俗，沒法獨立思考，個人也很難有完整的精神面貌。

公司當局想留下我來撰寫中廣的歷史，新近成立的廣播語文研究會，也希望我繼續推動工作，建立節目的語文風格。這一手在情報界叫「搾檸檬」，擠乾了再丟。他以含混的語氣向我提起李荊蓀的案子，彷彿認為這是我的弱點，更引起我的反感。

中廣公司是國民黨的黨營事業，中央黨部突然規定員工的退休金打七折發給。退休金的給付本來有一次付給和按月付給兩種方式，這時中央附加規定，如果退休者已衰老或有心臟病糖尿病等不治之症，可以按月支領，中央期待他再領幾年就死亡了事，否則一次了斷，減輕日後的財務負擔。

接近退休年資的人都打個寒噤。管錢的人一向「只算經濟帳，不算政治帳」，但是沒想到刻薄到這般程度，當年信誓旦旦要「同舟共濟、同體共生」的領袖，居然也批准了這個缺德的辦法。

閒話休提，我神完氣足的退休了，挺胸昂首的退休了，中國大陸稱離職為「下崗」，我確實享受到衛兵交班的輕鬆。古人說辭職是恢復「故吾」，我哪有故吾？我是得到「新我」。憑此一念，開啟了我以後三十多年的文學創作。

回家閉門思過，我作了一番回顧與檢討。

我對報紙上的雜文專欄早已厭倦了，每天緊跟在新聞後面揀話題，思想越來越貧乏。我想起一個故事，有一個人在路邊撿到一張鈔票，從此他整天往地上看，二十年來，他撿到生鏽的鐵釘九千個，過期的獎券兩千張，鈕釦一千五百個，一分錢的硬幣六百個，鉛筆頭五百個，玻璃瓶四百個……他的背也駝了，眼睛也近視了，我覺得我也快成為那個人了。

我的雜文專欄算是很出色，獅子搏兔也全力以赴，余老闆說我「有把工作做好的天性」。我對人生的感悟、世相的觀照，都零零碎碎宣洩了，沒有時間蓄積、醞釀、發酵、蒸溜，大材小用，依小說家徐訏的說法，這是炒肉絲，用政論家楊照的話來說，這是製造日本筷子。

久而久之，貪圖小成小就，避難就易，執簡棄繁，這個壞習慣我很久很久才革除。

在報館寫文章，晚上寫成的稿子，第二天早晨就發表出來，沒有「高欄」需要越過，久而久之，把寫作看成一件很容易的事情，而且貪圖急功近利，熱中短線操作，這種寫作的壞習慣，我很久很久才革除。

小人物寫小文章，對小市民談論小事情，若是四平八穩，子曰詩云，難以引人注意（那是大人物寫大文章的風格）。報紙對雜文的期許是爭取讀者，增加銷路，我們總得有幾句聳動聽聞的話做「賣點」，這幾句話無須和你評論的事物相稱，你只是借題發揮，或者為尖銳而尖銳，為辛辣而辛辣，讀者已經看過新聞，他現在要看到的也只是你這幾句話是否「過癮」。職業的榮譽是很大的壓力，令人身不由己，我們得在修辭上下功夫，大快人意而非褒貶得宜。後來革除這種壞習慣，我花了更久的時間。

六十年代，副刊上的雜文專欄寫出最多的過激之詞（在此之前，作者拘謹，在此之後，作者高雅）。過激之詞對建立一個公平的、有理性的社會並無幫助。例如說，學校是不准讀書的地方（林語堂），醫生的聽筒是騙人的東西（郭沫若），學醫無用，不過是把病人醫好再讓帝國主義去殺掉（魯迅），大丈夫不能流芳百世，理當遺臭萬年（桓溫），這些當年寫在筆記本上的警句，我都扯下來丟進字紙簍裡。莎士比亞：「生命是一個傻子說的笑話」，這句話至少不能概括全部莎劇。我為何要誘人這樣思考呢，但是有時候球在腳邊，不能不踢，顧不得球門旁邊坐著一個孩子。我何堪再以此為業？更何堪以此名家？

《中國時報》的員工折舊率很快，雖說服務二十年可以退休，但是鐵打的營房流水的兵，能一混二十年的人很少。我對時報意見很多，超出本分，大老陶百川先生說我「有正直之名」。余董事長統馭有術，他知道不可把我這樣的人推出門外，而是要握在掌中，人在門外，也許肆無忌憚，興風作浪，人在掌中，任其貢獻才能，消磨英年。我這個「小巫」在大巫之下，一步深、一步淺，熬到曲未終而人將散，我還是不能離開，江湖洗手，談何容易，二十年飛短流長，我得罪了很多人，需要《中國時報》這頂保護傘。沒想到第二年我有了出國的機會，更沒想到這一去再也沒回台灣，我可以離開《中國時報》了，我是辭職，不是退休。

人過中年，精力有限，難再維持廣泛的興趣，說得好是「由博返約」，說得不好就像飛機超載，必須一件一件往下丟行李。我首先放棄的是電影，接著放棄了文學理論，然後是放棄戲劇和音樂，終於我得放棄新聞評論，甚至放棄對新聞的關心。我就像藝壇大老馬壽華所說，寫秦篆、寫漢隸、寫鐘鼎石鼓，最後能把行書寫好就不錯了。

我久已嚮慕「狹義的文學」，那就是透過「意象」來表現思想感情，除了修辭技巧，還具有形式美和象徵意義。這是文學的本門和獨門，倘若作品只炫示自己的思想，怎麼樣對哲學也遜一籌，倘若只以記述事實取勝，怎麼樣也輸給歷史，文學自有它不可企及不能取代的特性。

由五十年代到七十年代，我發表文章一直順利，現在人生經驗多一點，社會關係減一點，文學境界高一點，眼底美感添一點，經過黨部掛帥，學院掛帥，本土掛帥和市場掛帥的鍛鍊，本領強一點，七十年代台灣物阜民豐，經濟壓力輕一點，風簷展書讀、見賢思齊的心事重一點。我認為文章水準有三個層次，首先是「職業認可」，我在中廣公司、中國時報都算好手，第二是「社會認可」，台灣各報館各電台都願意用我的稿子，最後是「歷史認可」，作品晉入選本，名字進入文學史。我走過前面兩個階段，面臨第三個階段的誘惑，我決心不計成敗毀譽往前走，放棄了是個遺憾，努力過、失敗了也是遺憾，這兩種遺憾有很大的分別，我既然從小立志做作家，只有選擇後一種遺憾，才可以對天地君親師有個交代。

我已知道有酬世的文學，有傳世的文學。酬世文章在手在口，傳世的文學在心在魂，作家必須有酬世之量，傳世之志。

我已知道有卵生的藝術，有胎生的藝術。卵生自外而內，胎生自內而外，卵生計畫寫作、意志寫作，胎生不能已於言，行其所不得不行。卵生時作家的人格可以分裂，胎生時作家的人格統一，卵生弄假成真，胎生將真作假。酬世者多卵生，傳世者多胎生。

我已知道文學固然不能依附權力，也不能依附時潮流派，甚麼唯心唯物，左翼右翼，古典現代，都是花朵，文學藝術是花落之後的果實，果實裡面有種子，花落蓮成，不為堯存，不為桀亡，固然有花而後有果，可是也慎防做了無果之花。

我知道卑鄙的心靈不能產生有高度的作品，狹隘的心靈不能產生有廣度的作品，膚淺的心靈不能產生有深度的作品，醜陋的心不能產生美感，低俗的心不能產生高級趣味，冷酷的心不能產生愛。一個作家除非他太不長進，他必須提升自己的心靈境界，他得「修行」。

如此這般，我為自己樹起文學的標竿，我常默念新約一句話：我是「出重價贖回」的文學人口。

我知道政治控制文藝的時代過去了，經濟控制文藝的時代繼之而來，作家必須能過簡樸的生活。感謝上帝，我妻棣華能同甘共苦，其實只有「共苦」，並未「同甘」，她並未能分享創作的快樂，她只擔當作家的寂寞。當年有人警告她，你不可以嫁給作家，作家已經嫁給了文學，不能做好丈夫。也有人對她說，作家是研究人性的，而人性是不可以研究的，你對人性最好是難得糊塗，研究人性就不能做好丈夫。真是難得，她奮不顧身和我結婚，支持我搞文學。

我說過，中國文壇三十、四十年代文人相輕，有黨派門戶；五十、六十年代文人相害，偵察告密成風；七十、八十年代文人相忘，各自忙著賺錢。就在這「相忘」的年代，有幾位人物注視著我。哥倫比亞大學夏志清教授，廈門大學的徐學教授，台北師範大學國文系楊昌年教授……

我酷愛在報紙副刊上發表文章，那時有幾位副刊主編對我很支持，《中國時報》為高信疆，《聯合報》為瘂弦，《中華日報》為蔡文甫，《青年戰士報》為吳東權……那是文學副刊得時當令的時代。

感謝我的母親，她很會說故事。感謝基督教會，他們提供一部非常好的文學讀物，《聖經》。感謝張道藩先生創辦了小說創作研究組，感謝趙友培先生，他是啟蒙導師，感謝王夢鷗先生、李辰冬先生，幫助我成長。一個寫文章的人，他還得感謝芸芸眾生，感謝他遇見、他看到的人，有人得意忘形給他看，有人老謀深算給他看，有人懸崖勒馬給他看，有人赴湯蹈火給他看，有人高風亮節給他看，有人蠅營狗苟給他看，有人愛給他看，有人死給他看。這一切人成全了他這個作家。

我感謝中國廣播公司，它是我文學江湖中的一片蘆葦，星月之下供我棲身。我感謝中國電視公司，使我得見現代傳播事業的百官之富，宮室之美，使我更了解受眾的心理，用字更能到位，出語更能中的，選材更能宜時。嗚呼，「前人地，後人收，還有後人在後頭」，我寫這篇文章的時候，這兩家公司都易主了！

我感謝中國時報，「江湖滿地一漁翁」，逐波鼓浪，網網不空，無窮計謀，無限精力，締造報業帝國，右手握現實，左手抓歷史，人傑形象，長在我心。一個機構並非一張團體合照，而是一座八陣圖，這一認識成為日後無窮靈感的泉源。嗚呼，死去原知萬事空，我寫這篇文章的時候，中國時報集團「一包袱」簽約出售了！

我感謝那些「瞻之在前，忽焉在後」的特務，他們的任務培養我對文字的敏感，證明「字義並不在字典裡，而是在人們的腦子裡」。他們了解作家是甚麼樣的動物，文學和政權總是同床異夢，作家和政客是兩種人、兩條路、兩顆心，作家寫作是交心，你交心給他，他也不要，他知道你交出一顆心、還有一顆心，再交出一顆心、也還有一顆心，如此這般，他們幫助我探求文學的深度，幫助我知道如何營造作品的多義和象徵。他們從作品探求作家的潛意識，我寫作時反方向構思，把意識「變現」成文學，他們像索隱派紅學家那樣解讀作品，除了他們以外，再也沒有誰這樣重視我們寫的東西。嗚呼，後來他們也星散消失了。

我感謝世界上有文學，感謝我有機緣投入文學。感謝古代、現在、中國、外國，都有那麼多好的作家、好的作品。感謝現在有那麼多作家、讀者和我同行，或者說我跟他們同行。文學之於我，如老蠶之繭，老蚌之珠，老僧之舍利，我不相信文學會死亡，如果文學該死，我也該死。

關於增助之緣，這篇文章一時無法說盡，也只能說到我離開台灣之前為止，畢竟我比較重要的作品都是以後完成的，還有無盡的支持者在我遠適異國的日子裡出現，緣未了，文章未完。

我與文學的未了緣（下）

七十年代，台灣步入「讀者養活作家」的時代，市場掛帥的利已見而弊未顯，「趣味純正」仍是大多數讀者的首選，大體上還沒有「劣幣驅逐良幣」，只是「零錢驅逐大鈔」，通論不如漫談，體系不如語錄，大餐不如零食，後來有人歸納為「輕薄短小」。

法令規定，作家可以出版自己寫的書，我很想自寫、自印、自銷，做一個自食其力的單幹戶。幼年時期，我見過隱士一樣的自耕農，「日出而作，日入而息，鑿井而飲，耕田而食，帝力何有於我哉！」詩人如此美化了他們。我心目中還有寫《湖濱散記》的梭羅，他自己製造鉛筆出售，我也沒忘記鄭板橋，他畫竹畫蘭，「不使人間造孽錢」。

一九四九年我到台灣的時候，本土的成年人大半讀日文，讀古典漢文，沒有讀「的呢啊嗎」的習慣，青少年還在國語注音符號的幫助下「學而時習之，不亦苦哉」。沒有接受文學作品的能力，外來的「徙入者」壓力大，心情壞，飽受現實煎熬，不買書，還是一疊白紙對他用處比較大。

再說大家也窮，沒有餘錢，我手邊還有幾本舊書，使我想起當年做一個讀者也難。施翠峰譯《哈里我是純潔的》，九十四頁，一九五二年出版，每冊新台幣五元，可以買五個山東大饅頭，全家一飽。張愛玲《秧歌》，二一〇頁，一九五四年出版，每冊新台幣七元，夫婦二人一家兩天的菜錢。我還藏有一本當年的禁書，茅盾寫的《世界文學名著講話》，開明書局出版，二八五頁，我從舊書攤偷偷摸摸買到，售價二十元，人人說「你真捨得」。

我必須記下，一九六八年、台灣的第四個「四年經濟計畫」完成了，民眾的收入年年增加，一九七七年（我退休生效的這一年），每戶平均所得新台幣十二萬元，郵政局的儲蓄存款共計五百億元，存戶都是基層公教和小康人家。孩子們口袋裡有了足夠的零用錢，每逢星期天書店裡擠滿了男女學生。

我必須記下，一九六八年九月，台灣實施九年國民義務教育，小學畢業生不經考試，直接升入初中，從此青少年的教育程度全都提高了。省政府增設一百七十一所初中，七千六百九十八個班。到一九七〇年，台灣已有一千萬人受過小學以上程度的教育，出現「全民閱讀」的盛況。我們曾經應邀參觀成衣加工出口，偌大的廠房裡望不盡的縫紉機，縫衣的女工都是小姑娘，有人在縫紉機上擺著一本書，一個鈕釦釘好以後，下一個鈕釦對準針眼之前，她朝書本瞄上一眼，她看的那本書竟是錢穆的《國史大綱》。

有一個名詞叫「版稅屋」，作家可以用版稅買房子。有沒有人管小說家高陽的汽車叫「版稅車」？他是第一個駕私人汽車送稿的作家。

出書既然有利可圖，馬上有人以盜印為業，照相製版的技術降低了盜印的成本，也縮短了他們作業的時間。讀者反對盜印，卻以買盜版書為樂，因為它便宜，這是經濟行為與道德行為的矛盾。一本書如果暢銷，它在發行後一個月之內就被盜印本逐出市場，作家和出版人都只是為盜印犯做馬前卒，長此以往，台灣文學的發展必然因之遲緩，也許萎縮。

第一個砲打盜印業的英雄是小說家王藍，他為了保衛長篇小說《藍與黑》的版權挺身出戰，我參加了他這一役。他在法院裡頭打官司保護自己的權益，在法院之外，他遊說國民黨部、內政部、立法院和新聞媒體，呼籲保護所有文藝作家的權益，他把主觀的利益客觀化。他是「制憲國大」的代表，口袋裡裝著中華民國憲法，那時公私集會大半邀請他發言，他當著台上大官大老的面，向會眾誦讀有關保護著作權的條文。他集新聞記者、抗日英雄、民意代表、小說作家、政黨骨幹於一身，熟悉運作技巧，加上口才和儀表出眾，把這個冷問題炒熱了。

說來好笑，那時候政府官員都忘了版權應該受到保護，中央黨部居然有人表示，保護版權助長文學作品商業化，正確的辦法是多設文藝獎，提高獎金，引導創作的方向。南部有一位作家跟盜印者對簿公庭，承辦檢察官認為翻印好書乃是一樁功德，予以「不起訴處分」，於是盜印者拿著法院的文書四處宣傳，自稱「合法翻印」。萬事起頭難，難在改變大家的觀念，王藍在這方面是個先鋒。

許多作家，包括我在內，也讓自己的權利「睡眠」了，文章發表後拿到稿費，好像這就是全部的收益，出版單行本如果還有錢，那就是「外快」，有時候書已上市，「外快」沒有蹤影，也可以「安之」而已，王藍為版權奮鬥，多少人笑他自我宣傳。

我配合戰役寫了好幾篇文章，出席有關會議助勢，案件開庭審判，我到法院旁聽，發現被告神態恐懼，知道事有可為。這一役的戰果是，法院之內王藍勝訴，法院之外，內政部答應修改著作權法，加重對盜印的處罰，中央黨部允諾從中協調，早日完成立法手續，大家從「權利睡眠」中醒來，一個面團團和氣生財的出版商，也辣手把盜印者送進監獄，連黨國大老王雲五都親自率領警察去逮捕現行犯，他是商務印書館的負責人。作家巡查大小書店，搜羅盜版。我和隱地也曾遠征桃園鶯歌等地，追究出售盜版書的書商。

那時著作人要享有著作權，先要經過政府審查認可，大家紛紛向內政部申請登記，這才發現，官僚習氣嚴重，手續諸多不便，要求仿照英美各國改為登記生效，這些願望多年後一一實現，其間又經過許多人持續努力，記得作家林海音、符兆祥都曾是重要角色。

春江水暖，形成文學市場的黃金十年，白銀十年。有一位朋友勸我退休以後搞出版，他說，「你的書白紙印上黑字就是錢」，一部稿子送到工廠排印，你開出兩個月兌現的支票，你再把新書出版徵求預約的廣告送到報社，開給他一個月以後兌現的支票，廣告登出來，讀者四面八方向你的帳戶裡匯錢，這筆錢夠你付廣告費，書印出來，你批給中盤商，再用他的錢付印刷費。「你看，這簡直是無本生意嘛！」

在此之前，出版社給我出過八本書，手裡握著自己的書，那種溫軟的感覺，像母親的手掌撫摩你微微發燙的前額，我喜歡那種感覺。據說某些人手中握著鈔票的時候有這種感覺，他們發財，有些人手中握著大印的時候有這種感覺，他們升官，有些人握著手槍的時候有這種感覺，他們從軍作戰，或者成為將軍，或者成為枯骨。如果你握著書本有這樣的感覺，那也就註定了你的命運。

以前那八本書銷路很差，看相的人說，我得五十歲才會「成功」。我絕對無意提倡命相之學，生命中有此「插話」，聊資談助而已。我告訴自己，歲月驚心，再不可有一日空過。

如果我開一家出版社……？我猶豫過。那年代作家和出版社的關係猶如怨偶，書難銷，害出版人白費力氣，作家總懷疑出版社的帳目弄虛作假。出版社賺錢也真難，某出版社老闆騎著腳踏車，沿街向書報攤收帳，擺攤的退役軍人扯住他的領帶要打，恰巧我碰見了，走上前抬出警備總部壓住他，我知道警總有人負責仲裁退役軍人和一般民眾的糾紛，怕退役軍人受歧視，也防止退役軍人欺負平民。出版賺錢這樣辛苦，想要他和作家共安樂，恐怕也是希望他作聖賢，玩票寫書，種種流言可以付之一笑，寫書謀生就要另當別論。自己經營自己的書，一切自作自受，心安理得，倒也能斷卻許多煩惱，如果連連打出王牌，奠定基礎，還可以給朋友盡一點心意，那有多好。

我想自己先為賺錢出幾本書，安定生活，再清心寡欲寫那未必賺錢的書。《開放的人生》完稿，有九家出版社爭取出版，小說家隱地創辦的「爾雅」著了先鞭，我的事慢慢來，他退伍創業，應該優先。我的《碎硫璃》先成，小說組同學蔡文甫的「九歌」列為第一批新書，我得給他壯膽，他手中有了「老蓋仙」夏元瑜，台大教授葉慶炳，加上我，才投下資本。好吧，我還有明天。

順便記下出版界的一則小掌故。某一出版社的老闆S，對《碎琉璃》很有興趣，我告訴他，這本書只能給「九歌」。文甫兄打算把這本書擺在第一批書的第一本，S告訴文甫，《碎琉璃》三個字不吉利，於是夏老的《萬馬奔騰》調上來，這年的生肖恰好是馬。廣告刊出後，S又來找我，認為《碎琉璃》沒有得到重視，屈居第二，他預約我的下一本書，許以

「好好的安排」。我說，如果有下一本，我要自己出版了。

「下一本」是《人生試金石》我決定自己出版，試試水溫。

《中國時報》的編譯主任閻愈政經營「四季出版社」，願意代銷我的作品，他是創報元勛，編譯高手，業務天才，也有行政能力。他的個性很強，但深受余董事長倚重，三十年未改。他在業餘搞出版，也是幫一個朋友的忙，順便也幫了我的忙。後來他的朋友遞補了國大代表，棄市肆而入廟堂，他們倆都退出了「四季」。

閻主任給我一些指導，我這個新手就上了路。

這時印刷術起了變革。本來印刷用鉛字排版，打成紙型，灌以金屬，稱為凸凹版，新方法改用化學處理，做成一張很大的「底片」，稱為平板，捲筒印刷，速度較快。我要出書，馬上有好幾個朋友介紹印刷廠，這才知道台北市新近增加了許多家小型的工廠，多半是一間房子，一部機器，一個師傅，一個學徒，一個老闆，這種「五一工廠」設在僻巷之內，晝夜開工。那時平板印刷若是超過四千份，字跡逐漸模糊，我得同時製三塊底板，找三家工廠，同步趕印，以免新書脫市。我得晝夜監工督印，如果坐在家裡等候出貨，他就把我的底板取下來，裝上別家的，因為別家催得緊。還有封面，還有裝訂，也都得步步盯緊。

我深夜出入僻巷，常與流氓、醉漢、娼妓、毒販擦肩而過，看到台北市的另一樣相。有一次我碰上兩人決鬥，亮出明晃晃的刀子，硬要我做見證，無奈我聽不懂台語，掃了他們的興，好像沒鬥起來。我當時暗想，希望你們的孩子也讀我的書。這些「五一工廠」壽命很短，往往一次承印之後就關閉了，往來帳目倒是清清楚楚。品質比較粗糙，讀者不甚計較。後來他們中間有人做大生意，台灣經濟起飛，常有這樣的創業史。

到了七十年代，「徙入者」（一九四九年之後遷來的外省人）少者已長，長者已老，老者已死，「讀史難知今日事，聽歌不似少年聲」。我常想起古代神話：穆王南征不歸，一軍盡化，君子為猿鶴，小人為蟲沙。我想猿鶴蟲沙都有後代，猿鶴的後代也許是蟲沙，蟲沙的後代也許是猿鶴，上一代只有抱緊教育。《開放的人生》這樣的讀物，總也不無小補吧。

我寫《開放的人生》這年（一九七五），長子風揚十歲，女兒詩雅六歲，次子又揚一歲。「人遺子，金滿贏，我教子，惟一經」，這一經不能是三字經，世路難行，我得寫點甚麼留給他們。台灣人口大量增加，我看到滿街滿巷的孩子，我又想到這些孩子跟我的孩子是同學、同事、鄰居、朋友，是合作的夥伴，競爭的對手，我的孩子既然生存在他們中間，我當然希望他們都善良、都有教養，我要愛自己的孩子，就必須愛所有的孩子，於是我把我寫下來的東西公開給他們看，有一天，我希望這幾本書能夠在中國大陸發行，回饋那裡的年輕人。

書能暢銷，一方面由於主持者經營有方，另一方面也要作者對讀者有愛心，作者的愛心讀者有感應，能體會。我們只能偶爾吃館子的菜，我們願意永遠吃母親和妻子做的菜，無他，母親和妻子愛你，館子裡的大師傅不愛你，他「打發」你。某作家對我說：「讀者真可憐，我寫甚麼他看甚麼。」沒過多久，情勢逆轉，他寫甚麼讀者「不」看甚麼。

當然，還有技巧。我出入廣播和電視，領會了如何引起閱讀的動機，滿足讀者的興味，多年操練，語言文字的運用也得心應手了。美國有位音樂家倡議「不高也不低」的創作路線，是的，「不高也不低」。卑無高論，有人問我出版的意義是甚麼，我認為是「一張紙的價值大於一張紙」，我相信這條路可以走出來。如此這般，賺錢沒有問題，寫作卻大受影響，看樣子搞出版就得放棄創作，大才如歌德，如米爾頓，未能同時兼顧從政與創作，如巴爾札克，如傑克．倫敦，未能同時兼顧經商與創作，我豈能同時做好這兩件性質相反的工作，我沒那樣的本領。思來想去，我為文學已經付出那麼多代價，好比由小沙彌到老和尚，即使西天無佛，也得修行到底。

好罷，我放棄開一家出版社的計畫，《人生三書》的收入足以維持我一家的生活，這就夠了，少賺一點錢，多留一點寫作的時間。過河卒子不能後退，但是可以左右橫行，我和隱地相識多年，心意相通，他誠篤忠厚，有古人的風義。我以文學生命作賭注，請爾雅做我和讀者之間的管道，一念既決，萬事底定。

隱地兄出名甚早，《自由青年》半月刊為讀者介紹文學名著，魏子雲，我，隱地都參與了。現代主義風行的時候，他寫了一些出色的短篇小說，後來他投入編輯工作，先在《青溪雜誌》初露才華，然後主編《書評與書目》、《新文藝》月刊大展身手。他愛書，愛出版，愛作家，他後來成為一個出版家，此時已顯現性向和風格。

隱地的經營理念很特別。市場掛帥的時代，出版人以作家為製造商，以讀者為消費者，隱地始終以作家為朋友，以讀者為知音。你本來和他不是朋友，你請他出書，彼此就變成朋友了，換一個地方，也許恰恰相反，本來是朋友，出書以後變成另一種關係。他身為出版人，卻長期倡導維護作家的版權，他給作家簽約，捨棄相沿已久的舊版本，另擬新條文。舊版本來自上海的出版商，據說還是三十年代的產物，許多條文對作家既藐視又苛刻，版權要永久讓出，作家要找保證人，書沒有人買，作家要賠償損失。當年「左翼」批評出版商剝削，曾舉此為證。隱地能為作家的利益縮小自己的空間，或者說他能把出版者的利益和著作人的利益視為一體，確有過人之處。

瘂弦和田原，都曾和隱地一同推廣新合約，然而結局不同。瘂弦的上司發現出版合約的效期只有十年，大吃一驚，十年以後，我們豈不是一本書也沒有了？通知作者換約。田原負責出了一套作家選集，田原去後，我收到出版者一封通函，要求作者簽字放棄版稅，並承認著作權為出版者所有。

細數往事，沒有四個「四年經濟計畫」，沒有九年一貫義務教育，沒有保護著作權運動，可能沒有隱地的爾雅出版社。沒有隱地，就沒有《左心房漩渦》，《黑暗聖經》，《關山奪路》，更沒有最後這本《文學江湖》。如果這幾本書能對社會有些許貢獻，都要歸功於種種因緣，而「近因」比「遠因」更有決定性。

多年以來，爾雅約稿出書，結算版稅，一直由他給每一個作家親筆寫信，他尊重作家的權益，一個誠字，一個信字，一點一畫都不少。爾雅規模不大，崇尚「小而美」，始終使人覺得很親切，「小」很容易，「美」很難，要有形而上的思維，超功利的修養。九十年代以後，文學作品市場萎縮，他的出版社面不改色，一派文化人的細緻從容。

我自己出版的幾本書，委託「吳氏圖書公司」總經銷，這家公司的總經理吳登川，原在爾雅負責經理部門，經常見面，他自己創業，專搞發行。他是一位「君子商人」，果然「信義為立業之本」，迅速打下根基，樹立名聲，我出國以後，人走了，他的一杯茶還是熱的。這也是爾雅因緣的延續。

《開放的人生》出版以後，一連十年都在「暢銷書排行榜」上列名。我略知市場規則，我該一本又一本寫成「勵志系列」，把讀者的胃口填滿，把可賺的錢都賺到手，直到讀者懶得再買再看，使別人一時難以為繼。電視連續劇就是這個樣子，自己開出來的路，自己走到盡頭，然後封死，不給別家電視留下空隙。我不願意這樣做，只寫了三本，我用這三本書賺來的錢支持日常生活的開支，另有所圖。

我自己覺得我此一時期最重要的作品應該是《碎琉璃》，我一向勇於學習，評論家魏子雲曾笑我「寫甚麼像甚麼」，《碎琉璃》一出，我有了自己的風格，如果一直留在台北，我想我會一直這樣寫下去，把我最重要的人生經驗寫出來。

勵志小品偏重內容，內容被人輾轉襲用，終有一天被掏空，《碎琉璃》的文學性比較高，寫下去還可以再高，別人可以把素材拿去使用，「形式美」卻是搬不走的「沒奈何」。

沒想到後來有機會出國，沒想到全家移民，一去三萬里、心腸非故時，生活況味由「深巷明朝賣杏花」變為「揀盡寒枝不肯棲」，文章一轉為《左心房漩渦》的秋聲，再轉為四部回憶錄的濤音。

國外的生活安定以後，我結束自己的出版工作，沒想到收攤子比擺攤子還要難，該收的錢收不回來，該付的錢必須支出，處理退書存書都是十分勞神的事情。隱地兄和登川兄為我辦理一切善後，沒有讓我做一件事，付一分錢，此情未忘，此緣未了，「世界無窮願無盡，海天遼闊立多時」。

明日隔山岳　世事兩茫茫

一九七二年六月，蔣經國出任行政院長。九月，他的次子蔣孝武出面創設「華欣文藝工作者聯誼會」，職銜是「主任」，十位作家奉召擔任理事，從旁輔佐烘托，我是其中之一。此一任命由資深作家尹雪曼打電話通知，事先沒有醞釀諮商，這個團體也是自上而下組織的，此時還沒有會員，理事來自官派，而非出於選舉。

尹雪曼當時擔任「退除役官兵輔導委員會」的參事，依當時的說法，退除役官兵輔導委員會是蔣經國政治資本的蓄水庫，也是替官邸辦差的「內務府」，蔣孝武涉足江湖的第一站，就由這個委員會安排。這個委員會所屬的單位，都以「欣欣」作冠號，當時稱退役軍人為榮譽國民，簡稱「榮民」，欣欣向榮，這些單位都是為榮民而存在的，都和退役軍人共榮。蔣孝武領導的這個新單位命名「華欣」，略示區隔，另開系統，顯然是費了心思的。

既然是「退除役官兵輔導委員會」下面的一個團體，會員資格也就限定是退除役軍人，這樣對社會上已有的文藝團體不致構成壓力。十位作家理事也「應該」都是退除役軍人，他們的名字除了尹雪曼以外，我只記得小說家鄧文來、司馬中原，還有詩人彭邦楨。今天我特地買了尹雪曼的三大冊回憶錄，也沒查到這十個人的名單，他對晚年的這一殊遇語焉不詳。我是「退除役」系統以外的人，何以破格入選，至今沒找到答案。

我們受命之初，除了尹雪曼、鄧文來兩位近水樓台，別人都沒和蔣孝武見過面，我甚至沒見過他的照片。第一次接近這位「少主」，倒像是經過設計，「華欣文藝工作者聯誼會」正式成立之前，我奉命出席「退除役官兵輔導委員會」的輔導會議，我一九四九年離開軍中的時候，退除役制度尚未建立，我並沒有退除役軍人的身分，臨時填表納入建制。與會代表由世界各地雲集，場面壯大，其中多有國際上功成名就之士，足見二十年來深耕廣植，成樹成林。在會場裡，我見到了蔣孝武。

那時他應該是二十七歲，形象如江南才子，文弱安靜，並無蹈厲奮發之氣。以貌取人，他的祖父英武，他的父親厚重，他皮膚太白太嫩，下巴太瘦，使我想起施叔青在小說裡怎樣形容香港男孩：「看上去有些薄倖」。自從他的哥哥孝文長年臥病以來，他是蔣家事實上的「長孫」，父祖對他期望很高，道路傳言，蔣經國培養他做第三代接班人，可是他哪裡像是治國的才器？再說父親祖父年事已高，時間上也來不及了，他斬蛇起義，竟由我們這樣十個人做從龍之臣，我心中閃過一絲淒涼。

我第一次接觸「退除役文化」，極不喜歡會場的氣氛和議事方式，我坐在會場裡想我自己的心事。皇孫口含權力的魔戒出生，墜地並非呱呱，而是一手指天一手指地，「天下地上惟我獨尊」，一定很難伺候。「近王則多爭」，他周圍又豈能眾緣和諧，有人愛畫小圈子，分派系，傾軋排擠是一定上演的戲碼，興也要鬥，亡也要鬥，不鬥不亡，可是不鬥也不興，以蔣孝武之閱歷稟賦，他又哪裡知道如何維持平衡，如何保護善良，如何分辨忠讒？我想起誰留下的一句話：「所有的孩子都是貴族，所有的貴族都是孩子。」

另一個顧慮是，特務機構對蔣孝武身旁的人一定格外關心，特務的一雙眼睛，我一想起來就體溫下降，血壓升高。當年他祖父的親信都得加入特務組織，保持純度，這個傳統恐怕也要繼續綿延的吧，我已四十七歲，人生中一切奇蹟都已不會發生，我生命中應該出現的人都已出現，所有應該付出的熱情幻想都已付訖，這時候來了一個蔣孝武，使我有造化弄人之感。

那時我在中國廣播公司節目部上班，輔導會開會期間，我早晨六點鐘趕到辦公室處理急件，八點再去開會。每天黎明時分，新聞部派專人到幾家大報去取剛出爐的報紙，我打開《中央日報》一看，有一條消息說，蔣經國「今天」上午召見十作家，再看名單，正是我們十名理事，這件事情事先沒人通知我，我略一沉思，當機立斷，你既然不通知，我當然「不知道」，我的父親住在南投女兒家，腸胃不適，我要探病去。我放下報紙，寫了一張便條放在節目部主任楊仲揆的位子上，略作說明，轉身離開中廣，直奔火車站。

當天我再坐夜車趕回台北，第二天楊仲揆對我說：「昨天上午鄧文來開車來接你，我說你到南投去了，他連呼糟糕。」華欣那邊有人向我解釋，蔣經國接見的日程需要保密，所以沒有頭一天通知我，為甚麼單單對我保密？如果需要區分間隔，那又何必一併召見？我懶得把其中情由告訴蔣孝武爭取他的諒解，我想的是《紅樓夢》裡甚麼人說過的話，這塊寶玉也好，石頭也好，我不要了，你們拿去玩吧！

退除役軍人的輔導會議開過，「華欣文藝工作者聯誼會」正式成立，我去開會如儀。接著開第二次會議，訂立組織章程，蔣孝武多次點名要我提供意見，尤其是討論「理事是否可以兼任總幹事」的時候，蔣孝武一定要我表態，別人只是冷冷的看我，他們似乎一切早有默契，只有我蒙在鼓裡。我惟恐總幹事的帽子套在我的頭上，不再參加會議，有一次鄧文來特別打電話來，強調蔣主任催促出席，我仍然託詞堅辭。

聯誼會辦了一份文藝雜誌，鄧文來主編，我以作者的身分仍和他們時常聯繫。聯誼會的辦公室很小，分內外兩間，我在「外間」常有機會碰見「蔣主任」，他很客氣，有時邀我到「內間」小坐，談論雜誌的內容，談吐不俗。他抽菸，我看見他親手把落在辦公桌上的菸灰收拾乾淨。他曾捐出薪水救助貧病作家，他也曾替作家向政府爭取稿費免徵所得稅，他的應酬盡量排在中午，晚上回家陪母親吃飯。我覺得他的教養沒有外界傳說的那樣壞。

不久發生了一件事，使我覺得我淡出華欣是做對了。

他請來一位名教授做副主任，然後出國開會，這位新到差的副主任代拆代行，下條子把退役軍人出身的工作人員都開除了，另以受過大學教育的人補上來，其中多半是他的學生。失去工作的人譁然，聯名向「退除役官兵輔導委員會」的主任委員趙聚鈺告狀請願，一個新上任的副主管怎可如此輕舉妄動，恐怕是經過蔣孝武的授意或同意吧，趙聚鈺不便處理，拖到蔣孝武回來。

蔣孝武支持副主任的決定，同時安撫「原告」。他人有心，予忖度之，幾位支薪辦事的退役軍人雖然頗有文名，所受的正式教育並不完整，如果蔣孝武決定換血重整，他應該親自處理，何以自己躲開？而副主任受此重託，態度何以如此魯莽，手法何以如此粗糙？基礎未固，新人未舊，何以急著出重手整肅？實在令人百思不解。蔣孝武頂著退除役輔導委員會的招牌出山，如此鄙薄退役軍人，他對他父親的方略完全漠然。還有蔣孝武這樣做，顯然沒有向趙聚鈺「請示」，六十二歲糖尿病纏身的父親，把二十七歲不通世故的兒子，交給五十九歲的心腹，種種心情意願他完全沒有領會，如此不知分寸，難怪後來「江南命案」把他牽連在內（一九八四），他那時在國家安全委員會行走，大概也沒有事事請示一把手汪老將軍，那是他父親託孤寄命的大臣。這年孝武三十九歲，再過四年他就沒有父親了。

後來「華欣文藝工作者聯誼會」升格為「華欣文化事業中心」，十理事功未成身先退，新班底新業務新辦公廳，拉到許多值錢的廣告，包製政府部門高成本的宣傳節目，很像是一般商營的傳播公司。我很納悶，蔣家培養子弟，如何可以讓他與民爭利起家？如果希望他做一番事業，應該給他一個基金會，讓他幫助別人，累積聲望，看來他的老太爺也糊塗一時。

「華欣」的生意火紅，他的一位親信興致沖沖的告訴我，他們打算把「標準教科書」的印刷生意搶過來，這是一隻生金蛋的母雞。那時中小學教科書有四門功課由國立編譯館統編，由九家書店包印，所有中小學一律採用，的確是一宗穩賺不賠的大生意。不知怎麼我聽了有點心疼孝武，我衝口說，這種家喻戶曉的錢蔣孝武不能賺，將來每個學生家長給孩子買書，人人想起每一本書蔣孝武抽走了幾元幾角幾分錢，蔣孝武在全民心目中會留下甚麼樣的形象？那人像是很忠心，他表示「我今天就去告訴孝武」，他用一半是威脅、一半是開玩笑的語氣拖了個尾巴：「我要告訴他，這些話都是你說的！」他必須用打小報告的方式才敢進逆耳之言，這句話使我發覺蔣孝武身旁並無忠臣諍友。

那年代，國民黨內營求追逐的人以公共汽車的乘客自況，他們稱追隨中山先生從事革命運動的人為「搭頭班車」，追隨蔣介石參加北伐抗戰的人「搭二班車」，到了蔣經國時代已是「末班車」了，至於蔣孝武，大概是收班之前的「區間車」，並非由起點駛到終站，而是在全線之中行經其中一段。雖然這樣說，蔣孝武依然熱得燙人，改善現況的人要騎馬找馬，蔣孝武門前可以接近多少權貴，滿足現況的人用心自保，公子在父親前提起誰的名字，誰的吉凶禍福也許添了變數，官場中人到底不是乘客，他沒有一定的終站，隨時可以換車。

我對「華欣」的態度大概要引起某些人的猜度，沒有誰跟我談論蔣孝武，可是該來的總是要來，終於我聽到一句話：「跟蔣孝武做事是一條絕路。」我立刻反擊，「對我也許是絕路，對你老兄是金光大道」。他愕然，我說我拙於應付複雜的環境，總是弄得關係很僵硬，我中廣失敗可以到時報混一混，我在時報失敗可以到中國電視混一混，如果我在蔣孝武那裡失敗了，那就是得罪了整個國民黨系統，還有何處可以容身？你老兄精明幹練，蔣孝武一定欣賞你提拔你，將來蔣孝武繼大位掌大權，那就是你老兄蛟龍得雲雨的時候。他聽了半信半疑而去。

以後蔣孝武捨棄「華欣」，去主持對大陸廣播，我和他的左右再無交集，但是每年還收到他的賀年片，固然是祕書作業，收件人的名單是他核定的。賀年片的尺寸不大，我曾看見某報的社長把它夾在隨身攜帶的日記本裡，「偶然」露出來讓別人看見。七八年我離開台灣，「更隔蓬山一萬重」，就算他是台灣上空一顆明星，我站在腳尖上也只見雲霧了。

數算在台灣的那些日子，我的生命中還有一個餘波。

詩人瘂弦要到美國進修，當時他擔任台北「幼獅文化事業公司」期刊部總編輯，統領三個雜誌：《幼獅文藝》、《幼獅月刊》和《幼獅學報》，也編印文學叢書。「幼獅」屬於蔣經國手創的青年救國團，那時救國團的主任是李煥，執行長是宋時選，李煥因輔佐蔣經國執政而深入黨務，宋時選成為救國團實際上的負責人。宋氏贊成瘂弦進修，但是他要瘂弦找一個代理人方可成行，瘂弦連舉兩人，宋氏都予以否決，於是瘂弦想到我，宋先生的反應是「他肯來嗎？」

事後回想，救國團人才濟濟，何需外求，宋氏顯然是借此機緣，擴大物色可用之人。我因為自己少年失學，總是鼓勵別人多讀一點書，瘂弦資質，十倍於我，萬事俱備，只欠一個高等學位，如今「只要我一點頭，他就進了威斯康辛大學的校門」，成人之美，如此輕易，我一時忘其所以，竟答應去替他看守攤位，為期一年。

那時我承中國文藝協會值年常務理事王藍介紹，已和美國西東大學遠東研究院院長楊覺勇博士見面，他以助理研究員的名義聘我去編寫中文教材，我完全沒有設想，一年以後，如果瘂弦延期回國，那怎麼辦，瘂弦回來了，救國團不放我走，那又怎麼辦。

其實西東大學的聘函已經寄來了，比我的預期大大提前，聘函寄到中國文藝協會由「果老」王藍轉交，文協總幹事把這封信扣住了，半年以後，楊覺勇院長打電話催促，原信這才出土。果老慨歎文協之墮落，可是瘂弦留學成行，也由此「因緣具足」，瘂弦到底是有福之人。

那時蔣介石總統已去世（一九七五），副總統嚴家淦繼位，到一九七八年任滿，蔣經國是下屆總統惟一人選，他手創的救國團行情節節高漲，宋時選執行長是蔣家近親，影響力大於一般近臣，我到「幼獅」上班，贏得許多人刮目相看，文協扣壓信件的人也許後悔多此一舉。

我在幼獅公司布達代理任命的當場直言無隱：「我來替瘂弦站崗，只有一年。」以後每隔一兩個月，我總要在會報中找機會重複這句話，遇上棘手的事情，我會推諉「等瘂弦回來再說吧」。我處處刻意做成活釦。宋執行長在外面開會赴宴，有人找他談文藝方面的事情，他總是告訴對方「王鼎鈞到我們那裡去了，這件事可以先找他談談」。他帶我出席救國團的大小會議，當面向別人介紹：「我們對王先生雖無重金，卻是禮聘。」好像是要打一個死結。今天回想，我好像和他鬥心眼兒，實在對不起他。

那時我已從中國廣播公司退休，中廣黎世芬總經理因籌辦中國電視公司得罪了王昇，正刻意向李煥傾斜，他教親信請我吃飯，說是商量如何編寫一本新的中廣歷史。我對來使說，我很了解黎先生的心思，他對中廣的貢獻很大，很想以「中廣史」的名義留下詳細的記述，無意和以前兩任總經理並列，也就是「往事」從簡，近事求詳。「不幸」我以前伺候過董顯光和魏景蒙，他們也有許多貢獻，我不能把中廣史寫成黎總的功業史。「依你看誰來執筆才合適呢？」我說這件要找黎先生栽培提拔的人來做，士為知己者死，他可以各為其主。來使知道黎總並不怎麼照顧我，以為我有怨詞，我趕緊聲明：「黎總有為有守，我很敬佩，凡是對他不利的話我絕不說，凡是對他不利的事我絕不做，天鵝臨死唱一支歌，烏鴉臨死撒一泡屎，我做天鵝，不做烏鴉。」

為了讓他放心，我重申「我是過客，不是歸人」，幼獅的那把椅子只坐一年，絕不流連。他認為人在江湖，身不由己，我一年以後很難脫身。我說常言道沒有走不了的客人，他說救國團也沒有留不住的客人，我們倆打賭，後來我贏了，隨即匆匆出國，也沒找他討賭債。

那時我在《中國時報》已經邊緣化，余老闆突然約我進入他個人的小辦公室內談話，那時大理街的辦公大樓已經很大，他這個辦公室的空間卻是極小，卻也不厭其小，通常奉召入內的只是獨自一人，私密的性質很高。他送我一枝派克金筆，然後說「以後人間副刊可以跟幼獅文藝合辦一些事情」。人間副刊由高信疆主編，我連算是一個作者都很勉強，此事何以單獨交給我辦？我與信疆的關係恐將因此緊張起來，我已厭倦這樣的遊戲。二十年曉風殘月，余先生的父權形象對我已無魅力，我也許早已進入第二反抗期，我坦率表明，我和幼獅約定只待一年，但求無過，他高聲回應一句：「沒有啊！」好像怪我說謊，我保持沉默，多言無益，最後他會知道我是誠實的。

這是我跟余先生最後一次單獨見面，以余氏之英明，應該發現我不堪再用，我寫出「魚不能以餌維生，花不能以瓶為家」，也自知此地不宜再留。出國前夕，他送我五千美金做路費，我拜而受之，留下一句：「這筆錢就當作余先生發給我的退休金吧。」以後的事果然如此。

雖然信誓旦旦只有一年，我朝九晚五很少遲到，除非到外面開會，從不缺席，進了辦公室埋頭工作，不到別的單位去串門子聯絡感情，別人看來我哪裡像個點水蜻蜓？要別人了解你很難，我是怕三大期刊有甚麼言差語錯，擔待不起。

那時《幼獅文藝》由朱榮智、黃武忠合編，《幼獅月刊》由沈謙、那思陸合編，《幼獅學報》由廖玉蕙主編，他們後來都成了名家。美術編輯黃力智誠懇篤實，可信可託，後來對我有長期協助，天賜良緣，他和期刊部的「祕書小姐」張泠成為佳偶。在幼獅的那段日子，他們都還年輕，雖說七十年代意識型態鬆綁，還是外弛內張，鼓舞年輕人的冒險精神，驅使他們去踩地雷，這種事我鄙而不為，我願陪伴他們順利度過這一段尷尬歲月，他們編務自主，我先讀原稿，後看清樣，工作仍然繁重，幼獅一年，我的近視眼加深了五十度。

這三大期刊都預先鎖定讀者對象，《幼獅文藝》針對中學生，《幼獅月刊》針對大學生，《幼獅學報》是教授和學人的園地。我代班期間，宋執行長指示針對小學生出刊《幼獅少年》，這份刊物要彩色印刷，要有大量的插圖和照片，文章要活潑，要滿足少年人的趣味，對幼獅來說，他的構想很「前衛」，很能「突破」。

為了辦新刊物，公司聘周浩正做主編，孫小英做編輯，劉俐、詹宏志都還是學生，課外也來打工，他們改變「老青年」端莊樸素的形象，端出「新少年」活潑快樂的品牌，期刊部頓時五彩繽紛，「紅杏枝頭春意鬧」，我得以分享更多的青春朝氣。這時《幼獅月刊》像校園，《幼獅文藝》像花園，《幼獅少年》像樂園，大受學生歡迎，銷數一路竄升，幼獅公司上下「人逢喜事精神爽」，我也沾光不少。

幼獅跟學校有密切關係，我也因此常常出入校園，我坐在萬國戲院對面那間危樓上，窗外的風聲雨聲好像都是大群學生的笑聲讀書聲。我一步踏進辦公室，英氣撲面而來。期刊部之外，經理部的李本軒副理，幼獅廣播電台的呂令魁台長，幼獅通訊社的齊治平社長，救國團主辦學生活動的葉蔭總幹事，也處處照顧我這個新人。執行長宋時選先生人稱「宋公」，誠懇和藹，他的風格很吸引我，拿他和李煥先生相比，李似軍師，宋似牧師，李似中醫，宋似西醫，見李如讀《三國演義》，見宋如讀《鏡花緣》，憶李如憶華山，憶宋如憶泰山。如果李實際主持一切，我不敢進幼獅，進來以後也許真的出不去，我和宋因此有緣，也因此緣分甚淺，我感謝也慚愧。

我這年五十一歲，見過多少老油條，老狐狸，老官僚，老江湖，那些人面目詭異，語言曖昧，使我苦於周旋，幼獅期刊部成了我的世外桃源。宋執行長想留下我繼續工作，我實在累了！他告訴我「社會需要我，總勝過我需要社會」，想要別人了解你千難萬難，我怎能告訴他，我需要瘂弦這個朋友，並不需要救國團，社會需要我好好的寫文章，並不需要我圍繞在大人物身旁猜謎鬥牌消耗餘年。水深江湖闊，我操舟弄潮，耗盡銳氣，喪失自信，我對宋公說：「恨不早遇十年。」

感謝瘂弦言而有信，一九七七年初夏他如期歸來，我到飛機場去接他，熱烈握手之後我對他說：「從今天起我就不到幼獅上班了。」感謝宋公寬宏大量，未予深究，如果他哼一聲，我的出國夢還哪裡作得成？他一念之仁，成全了我以後三十年的文學生活。

成行有日，我也沒去向他面報行期。那時首長們有一慣例，你若出國辭行，他會送一張支票「以壯行色」，一般行情是美金三千元，這筆債無論如何不能再欠，我還債的能力太低，難道今生真能變牛變馬？我除了向《中國時報》請假，其他那些結了緣的機關一概沒去打擾。

幼獅之遇是我在台灣最後一首小詞，調寄〈如夢令〉，小令短促，適可而止，以後台灣政治生態變化，宋公是君子，守常應變，想見一番辛苦。他是虔誠的基督徒，我也只有進教堂祈禱，閉上眼。只見水晶體如電視節目突然中斷了的螢光幕。

INK PUBLISHING

文學叢書 562

文學江湖——王鼎鈞回憶錄四部曲之四

作　　者　王鼎鈞
總 編 輯　初安民
責任編輯　宋敏菁　林家鵬
美術編輯　陳淑美
校　　對　吳美滿　王鼎鈞　宋敏菁　林家鵬

發 行 人　張書銘
出　　版　INK 印刻文學生活雜誌出版股份有限公司
新北市中和區建一路249號8樓
電話：02-22281626
傳真：02-22281598
e-mail:ink.book@msa.hinet.net
網　　址　舒讀網 www.inksudu.com.tw

法律顧問　巨鼎博達法律事務所
施竣中律師
總 代 理　成陽出版股份有限公司
電話：03-3589000（代表號）
傳真：03-3556521
郵政劃撥　19785090 印刻文學生活雜誌出版股份有限公司
印　　刷　海王印刷事業股份有限公司

港澳總經銷　泛華發行代理有限公司
地　　址　香港新界將軍澳工業邨駿昌街7號2樓
電　　話　852-2798-2220
傳　　真　852-2796-5471
網　　址　www.gccd.com.hk

出版日期　2018年 6月　　初版
2022年 7月 1日 初版二刷
ISBN　978-986-387-230-6

定價　499元

國家圖書館出版品預行編目(CIP)資料

文學江湖——王鼎鈞回憶錄四部曲之四
／王鼎鈞 著. --初版.
--新北市中和區：INK印刻文學，2018. 06
面； 14.8 × 21公分. --（文學叢書；562）
ISBN 978-986-387-230-6 (平裝)
1.王鼎鈞 2.回憶錄
783.3886　　107000119

舒讀網